普通高等教育语文与写作基础课程教材

新编经济应用文读写教程

主　编　彭海河
副主编　蔡秋培　范振华　周巧香
编　委　吕坤鹏　杜冰卉

北京理工大学出版社
BEIJING INSTITUTE OF TECHNOLOGY PRESS

内容简介

本书秉承"读写结合,以读导写"的理念,对经济应用文的基本理论学习与写作实训进行系统指导,在指导具体文种文本的读写实践时,又遵循"概念与作用简介—例文导读与阅读思考—文种基本知识认知—思考与练习"的思路,且其中案例典型而丰富,课后习题紧贴课程内容,有助于大学生对各种经济应用文的把握。

全书结构完整、布局合理、案例典型、内容新颖,既可作为各类大学生学习经济应用文读写的教材,也可作为各类经济从业者与各级公务员的常用工具书。

版权专有　侵权必究

图书在版编目(CIP)数据

新编经济应用文读写教程 / 彭海河主编. —北京:北京理工大学出版社,2021.5
ISBN 978-7-5682-9834-6

Ⅰ. ①新… Ⅱ. ①彭… Ⅲ. ①经济—应用文—写作—高等学校—教材 Ⅳ. ①F

中国版本图书馆CIP数据核字(2021)第090307号

出版发行 / 北京理工大学出版社有限责任公司
社　　址 / 北京市海淀区中关村南大街5号
邮　　编 / 100081
电　　话 / (010) 68914775 (总编室)
　　　　　 (010) 82562903 (教材售后服务热线)
　　　　　 (010) 68948351 (其他图书服务热线)
网　　址 / http://www.bitpress.com.cn
经　　销 / 全国各地新华书店
印　　刷 / 河北盛世彩捷印刷有限公司
开　　本 / 787毫米 × 1092毫米　1/16
印　　张 / 19
字　　数 / 430千字
版　　次 / 2021年5月第1版　2021年5月第1次印刷
定　　价 / 56.80元

责任编辑 / 王晓莉
文案编辑 / 王晓莉
责任校对 / 周瑞红
责任印制 / 施胜娟

图书出现印装质量问题,请拨打售后服务热线,本社负责调换

前言

"写"与"读"密不可分。现代信息理论认为:"读"是信息的输入、储存与积累,"写"是信息的输出、释放与应用;没有信息的输入、储存、积累,信息的输出、释放、应用便无法进行。所以,"读"是"写"的前提与基础,"读"得越多,吸收积累越丰厚,对"写"便越有益。杜甫说的"读书破万卷,下笔如有神",就是这个道理。

我国传统的语文教育与教学,一直都很注重和讲究"读",总是先注重"读"的能力培养。鲁迅在《做古文与做好人的秘诀》(《二心集》)一文中回忆自己学习作文的情形时说:"以前教我们作文的先生,并不传什么《马氏文通》《文章做法》之类,一天到晚,只是读,做,读,做;做得不好,又读,又做,他却决不说坏处在哪里,作文要怎样做,一条暗胡同,一任自己去摸索……"这就是我国传统语文教学上"重读,以读促写,以读达写"的典型教学方法。

现代基础语文教育有更丰富的教学手段和方法,培养目标也有更全面的扩展,但从实际情形来看,运用"读"来实现其目标的教育、教学手段始终居于整个现代基础语文教学中的重要或者首要地位。为什么会这样?我们认为:这是"读"最具"吸纳"的本质功能和基础教育阶段重在"积储"的教育目标二者一拍即合的结果。

进入大学高等教育,随着学生年龄的增长、知识的丰富、思维能力的提升和步入社会的临近,大学语文教育的重心也随之发生变化,创造思维、表达(输出)能力的培养逐步上升为高等语文教育的重点。写作是一种用书面语言来表达思想和情感的创造性思维。因此,在高等语文教育中,它便很自然地成为重要内容之一,所以各高等院校一般都会根据学生所学专业的实际需要开设各种写作课程。尤其是各类应用文写作,由于我国改革开放和社会生活的迫切需求,自20世纪80年代初期,它就进入大学课堂,迄今已荣登高校写作课的"霸主"宝座。如今几乎所有高校、所有专业都会根据实际需要开设各类应用文写作课程。

写作是一种思维与表达密切合作的活动,不管是思维还是表达,语言都在直接参与,所以必须先过语言关。但是,目前学生在学习各类应用文写作时,普遍存在语言表达难、格式规范难和思维理顺难三大问题。造成这种局面的根本原因还是学生文章读得太少,对所学应用文的语言、语体感受不深,文体知识、格式规范"储存"不足。因此,重视和加强大学应用文写作教学中的文本阅读教学势在必行。

正因如此,本教材命名为《新编经济应用文读写教程》。一方面,是将其目标学习对象确定为所有与经济有关的学习者。另一方面,是在实际编写中尽可能体现我们的理念——读写并重，以读促写；先读后写，以读导写。

为贯彻这种理念，我们将本教材分为两大部分，首先用第一章介绍经济应用文读写基本理论知识，然后用第二章至第八章指导各类文种的读写实践。而在具体指导每种文种的读写实践时，又遵循"概念与用途简介—例文导读与阅读思考—文种知识认知—思考与练习"的思路。这种体例既从宏观上体现出理论指导实践的思想，又从微观上使我们的理念具体化。这种经济应用文写作教学的尝试能否为经济应用文写作教学做出微薄贡献还要实践的检验。

经济应用文体系庞大，文种数以百计，我们不可能一一将其编入教材，也没有必要全面列举。因此本教材只选了一些经济专业的学生学习、工作、生活中最常用的有代表性的文种，希望同学们通过学习可以达到以点带面、触类旁通的效果。

本教材由彭海河策划和统稿。文稿撰写分工为：第一、四、五章和第二章的第一节至第六节由彭海河执笔，第二章第七节由杜冰卉执笔，第三章由吕坤鹏执笔，第六章由蔡秋培执笔，第七章由周巧香执笔，第八章由范振华执笔。

本教材编写时参考了相关教材和研究成果，选用了一些单位或个人的写作例文，我们尽可能进行标注，但有的也可能未注明。另外，感谢广东培正学院人文学院领导和北京理工大学出版社有关同志的支持。在此，一并致谢。

本教材的编写全由编者在繁重的教学工作之余进行，时间仓促，加之水平有限，错误与纰漏在所难免，恳望同人、读者批评指正。

编　者
2020年6月

目录

第一章 经济应用文基础理论认知 ... 1

第一节 经济应用文概说 ... 1
第二节 经济应用文读写要素认知 ... 5
第三节 经济应用文的文面规范 ... 25

第二章 常用经济专用文书读写 ... 29

第一节 经济条据读写 ... 29
第二节 意向书与协议书读写 ... 35
第三节 经济合同读写 ... 43
第四节 市场调查报告读写 ... 53
第五节 市场预测报告读写 ... 62
第六节 可行性研究报告读写 ... 68
第七节 营销策划书读写 ... 75

第三章 常用经济事务文书读写 ... 83

第一节 经济计划读写 ... 83
第二节 经济总结读写 ... 91
第三节 经济简报读写 ... 98
第四节 经济消息读写 ... 105

第四章 常用党政机关公文读写 ... 114

第一节 党政机关公文概述 ... 114
第二节 党政机关公文格式 ... 121
第三节 通知与通报读写 ... 131
第四节 请示与报告读写 ... 145
第五节 批复与函读写 ... 155

第五章　党政法制性文书读写 164

第一节　党政法制性文书概述 164
第二节　党政法规读写 167
第三节　党政规章读写 175
第四节　党政规范性文件读写 180
第五节　党政内部管理制度读写 186

第六章　常用经济纠纷法律文书读写 194

第一节　仲裁申请书读写 194
第二节　民事起诉状读写 199
第三节　民事上诉状读写 206
第四节　民事答辩状读写 213

第七章　常用科研文书读写 220

第一节　实习报告读写 220
第二节　毕业论文读写 226

第八章　常用礼仪文书读写 240

第一节　请柬、邀请书（函）读写 240
第二节　祝词、贺词、贺信（电）读写 244
第三节　欢迎词、欢送词读写 251
第四节　答谢词、感谢信读写 256
第五节　慰问信、表扬信读写 260

附　录 266

附录一　出版物数字用法的规定 266
附录二　标点符号用法 272

参考文献 294

第一章

经济应用文基础理论认知

随着大数据时代的到来和我国经济社会的快速发展，社会对人才的要求越来越高。作为社会中坚力量的大学生，尤其是经济专业的大学生，不会读写常用经济应用文，很难成为合格人才，实现更好的发展。

美国教育家韦斯特说："在信息社会，写作包围着你。"美国未来学家约翰·奈斯比特在《大趋势——改变我们生活的十个新方向》一书中也表达了同样的看法，他说："在工业社会向信息社会过渡的过程中，有五件最重要的事情应该记住，而其中的一件就是：在这个文字密集的社会里，我们比以往任何时候都更需要具备最基本的读写技能。这里所说的读写技能，首先就是足以应付日常工作和生活所需的写作能力，也就是应用写作能力。"我国教育家叶圣陶也早在其《作文要道》中告诫我们："大学毕业生不一定要能写小说、诗歌，但是一定要能写工作和生活中实用的文章，而且非写得既通顺又扎实不可。"毛泽东也在《文化课本》的序言中指出："一个革命干部，必须能看能写，又有丰富的社会常识与自然常识，以为从事工作和学习理论的基础，工作才有做好的希望，理论也才有学好的希望。"这些论述都说明，对于生存于当今信息与经济高度发达社会的大学生，掌握应用文的写作技能非常重要。作为信息的载体和传播的工具，应用文的使用频率将越来越高，适用范围将越来越广，作用也会越来越大。而作为应用文的重要分支之一的经济应用文，在现实生活和工作中处于重要地位，所以，大学生掌握经济应用文的读写技能非常必要。

第一节 经济应用文概说

一、经济应用文的含义

经济应用文是应用文的一个分支。与其他应用文相比，它直接或间接地与社会经济相联系，更适用于经济部门和经济生活，带有行业性和专业性特征。经济应用文是指机关、单位、团体或个人在社会经济生活中，进行经济管理、处理经济事务、传递经济信息时使用的，具有惯用或法定体式和实用价值的应用文，是进行经济活动与经济管理的重要工具。

经济应用文在现代市场经济活动中发挥着重要的作用,它能帮助人们处理市场经济活动中的各种经济事务,指导企业更好地进行经济管理、经营运作、贸易往来、开拓市场等一切经济活动,保证各项经济活动健康发展,获取更好的经济效益。

二、经济应用文的分类

经济应用文的种类繁多,而且可以不同标准划分为不同的类别,人们通常习惯于根据使用主体,将其分为公务类经济应用文和私务类经济应用文两大类别。

(一)公务类经济应用文

凡党政机关、企事业单位、社会团体在规范经济行为、做出经济决策、处理经济事务、开展经济活动时所形成和使用的、具有一定体式的应用文,都属公务类经济应用文。公务类经济应用文又包括通用公务类经济应用文和专用公务类经济应用文两个系列。

1. 通用公务类经济应用文

通用公务类经济应用文是指党政机关、企事业单位、社会团体在经济公务中可通用的经济应用文。这类文书又包括法定公务类经济应用文和非法定公务类经济应用文。法定公务类经济应用文,是指党政机关及其部门用法律、法规等规范的内容涉及经济的公文,如党政机关经济公文等;非法定公务类经济应用文,也被称为经济事务公文,是指用于事务性工作的经济公文,如机关及其部门、单位等的经济计划、经济总结、市场调查报告、经济活动分析、经济简报等。

2. 专用公务类经济应用文

专用公务类经济应用文是指专门职能机关、部门或团体为特定的目的而写作,在一定领域内使用的涉及经济内容的公文,如财务文书、贸易文书、司法文书、科技文书等。

(二)私务类经济应用文

凡人们为处理个人经济事务,实现个人某种经济目的而写作的,涉及经济内容的、体式完备的应用文均属于此类,如个人经济计划、总结、申请、契据、遗嘱、书信、电文、记账等。

私务类经济应用文与公务类经济应用文是相对应而言的,前者为处理私务而作,以个人名义发出;后者为处理公务而写,以法定作者的名义发出,为制发单位立言。经济应用文的一般分类如图1-1所示。

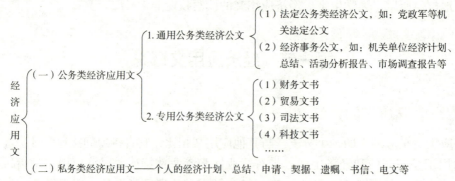

图1-1 经济应用文的一般分类

三、经济应用文的特征

经济应用文是应用文的一个组成部分,它除了具备应用文主题明确、表达具体、内容真实、体式规范、使用范围和读者对象特定、语言简明朴实等共性特征外,作为具有特定内容与使用领域的专用经济公文,还具有以下4个个性特征。

(一)政策性强

写作经济应用文是为了处理现实经济活动中的各种事务,而现实经济事务的开展,必须遵循国家现有的法律法规和有关经济方针政策。因此,作为反映经济活动情况、交流和沟通经济信息、处理和解决经济问题的工具,经济应用文必须符合党的现实方针政策和国家的现有法律法规,因而具有显著的政策性。撰写者必须认真学习有关法律法规和方针政策,增强法律意识、政策意识,提高法律、政策水平,才能保证写作质量,提高工作效率和经济效益。

(二)专业性强

经济应用文涉及现代经济生活的各个方面,如经济、贸易、市场、金融等专门领域的知识。因此,作者应具备相应的专业知识,懂得现代经济管理的基本理论,了解经济管理的对象、方法和技术,熟悉经济管理过程。此外,还要掌握经济学、市场学、商品学知识,贸易、金融、财政、税务、投资知识,以及一些专门的经济分析方法等,才能写出指导经济工作实践的应用文。由此,经济应用文的专业性显而易见。

(三)数据材料凸显

经济活动中,经营决策、贸易往来、合同履行、生产组织、效益分析都会涉及真实、确凿的数据。经济应用文没有准确数据的量化表达,就会导致分析、预测、判断、决策或履行的失误,造成经济损失。跟其他应用文相比,它处处离不开数据。因此,写作经济应用文,一定要对所运用的数据材料反复核查,保证数据真实、准确,哪怕是一个小数点,都要准确无误。

(四)常辅以图表表达

图表表达是指图示与表格两种表达方式。最常见的图示表达有柱形图示、圆饼图示和曲线图示,具有直观可感的特性;表格表达具有综合简明的特性。阐明经济现象及其发展变化,往往需要大量数据和文字材料进行表达。文字表达纷繁复杂,如适当辅以图表,可使文字表达化繁为简,变得综合简明直观,易于阅读理解。

四、怎样学习读写经济应用文

现在,读写经济应用文已成为人们不可或缺的技能。那么,怎样学习才会有效呢?

(一)端正学习态度,培养写作兴趣

目前,大学的经济或相关专业基本上开设了经济应用文写作课,但是我们仍看到一些

学生并不重视这门课程，认为经济应用文写作比较简单，没必要花费时间精力学习，只要用时突击一下或借助网上例文依样画瓢即可，这种认识极不正确。经济应用文写作不仅内容涉及法律法规知识、经济专业知识、写作理论知识、种类繁多的文种知识和规范要求，还涉及经济应用文写作经验与能力。要真正掌握这些知识并熟练运用，写出好文章并不简单容易，必须付出艰辛的劳动。

与此相反，另一种情形就是一些学生对学习经济应用文有畏难情绪，认为经济应用文写作知识广、种类多、格式严格、表达苛刻，很难学好，加之理论学习和例文阅读都比较枯燥，学习没有兴趣。其实，对于经济及相关专业的学生来说，经济应用文虽然种类多，但也有规律可循，只要肯下功夫，坚持多读、多思、多写，掌握规律、讲究学习方法，就会变难为易，学习兴趣也会因此而生。

（二）熟悉法规政策，具备业务知识

经济应用文政策性强的特点要求我们必须具有较高的政策理论水平。因此，在读写经济应用文时，必须具备有关方针政策，特别是国家的有关经济政策知识，熟悉有关法律法规知识。《文心雕龙·议对》中说："郊祀必洞于礼，戎事必练于兵，田谷先晓于农，断讼务精于律。"同样，读写经济应用文，不熟悉经济方针政策、不熟悉经济业务、不具备丰富的经济知识是不行的。因此，我们必须熟悉有关法律法规知识，熟悉有关经济政策和专业知识。

（三）掌握读写要领，坚持多读多写

大文豪欧阳修说："无它术，唯勤读书多为之，自工。世人患作文字少，又懒读书，又一篇出，即求过人，如此少有至者。疵病不必待人指摘，多作自能见之。"欧阳修以切身体会和成功经验告诉人们：学习写作只有"勤读书"与"多为之"两条途径。学习经济应用文写作也同样离不开"多读""多写"这两条重要途径。

1.多读

多读，读什么？我们认为要从三个方面进行。

一是多读书。首先是读经济应用文写作方面的书，掌握经济应用文写作理论；其次是读经济、法律方面的书，奠定相关专业知识基础；再次是读哲学、政治、文学等方面的书，增强思想修养。

二是多读范文。教科书上的范文通常经过编者精心遴选，是学习写作可借鉴的蓝本。对初学经济应用文写作的学生来说，首先需要解决经济应用文写作的语言表达问题，这可通过开口朗读范文培养正确的语感来解决。其次是通过细心默读范文来理解文意和领悟写作技法。人们平常读文一般只用默读来理解文意，但是对于学习写作的学生而言，默读范文不能单为理解文意，更应着意去领悟和学习范文的写作技法，深入领悟、认知、借鉴范文在体式、思路、结构、组材、语言表达等方面的优势，以启迪、指导自己的写作。

三是读"活书"。鲁迅先生说："用自己的眼睛去读世间这一部活书。"经济应用文写作是面对社会经济现实，为解决社会经济现实问题服务的，它的主题和材料都来自现实经济生活。因此，学习经济应用文写作，必须时刻关注社会、观察与体验经济生活，善于在现实经济生活环境中感悟和发现问题，使其写作扎根于社会现实。

2.多写

多写是写好的关键。只读不写往往会"眼高手低"。古人云:"读十篇不如作一篇。"可见古人对写是多么看重。多读虽然能培养语感和积累写作知识,但是知识要转化成能力是另一回事。经济应用文写作也和其他写作一样,不仅是一种复杂的思维活动,更是一种独特的综合能力的施展。而知识转化成能力要靠长期的、反复的训练。因此,在成为社会组织公认的"笔杆子"之前,需要经历较长的练笔过程。

至于怎样写,对于学习写作者来说,可以从简到繁、从易到难、从摹仿到自主,循序渐进地进行。最初可以摹仿范文写作,写一些比较简易的短文章,尤其要对教材"思考与练习"中的写作与"给材料写作"题目予以重视。因为它们是经过教师周密思考设计的写作训练,其难易度、针对性、系统性和科学性最适合初学者训练。但在写作有了一定的理论知识和驾驭能力后,就不能再满足于这种训练,而要向前推进,在理论的指导下自主写作。所谓自主写作,就是在写作理论和规范的指导下,根据不同的实际情况,充分调动自己的主观能动性的写作。要做到自主写作,除通过阅读不断提高理论水平和感受能力外,还必须养成自觉写作的良好习惯。

应该强调的是,所谓多写,同时包含了多改。改,本就是写的把关环节。文章是写出来的,好文章则是改出来的。因此,自古便有"善作不如善改""文章不厌百回改"之说。在生活、学习和工作中,我们总会不断碰到各种各样的写作机会,要抓住这些机会,勤写、多写、多改。多写就会"熟","熟"就能变"易"生"巧",就会得心应手。长此以往,就能逐渐从写作"生手"变成"熟手"再到"能手",最终成为写作"高手"。

思考与练习

1. 何谓经济应用文?
2. 经济应用文的一般分类依据的标准是什么?以此划分的类型有哪些?
3. 经济应用文有哪些特点?
4. 朗读与默读有何主要的功能?你打算怎样利用这两种阅读来提高自己的读写能力?
5. 读与写是怎样的关系?为什么要多写?你打算怎样多写?

第二节 经济应用文读写要素认知

要素是构成事物的必要因素。文章的要素包括主旨、材料、结构和语言,其中,主旨、材料是内容要素,结构、语言是形式要素。然而,无论是"读"对文章的认知,还是"写"令文章生成,都取决于人脑的思维。因此,思维是它们的决定要素。

一、经济应用文读写的决定要素——思维

思维是人脑有目的的意识活动。人们的一切实践活动都离不开思维。读写是人脑复杂的思维活动,对文章主旨、材料、结构、语言的认知、选择、确定、表现,都离不开思维的积极参与。它活跃于人的大脑,像一只"无形的手"全盘和全程把控着对"有形文章"的认知与生成,成为文章读写最根本的决定要素。

（一）经济应用文读写的思维方式

对思维方式的认知，学界一般分为抽象思维与形象思维两种基本方式。但《逻辑学大辞典》则认为："思维科学涵括抽象思维、形象思维和灵感思维等分支。"[1]"灵感则是创造性思维的另一种表现形式。"[2]可见思维包涵抽象思维、形象思维与创造思维三种基本方式。这也许是受20世纪80年代钱学森先生力倡建立思维科学，以加强灵感思维和形象思维研究的影响，但将灵感思维与抽象思维、形象思维并列成思维的三种基本方式还是欠妥的。因为抽象思维与形象思维是以思维对象划分的结果，而灵感思维（或创造思维）则是以思维品质而言的。思维若以品质划分，则应分为常规思维和创造思维两种。不可否认，无论抽象思维还是形象思维，又都存在常规思维和创造思维两种形态。

1.形象思维与抽象思维

（1）形象思维也称具象思维，是以表象或形象作为思维对象的思维，具有感性的特征。形象思维有初级和高级两种形态。

初级形态是指具体形象思维，即凭借对事物的具象或表象产生联想的思维。例如，人们看到自然界的某种事物或生活现象、场景就会联想到其他类似事物或者相关的现象、场景。

高级形态是指言语形象思维，即借助鲜明生动的语言表征以形成具象或表象的思维。它往往带有强烈的情感色彩，具有抽象性和概括性。例如，人们听到有人说起某人、某事或某种现象、某个问题，就会在脑海里浮现具体的人、事、现象、问题，但这些浮现在脑海里的人、事、现象、问题不完全等同于人们眼前见到的人、事、现象、问题，而是具有一定的抽象性与概括性。最典型的是人们阅读文学作品，借助语言表征，就会在脑海中出现生动的人物形象、生活画面与场景，它们可以在读者脑海里再现，但也不会像是眼前所见到的那么清晰，而是具有一定抽象性和概括性。

（2）抽象思维又称逻辑思维，是运用抽象概念进行判断、推理的思维，具有理性的特征，是人类思维的高级形式。抽象思维也有高低形态之分，形式逻辑思维是抽象思维的低级形态，辩证逻辑思维则是其高级形态。

形式逻辑思维是凭借概念、判断和推理等知识，按照形式逻辑规律进行的思维。例如，人们写作时，要求题文相符、前后概念一致；判断时，要求合情合理、符合逻辑；组织材料要体现材料之间的内在联系或人们认识事物的一般规律性。

辩证逻辑思维是凭借概念、判断、推理和相关理论，按照辩证逻辑规律进行的思维。例如，人们看问题要看其正面也要看其反面，要看其必然性也要看其偶然性，要看其普遍性也要看其特殊性，要看其现状还要看其历史与发展；研究问题要有分析也要有综合，要看现象更要看本质；找原因要找客观原因也要找主观原因，要找主要原因也不放过次要原因；提出措施办法要审视其现实性也要审视其必要性和可能性，要看到它的积极意义也不可完全忽视其可能的消极影响。

形式逻辑思维是对相对稳定、发展变化不大的客观事物的反映，辩证逻辑思维则是对不断发展变化的事物的反映；形式逻辑思维具有确定性并反对思维过程本身自相矛盾、违

---

[1] 彭漪涟、马钦荣：《逻辑学大辞典》，上海辞书出版社，2001，第275页。

[2] 彭漪涟、马钦荣：《逻辑学大辞典》，上海辞书出版社，2001，第597页。

反情理，辩证逻辑思维具有灵活性并强调反映事物的内在矛盾。

2.常规思维与创造思维

常规思维是指根据已有知识经验，按现成的方案和程序直接解决问题的思维。它的主要思维特征是承袭、模仿、照搬、定式，但又往往是创新思维的前提与基础。

创造思维也叫创新思维，是不囿于原有的认识，善于独立思考、怀疑、提出问题，开拓认识新领域的思维[1]。它打破常规思维的窠臼，创造具有崭新社会价值和优秀品质的新成果，是一种更高层次和品质的思维方式。我国著名科学家钱学森先生称其为"智慧之花"。创造思维具有流畅性、变通性、独特性、跨越性、深刻性、广博性和预见性的品质特征。

3.经济应用文读写思维方式

读写是人脑复杂的创造性思维活动。人们无论是读还是写，从思维对象看，都离不开抽象思维与形象思维，但面对不同文体的读写也是有主次之别的。通常对文艺作品的读写主要是形象思维，而对科研（包括对文艺作品的科研）、实用文章的读写则主要是抽象思维。经济应用文属于实用文，其读写也主要是抽象思维。

从思维品质看，文艺创作与实用写作都离不开继承与创新，因而均存在常规思维与创造思维。经济应用文读写是一种实用文读写，通常情况下，它在文本形式、文种使用、行文规则诸方面需有相对的继承性和稳定性，因而主要是常规思维。经济应用文的创造思维，主要表现在从现实材料中获得新观点、新发现和从实际出发的新办法、新措施、新政策、新制度等。因此，对经济应用文的读写既要关注其形式的规范，又要关注其内容的创新。

（二）经济应用文读写思维的特征

虽然经济应用文读写总体是抽象思维，但在对其文本的读写过程中又常会用到如下思维方式。

1.概括思维

经济应用文读写的概括思维首先表现在对主旨的认知与确立，往往是从诸多相同或相似现象、情况中概括出来；其次是对事件、情况、问题、现象的表述需用概述，而不用详述，因为经济应用文要求简明，而简明则来自对事件、情况、问题、现象进行高度概括。经济应用文的概述是概括思维的外显形式。

2.逻辑思维

逻辑思维即按照客观的规律性思考问题，其根本要求是合理，即人们通常所说的"符合逻辑"。合理包括事理和物理。事理指人们认识、处理事务或问题的规律性，物理指客观事物本身运动固有的规律性。读写经济应用文时，逻辑思维在材料安排与行文顺序上发挥着决定性作用。经济应用文不仅在表现形式上要层次分明、条理清晰，还要材料组织、行文先后合情合理，体现客观事物内在规律性或人们认识事物、处理问题的规律性，反映材料之间、行文之间的内在逻辑性。经济应用文的读写都需关注其逻辑性。

3.求本思维

求本思维是指从现象到本质的线性纵向思维。经济应用文不仅要求主旨正确、鲜明、集中、新颖，而且要求深刻。主旨深刻，就必须从现象到本质进行深入发掘。因此，反映经

---

[1] 彭漪涟、马钦荣：《逻辑学大辞典》，上海辞书出版社，2001，第597页。

济事件、问题的文章，不仅要反映其情况、现象、矛盾，还要深入寻求其产生的深层原因，并在此基础上有的放矢地提出解决问题的办法、措施、对策，这样文章的主旨才能深化。这个过程实际上就是求本思维发挥作用的过程。

4. 模式思维

经济应用文要求层次分明，层次分明是整体模式思维的结果。例如，绝大多数经济应用文的整体结构体现"标题-正文-文尾"三大块或"标题-称谓（或主送机关）-正文-文尾"四大块，正文体现"开头-主体-结尾"三部分或三层次，这是模式思维在文本结构形式上的显化。

5. 条理思维

经济应用文不仅要求层次分明，还要求条理清晰。条理清晰是对某些局部内容如事项、办法、措施、意见、要求等，根据不同性质进行条分缕析，使其更加细化、明晰化，这是条理思维的成果。其表现在行文方式上就是惯用小标题、设项（或段旨句）或分点表述，并常冠以序号，使其条理化，一目了然。

概括思维、逻辑思维、求本思维主要作用于经济应用文的内容方面，模式思维、条理思维主要作用于经济应用文的形式方面，但二者又统一于一体之中。

（三）经济应用文读写过程中思维的功能

1. 阅读过程中的思维功能

阅读很难像写作一样有明显的阶段性，但也存在感知与认知的区别。应该说，人们对一篇文章的阅读总是从感知开始的，如对语言、结构、行文方式的感知，而感知往往又是通过朗读经过判断来获得的，故感知思维是感性的，其功能是通过朗读与判断获得初步印象。感知是通往"熟悉"的桥梁，阅读者总是通过多"读"来达到"熟悉"文章的目的。随着感知的不断深入，感知会自觉或不自觉地逐渐深化为认知，逐渐深化为对文章主旨、思路、语言特色、行文技巧的深层理解，而对它们的理解必须依赖于认知思维（即理性思维）的概括、分析、综合、比较、联想等方式。认知是通往"理解"的桥梁，其表现形式就是人们常说的"思考"，即通过概括、分析、综合、比较、联想等获得对文章的深层理解。

2. 写作过程中的思维功能

赵仲牧先生认为："思维是秩序化的意识活动。"这一认知揭示了思维的本质：秩序化。马正平教授用它解释具体的写作现象，他认为："写作是为了寻求、表达、创建一种从'无序'到'有序'的新秩序。"并且，他进一步认为写作秩序包含三层含义：第一层含义是指写作中主题的确立和展开；第二层含义是语言材料的组织化、结构化，从而形成文章的有机结构；第三层含义则指超越思想、语言、材料、结构之上的文化[1]。前两层含义讲的是具体写作，而第三层含义则讲的是作者的修养问题，它是使写作产生不同效果的基础。在写作实践中，同一内容让不同文化修养的人写作，其效果是不一样的，这就是个人的文化底蕴、知识水平不同的结果。

在经济应用文写作过程中，思维不仅是秩序化的意识活动，而且这种秩序化的意识活动贯穿写作过程的各个环节。因写作各环节的任务有别，所以，思维在各个写作环节中所发

---

[1] 马正平：《高等写作学引论》，中国人民大学出版社，2002，第69至第72页。

挥的"有序化"主要功能也不同[1]。

（1）写作准备阶段的主要功能。这一阶段主要是收集材料，形成主旨。在收集材料时，主要是发挥思维的分析功能，对纳入作者视野中的每一个材料进行识别，找出它们的本质个性（即特征）；主旨的形成是在对材料有了本质个性的认识后，再运用综合思维，对相同本质个性的材料进行归类，概括出它们的共性（规律性）特征。当然，在作者掌握的所有材料中，可能概括出的主旨会有多个，这就有了取舍问题，这时思维就要依照作者的写作意图，发挥取舍功能，以保证主旨主观与客观的一致性。因此，在这一阶段，思维的作用主要是发挥分析甄别、综合归类和取舍控制三种功能。

（2）构思行文阶段的主要功能。经济应用文写作是一种规范写作。所谓规范写作，是指经济应用文写作既涉及文种选择，又涉及按一定的模式行文。因此，第一步就要根据写作需要选择相应的文种。这一过程是思维根据所掌握的文种知识进行分析选择，它既发挥了分析甄别功能，也发挥了取舍控制功能。第二步就是要根据实际选择适当的行文模式，进行全面的布局架构，其表现为拟提纲或打腹稿。这是从宏观来设计文本架构，思维的主要功能是根据规范性、统一性、合理性和完整性等原则，发挥指挥、调控等功能。第三步是行文，即用语言通过叙述、说明、议论等表达方式将观点与材料有机地组织成文。在这里，思维主要是根据准确、简明、朴实、深刻等要求，对词语、句式、表达方式、修辞格等进行分析、比较、选择，发挥甄别、取舍、调控功能，使文章最终达到思想内容与语言表达形式的高度统一。

（3）修改完善阶段的主要功能。修改有宏观修改和微观修改之分。宏观修改主要涉及主旨、材料、结构、措施、行文关系等的修改，这主要是发挥构思行文阶段的第一、二步的思维功能；微观修改主要涉及对字、词、句、段、层的修改，它虽然也涉及逻辑上的问题，但更多的是语言的表达问题，因此，它主要发挥的是构思行文阶段第三步的思维功能。

当然，我们必须承认，思维是非常复杂的，它绝不是像上述各阶段描述的那样泾渭分明，而是各种思维功能常常相互纠缠不清，只有当写作进入某个阶段时，它的主要功能才会凸显，而其他功能才会暂时被搁置。有实际写作经验的人应该都不会否认这一事实。

二、经济应用文的内容要素——主旨与材料

（一）经济应用文的主旨

1. 主旨的含义

经济应用文的主旨是指作者通过文章内容所表达出来的基本观点或主要意图。在具体经济工作中，处理经济事务、反映经济情况、解决经济问题总要有个明确的目的、态度、意见或看法，因此，在经济应用文中所表达出来的目的、态度、意见或看法就是经济应用文的主旨。

在文章中，主旨是"统帅"和"灵魂"。《姜斋诗话》有语："无论诗歌与长行文字，俱以意为主。意犹帅也；无帅之兵，谓之乌合。"这说明材料、结构、语言诸要素因有了特定的主旨，才凝聚成了浑然一体的文章。也就是说，主旨具有决定材料、支配结构、制约表

---

[1] 彭海河、潭春林：《当代行政公文读写理论与实训》，暨南大学出版社，2013。

达、影响语言的决定性作用。

2. 主旨的形成确立

经济应用文主旨不是凭空而来的,而是客观存在与主观认识相统一的产物,是作者对客观存在的人、事、物、矛盾、问题、现象进行反复研究、深入探讨、认真提炼的结果。客观存在是主旨形成的前提与物质基础,主观认识是对客观事物的加工与提炼,二者结合并统一,便形成了主旨。例如,《国务院办公厅关于加快木本油料产业发展的意见》(国办发〔2014〕68号)这份经济公文的发布,是因为"近年来,我国食用植物油消费量持续增长,需求缺口不断扩大,对外依存度明显上升,食用植物油安全问题日益突出"的存在,有关部门和国务院已经充分意识到其严重性和紧迫性,必须加快采取行动解决,在此认识基础上形成确立了"加快木本油料产业发展"的主旨。

在主旨的形成确立过程中,客观存在是主观认识的基础、前提;但是在认识客观的过程中,主观又不是完全消极被动的,而是在一定的世界观、人生观、价值观、道德观、审美观的指导下,凭借对法律法规和政策、客观事物内在规律、道德伦理理念等的认识水平,对客观存在进行能动审视,从而发现、发掘出作者认为有价值的主旨。

照此,经济应用文主旨的形成确立可描述为:客观首先向主观提供认识的物质对象,然后主观对客观提供的物化对象凭借自己的认识水平和一定的检测规范进行加工提炼,并将自己的认识用简明的语言直接表达出来,最终形成主旨。

3. 主旨的诉求要求

诉求要求即为要达到的表达效果。经济应用文的主旨不是纯客观的,在很大程度上,主观起着决定性的作用,因此,其主旨的形成确立与作者的世界观、人生观、价值观、道德观、审美观、思想觉悟、对法律法规和政策的熟悉与理解程度、文化知识程度、写作业务和语言表达能力等多种因素相关。不同作者在上述诸因素的具备上千差万别,所以,在经济应用文主旨表现上就会产生不一致的现象,出现正确与错误、鲜明与含混、集中与分散、深刻与肤浅、陈旧与新颖的差别。而经济应用文主旨的要求是正确、鲜明、集中、深刻、新颖。

(1)正确。正确是对主旨性质诉求的要求。怎样的主旨才算正确呢?首先,要符合广大人民群众的根本利益;其次,要符合党和国家的法律法规和现行经济方针政策以及有关部门、单位的规章制度;再次,要符合经济活动的实际情况、遵循经济规律;第四,要符合公序良俗与传统美德。近年,有媒体报道有的政府及部门发文"强拆""倡导公务接待使用小糊涂仙酒""请求对×××涉嫌非法经营刑事拘留取保候审"的主旨都是错误的。

(2)鲜明。鲜明是对主旨表达诉求的要求。经济应用文在行文中不仅直陈作者的发文意图,而且常在文章的重要部位直接显旨,最常见的有标题显旨、开头显旨、正文显旨、过渡显旨和结尾显旨等形式。这样,文章主旨一目了然,极易把握。

(3)集中。集中是对主旨数量的诉求要求,即一篇文章只表达一个主要意图或基本观点。集中的含义有二:一是事件单一,二是主旨单一。即"一文一事""一文一旨"。我国唐、宋时代就把"一文一事"作为一种制度规定下来。宋代规定群臣奏状"皆直述事状,若名件不同,应分送所属;而非一宗者,不得同为一状"。

(4)深刻。深刻是对经济应用文主旨品质诉求的要求,是指主旨要揭示事物的本质,反映经济工作的内在规律性,挖掘经济现象、问题产生的原因,进而提出行之有效的办法和对策。这就要求作者认真研究材料,透过现象抓住本质,见微知著,小中见大,提出真知灼见。

（5）新颖。新颖是对主旨时效诉求的要求，是指主旨要有新意、有创意。主旨新颖，首先来自材料的新颖，如果文章所反映的材料是最近的、当前的，那么从最近或当前发生的新情况、新现象、新变化等新材料中概括、提炼出来的主旨自然就是新颖的；其次是从原有主旨上发掘新意、创意，从新角度、用新方法或新材料去论证原主旨，从而使文章产生新意、创意，使原主旨具有新颖感。

4. 主旨的表现

经济应用文除要求"直言不曲"表达主旨外，还通常要求在文章的一些重要部位显旨，这样能使主旨更加鲜明，易于识别与把握。

（1）标题显旨，即在标题中显示作者的观点、看法。如调查报告的标题《想致富 受教育》就是作者调查河南郑州4 097户农民家庭年收入的结论，即作者总的看法。公文通常以标题中的事由显旨。例如《广东省人民政府办公厅关于进一步加强我省粮食质量安全监督管理工作的通知》（粤府办〔2014〕67号），其主旨就是通知各地级以上市人民政府，各县（市、区）人民政府，省政府各部门、各直属机构"进一步加强我省粮食质量安全监督管理工作"。还有用小标题明示每一部分主旨（分旨）的。标题显旨是最常用、最科学的显旨方法。主旨位居标题或小标题之中，显要而突出，对拟稿者来说，首先树立目标、明示主旨，能提升写作质量；对阅读者来说，看到标题、小标题，主旨、分旨一目了然，能提高认知及处理效率。

（2）开头显旨，即在正文开头或每段开头位置用一句话明示文旨或段旨。经济应用文有一种以目的开头的写作方式，这种方式其实就是开头显旨方式。如"为进一步加强我省粮食质量安全监督管理，建立健全从生产到消费、从田间到餐桌的全过程粮食质量安全监管制度，杜绝有毒有害粮食进入餐桌，确保人民群众的食品安全，……现就加强我省粮食质量安全监督管理有关工作通知如下"，正文开门见山，交代行文意图，即主旨。此外，经济应用文的结构通常使用单纯段，即一个段落表达一个内容或一个意思，且首句常作该段的段旨句（中心句）。

（3）正文显旨，即指用整个正文来阐明主旨。这种情形多出现于公文的批转、转发、印发和发布性文本，例如，"国家统计局《关于加强和完善部门统计工作的意见》已经国务院同意，现转发给你们，请认真贯彻执行"，这段通知正文就是表明"告知"与"祈使"的行文意图。

（4）过渡显旨，是指从过渡句或过渡段中显旨。如学习总结《经济合同学习总结》前言与主体之间的过渡语"这次习作既有成功之处，也存在一些问题，现作总结如下，"就显示了本文的主旨——总结成绩，指出问题。

（5）结尾显旨。经济应用文常在结尾明旨或深化主旨，与标题或开头相呼应，构成反复显旨，从而强调和突显主旨，如前述调查报告《想致富 受教育》的结尾写道："由此可见，发展教育，提高劳动生产者素质，无疑是发展生产、治穷致富的根本措施。"这种归结显旨，同时呼应着标题显旨。

一些公文通常用惯用语结束，而这些惯用语往往能承担表达主旨的作用。如请示中的"妥否，请批示"、报告中的"以上报告，请审阅"、意见中的"以上意见，如无不妥，请批转各地执行"、通知中的"特此通知"、公告中的"现予公告""特此公告"等结尾语，都具有明旨作用。

（二）经济应用文的材料

1. 材料的含义

经济应用文的材料是存在于现实社会、作者头脑或写进文本的各种情况，如人、事、物、社会现象、问题、矛盾，以及它们所涉及的时间、地点、实事、数据、依据、原理、观念、认知、措施、办法和对策等。材料同属于内容要素，是经济应用文写作的前提与基础。没有材料就无法形成主旨，也无法写成文章，即所谓"巧妇难为无米之炊"，材料在经济应用文写作要素中的地位不言而喻。

2. 材料的类型

经济应用文材料从不同视角划分，可分为不同的类型。

（1）从存在状态看，可分为原始材料和文本材料。原始材料，是存在于现实社会和作者头脑的各种情况，如人、事、观念、认知和数据等，它来自作者对现实生活的关注、收集与积累，成为形成经济应用文主旨的基础和萌发写作动机的源泉，这种材料通常被称作素材；文本材料是为表现某一主旨，写进文章中的人、事、物、社会现象、问题、矛盾，以及与之相关的时间、地点、事例、数据、依据、原理、观念、措施、办法和对策等，这种材料常被称作题材。文本材料是作者为表现主旨对原始材料进行甄别、筛选、提炼、加工的结果，它们受主旨统率并支撑主旨和说明问题。

（2）从材料性质看，可分为事实材料和理论材料。事实材料也称为客观材料，是客观存在于现实中的人、事、物和数据等；理论材料也称主观材料或观念材料，是人们对客观进行观察、思考、提炼、总结、归纳出的认知、观点与看法，如引用的权威言论、科学原理、法律、法规、政策、社会舆论、作者对客观事物的认识（看法、办法、措施、对策）等。

（3）从材料的来源看，可分为第一手材料和第二手材料。第一手材料也叫直接材料，是经济应用文写作者通过自身的经济活动实践或亲身观察与调查研究直接获取的材料；第二手材料也叫间接材料，是经济应用文写作者通过从各种渠道，如阅读、听闻、检索等途径获取的各种信息材料。在通常情况下，第一手材料比第二手材料更真实可靠，因此，使用第二手材料时，务必做好所用材料的查实考证工作，以免有误。

当然，经济应用文的材料还有别的分法，在此不再赘述。

3. 材料的要求

（1）准确真实。准确是指材料符合客观实际，真实是指材料没被人为地夸大或者缩小。二者的区别在于前者针对客观，后者针对主观。经济应用文的材料，无论从客观还是从主观来讲都不能有误。因为材料不准确、不真实会使写作者产生错误的判断，得出错误的结论，形成错误的主旨，指导错误的行动，从而给国家和人民带来经济损失与损害。准确真实是经济应用文材料的生命，它决定着经济应用文主旨的正确性。

另外，还要注意辨识貌似真实的材料。如湖北省汉川市人民政府办公室发文《关于倡导公务接待使用小糊涂仙（神）系列酒的通知》（汉川府办发〔2006〕11号），表面看是在维护该市的税收经济效益，但实际上涉及违规和背离市场经济规律。

怎样做到准确真实？客观上的准确需要作者进行深入细致的调查、审查、研究工作，绝不放过任何一个材料细节与疑难问题；主观上的真实则要求作者加强思想修养，树立实事求是、求真务实的世界观，保证不弄虚作假，以确保材料真实合法。

（2）典型具体。典型是指材料要有代表性，有普遍意义，反映主要矛盾，而不只是个体的或者一些次要的问题。具体是指材料存在的形式必须是人们可以感知的，而不是抽象的。经济应用文中讲到人物时，应该有名有姓；谈到事件应该有时间地点、发生原因、经过和结果；阐述观点必须用事实说话，不能只说不证、空洞无物。经济应用文对材料的表述常采用高度概括、简明扼要的概述，而不用生动的记述和描写。

（3）新颖生动。李渔《闲情偶记》中强调了文章材料新颖的重要性："人惟求旧，物惟求新；新也者，天下事物之美称也。而文章一道，较之他物，尤加倍焉。"新颖，首先是指材料有新鲜感和现实感，是新近发生的新情况、新问题、新经验、新信息，能与时俱进，贴近现实，反映时代精神风貌；其次是指从新角度去挖掘，对于人们习以为常的材料，善于变换视角，推陈出新。生动则是指材料能吸引人、打动人。经济应用文是现实生活的反映，应紧跟时代前进步伐，反映时代发展变化，表现具有时代感的新人、新事、新情况、新问题、新思想，让人感到新异鲜活，富有新意。因此，学习经济应用文写作应该时刻关注社会生活中的人和事，捕捉社会生活中出现的新事实、新经验、新问题、新情况和新信息，注意收集新颖别致、新鲜生动的材料。

4.材料的收集

经济应用文写作材料的收集，一是自身参与经济工作实践与调研获取大量的第一手事实和观念材料，二是从各种渠道获得尽可能多的第二手信息材料。

第一手材料的收集靠作者自身的调查研究。毛泽东曾说："没有调查就没有发言权。"调查研究是深入实际、了解现实、解决现实矛盾与问题的根本方法，也是写出高质量经济应用文的可靠保障。调查研究的基本方法主要有实地观察、访谈、会议座谈和问卷调查等。调查者可以根据不同的目的、要求，结合实际情况选用上述方法。

第二手材料的收集就是信息收集。信息可以从文献，如图书、期刊、报纸、音像制品、内部资料等中获得；还可利用信息资料检索工具，从现有的信息资料文档中检索获得。信息材料包括三种具体形态。一是文字形态的信息，即以文字为载体的信息资料；二是声像形态的信息，即以直接记录声音和图像为载体的信息资料；三是记忆形态的信息，即在人际交往过程中产生、传播和被接收而只在人脑中存贮的、不具有确定记录载体的信息。

信息收集要遵守一定的原则。一是广泛性原则。不同层次、不同角度、不同人员、不同行业甚至不同国家、不同环境的信息都要广泛收集。这样，有利于全面思考问题，防止片面。二是真实性原则。收集的信息要真实可靠，准确无误。三是客观性原则。信息收集忌"依长官意志办事"，受权威的束缚；忌"先有结论，后有调查"，受主观的制约。

5.材料的选用

（1）对调查研究得到的材料要进行筛选。筛选可按以下步骤进行：首先做好材料鉴别、判断，其次认真选择材料，最后对不完全的材料进行修正、增补。材料筛选对提高利用率起着至关重要的作用，必须掌握筛选要求，做到准确、及时、完整和新颖。

（2）对材料的真实性、准确性和价值进行鉴别。最常用的方法是经验判断。但要进行严格的科学鉴别，还会常用以下几种方法。

一是逻辑分类法。对原始材料中所叙述的事实和问题分析方式进行逻辑分析，看哪些事实和分析是可信的，哪些是违背事实和逻辑规律的，哪些存在疑问需要进一步查证。二是数理统计法。对原始材料中的数据和定性分析，运用数理模式进行计算鉴定，审查其数据计算是否准确、分类是否合理、结论是否一致等。三是调查核实法。对原始材料的某些事实，通过现场调查或向报送信息、反映情况的单位以及相关单位调查核实，或与权威性材料进行对照，看其是否真实可靠。四是比较鉴定法。将鉴定的材料所反映的内容与相关事物的有关情况相比较，或与有关的纵向情况比较，从而鉴定该信息内容是否符合客观事物的发展规律。

（3）要对材料进行选择使用。选择使用材料时应遵循的原则是：①为说明主旨服务，凡是与反映主旨无关的材料，都要毫不犹豫地剔除；②注重典型性，要从大量原始材料中发掘出那些能够揭示事物本质的典型材料；③富有新意，要尽可能抓住那些能反映客观事物新变化的材料；④具有特点，必须从各种事物的实际出发，注重开发材料中具有特点的东西。

三、经济应用文的形式要素——结构与语言

（一）经济应用文的结构

1.结构的含义

经济应用文的结构是指其组织构造，也就是谋篇布局的架构。文章要求"言之有序"，"序"就是结构问题。文章内容包含两个方面：一是构成结构的要素，包括标题、称谓（公文称"主送机关"）、正文和文尾。二是各要素的组合——"序"。它不仅表现为各要素组配的先后次序，还表现为各要素各自所处的层级位置。结构是构成文本各要素与其各自所处的"序"的高度和谐统一。

结构有整体结构和局部结构之分。整体结构是指整篇文章的架构，局部结构是指文章某一部分的架构。局部结构按照一定的逻辑规律整合成整体结构。

2.结构的内容要素及表现形式

经济应用文结构内容要素主要包括标题、称谓（公文称"主送机关"）、正文和文尾。其中，标题又含引题、正题和副题三种；正文包括开头、主体和结尾三部分，各部分中还包括层次、段落等最基本的结构构件；文尾包括署名和成文日期两个要素。

（1）标题。经济应用文常采用三种标题形式：①单标题，即"主题（正题）"；②双标题，即"主体+副题/引题+主体"；③三标题，即"引题+主体+副题"。一般采用前两种标题形式，最后一种主要用于新闻与广告文体的标题。

经济应用文标题要求"实"。用哪种形式标题，应根据文体、写作意图和文章内容及篇幅长短来决定，但无论用哪种形式，都应满足"实"的要求，不能"虚"。

（2）称谓（主送机关）。此要素只有具有特定或直接受体的经济应用文才需具备，如书信、讲话稿、部分公文等。称谓有关系称、姓名称、职位称、混合称等。选用何种称呼，要根据实际对象、彼此关系、亲密程度等情况来决定，并以准确、得当和适体为标准。主送机关是对公务文书而言的，它以行文关系和适用对象来确定，有特称和统称，其中特称又分全称和简称。

（3）正文。经济应用文的正文往往由开头、主体和结尾三部分构成。

开头或称前言、引言，一般是简述背景、目的、原因、根据等基本情况。常见的开头方式有：概述式、引述式、提问式、缘由式、目的式、综合式等。开头采用哪种方式，要根据写作目的、实际问题和掌握的材料来决定。

主体是正文部分的核心，主要写事件或事项，常写成一段或多段，复杂经济应用文常写成几个部分。几个部分常用的行文方式有：①纵式，其中包括因果式、时顺式、递进式等；②横式，即几个部分之间是互不兼容的并列关系或正反关系；③总分式，先总后分或先分后总。采用何种方式行文取决于写作者对事物、问题、现象的研究与认识程度。

用语言文字显示层次的方法有：用段落自然贯通、用序数标识、用小标题或关键词语标识、用序数和小标题结合标识。

结尾是正文的收结，通常作总结、提希望、提要求、发号召、展望前景。怎样结尾，要根据文体和具体实际需要来决定，但须简短有力。

（4）文尾。文尾一般包括署名和成文日期两个要素。文尾是一个新的提法，过去人们习惯于将其称作"落款"或"署款"。"落款"是一个效用概念，"文尾"则是一个结构概念。因此，用"文尾"更适合表示文章的结构系统。"文尾"不能与"结尾"相混淆。"结尾"是正文的一个结构要素，"文尾"则是整篇文章的结构要素。它们不在一个结构层级上。经济应用文的文尾不可或缺，但有时可被分解置于文题或之下。

此外，在结构要素中还有层次、段落、过渡、照应等概念。层次是一个相对概念，它可以指正文的开头、主体和结尾各部分，也可以指主体中的各个小部分，还可指构成某一部分的几个相对独立的内容，甚至可指构成一段文字或一个复句的相对独立的内容。

经济应用文要求层次分明、条理清晰。要做到这一点，除了在行文上用段、层次的内容自然显示和冠以小标题之外，有效的办法还有规范地使用层次序数，即第一层用"一、"，第二层用"（一）"，第三层用"1."，第四层用"（1）"。

段落是正文最基本的结构要素。经济应用文通常使用单纯段，很少使用复合段，即一段反映一个内容或一个意思，且段首设置段旨句。

过渡是指正文层次或段落或意思之间衔接转换的结构形式。过渡的形式主要有：段过渡、句过渡、词过渡。经济应用文的过渡要求自然、简捷，所以用句和词过渡较多。

照应是指正文首尾、前后的相互关照呼应。不少教科书将它视为结构要素，但我们认为，将其纳入写作技巧，视作写作美学范畴的内容似乎更确切。理由是，在文章结构中，它没有单独的结构存在形式。

至于内容摘要、关键词、注释、参考文献说明等，它们只在科研论文中出现，并非普遍意义上的结构要素，将在相应章节详细介绍，在此不赘述。

3.结构的特点

经济应用文的体式约定俗成或法定，结构相对稳定，从上述要素分析可知，其特点也很明显，具体表现在以下几个方面。

（1）板块整合明显。经济应用文基本上由标题、正文和文尾三大块或由标题、称谓/主送机关、正文和文尾四大块构成。科研论文则由标题、署名、内容摘要、关键词、正文、注释和参考文献说明七大块构成，其中正文又往往由开头、主体和结尾三小块构成，文尾由署名和成文日期构成。

当然，在特定条件下，某些板块可以被分解或省略。例如，署名可能从文尾板块中分解到标题下，成文日期有时也被分解到标题下（分解不仅可能改变板块的构成，而且可能改变要素的顺序）；开头与结尾有时也可能在正文板块中被省略。

（2）段落、层次分明规范，条理清晰。经济应用文的段落通常采用单纯段（即规范段），少用或不用复合段；层次序号使用规范，阐述问题多冠以段旨句或标用序数、小标题。

（3）过渡多用惯用语，简洁便捷。例如，从开头过渡到主体，常用"现将……如下""特……如下"的惯用语；结尾连接主体，常用"综上所述""由上可知""总之"等惯用语。

4.结构基本模式

（1）无特定受体的三板块结构模式如表1–1所示。

表1–1　无特定受体的三板块结构模式

板块名称		说　明
标题		如经济事务文书中的计划、总结、调查报告、简报，法定经济公文中的泛行公文、广告文案、新闻报道、经济合同、规章制度等
正文	开头（有时省写）	
	主体	
	结尾（有时省写）	
文尾	署名（有时移至标题之上或之下）	
	成文日期（有时置于标题之下）	

（2）有特定受体的四板块结构模式如表1–2所示。

表1–2　有特定受体的四板块结构模式

板块名称		说　明
标题		如讲话稿、演讲辞、慰问信、表扬信、感谢信、推荐信、自荐信、证明信、介绍信、申请书、聘请书、邀请书以及有特定主送机关的公文等
称谓/主送机关		
正文	开头（有时省写）	
	主体	
	结尾（有时省写）	
文尾	署名（标题之上或之下）	
	成文日期（有时置于标题之下）	

（3）学术、毕业论文七板块结构模式如表1–3所示。

表1-3 学术、毕业论文七板块结构模式

板块名称		说明
标题	主题/正题+副题	科技论文本属无特定受体三板块模式，但现被规范为"标题、署名、内容摘要、关键词、正文、注释和参考文献"七板块。其中，"内容摘要""关键词""注释""参考文献"板块的出现，都是现代要求使然。"内容摘要"便于信息吸取、传播、汇集和处理；"关键词"为现代计算机技术和网络技术用于信息查询、检索和管理提供了便利；"注释""参考文献"体现了人们对科研信息准确性、明确性的更高要求
署名		
内容摘要		
关键词		
正文	引论	
	本论	
	结论	
注释		
参考文献		

此外，法定公文除了文本结构外，还有行文格式，简报也有制发格式。这些将在相关章节中阐述。

5.结构的要求

经济应用文是处理经济事务、反映经济活动情况的文章。在组织安排文章结构时，必须从实际出发，注意在文章中表现经济活动的规律和内在联系。例如，按照"提出问题—分析问题—解决问题"的逻辑顺序安排篇章结构，就符合处理问题的规律性，符合事物本身发展的逻辑顺序。经济应用文和其他文章一样，对结构有一些基本的要求。

（1）完整统一。一篇文章就是一个完整统一的有机整体。结构完整、要素齐全、布局合理、和谐匀称是经济应用文结构的基本要求。不管是法定格式还是俗成格式，还是文本结构，都要求完整统一。如商务信函就有收信人和写信人等构成要素，写作时必须在相应位置标明，否则就会影响事情的办理。如果要素残缺不全，不仅会影响文章结构的整体统一，还会影响经济活动的顺利开展。

（2）严谨有序。经济应用文的结构要求首尾贯通，前后组合有序，先写什么、后写什么，都要清清楚楚，顺顺当当。文章的层次与层次之间、段落与段落之间应当排列有序、联系紧密、承接自然。为了做到条理分明、层次清楚，经济应用文常常采用分条列项的结构形式。

（3）适应文体。经济应用文的种类繁多，多数有较为固定的结构模式，写作时一定要注意从所写内容与文体的实际出发，采用恰当的结构形式，以适应不同文体的需要，做到内容与形式统一。如工作报告一般采用"概述基本情况—介绍做法成效或体会—指出存在的问题—提出改进意见及今后打算"的结构形式；而请示一般采用"阐述请示缘由—提出请示事项—请求指示或批准（批示）"的结构形式。尽管有一些相对稳定的结构模式，但写作时不可生搬硬套，还是要考虑不同文体的特点和要求，做到"定体则无，大体须有"。

（二）经济应用文的语言

语言是思维与思想的载体，是最重要的信息交流工具。在经济应用文写作过程中，有了明确的主旨、恰当的材料和一定的结构方法后，还需用精准、规范的语言表达。因此，只有熟练掌握语言工具，才能写出具有实用目的和价值的文章。

语言的风格称为语体。语体与文体具有对应性，不同文体要与相应语体结合，文章才会得体。文学作品用文艺语体，特征是以记叙、描写和抒情为主要表现手法，多用比喻、夸张、拟人、双关、象征等修辞手法，语言形象、生动、含蓄，语意丰富而深刻。说明文用科技语体，特征是以叙述、说明为主要表现手法，表意言简意赅，语言平实、准确、简明、客观。议论文用政论语体，多用议论或叙议结合的表现手法，语句多为内涵丰富、表达严密的长句，语词多带感情色彩，倾向性强。经济应用文是实用文体，多用事务语体，语言准确、简明、平实、庄重、生动，叙述、说明、议论是其主要表现手法。

1.经济应用文语言的特征

（1）准确。经济应用文具有较强的政策性和客观性，因此语言表意务必准确无误，否则将难以达到行文目的，贻误工作。要做到准确：一是遣词造句要遵守语法规则，判断推理合乎逻辑规律；二是对事实的陈述要符合实际，涉及的数字、名称、时间、地点、引语等都应准确无误；三是字斟句酌，慎用词语，汉语中有很多词义、感情色彩相同或相近的词语，要慎用这些词语，做到精准无误。使经济应用文语言准确的常用手法有以下几种。

1）使用限制性词语。即添加定语，或叫增加概念内涵，缩小概念外延法。

> 例如：一切国营企事业单位、机关团体、地方政府及其下属的城镇集体企业（不包括城镇街道企业），凡有自筹基本建设项目（含建筑工种的更新改造措施项目）以及按规定不纳入国家资产投资计划的建筑工程项目，均属于纳税范围。文中加点的"一切""不包括""凡有""含""均属于"等限制性词语的使用，使语意周密准确，增强了语言的准确性。

2）使用模糊词语。模糊语言不是模棱两可、含糊不清的病语，而是指外延不确定、内涵无定指的特性语言。通过运用模糊语言，可以提高语言的适用度，增大语言弹性，从而增强语言表达的准确性。它是以选用不确指的词语来更准确地表达客观实际的语言运用的积极方式。举例说明如下。

> 例1：张××曾多次辱骂和殴打其妻王××。
> 例2：张猛踢××的下部。
> 例3：公文中的数字，除发文字号、统计表、部分序号、百分比、专用术语和其他必须用阿拉伯数字者外，一般用汉字书写。

例1中用"多次"这个表数不确切的词，反而更合理，因为"辱骂和殴打"都是过去的事，而且当时也没做出清楚的记录，不可能再用具体的确数来表达。例2中用"下部"这个词语会传达出两个意思：一是不便直说、明说，换另一种人们常用的说法代替，使语言由俗变雅；二是不能具体说清哪个位置，用一个所指范围较大的词来模糊表达，反显更准确。例3中用"其他"是实在无法或没有必要完全举出，所以用"其他"一词来泛指或囊括，这样既不需一一全部列举，也无漏举，使表达更准确。

3）使用专业术语。经济应用文涉及经济部门、经济领域，具有专业性和行业性，因此，对其内容的表达总是与专业术语相联系。请看下段有关商业事务的话。

第一章 经济应用文基础理论认知

> 新开设的便民连锁店、超级市场及配送中心，所需改造网点和购置设备资金，在企业自筹和上级主管部门支持的基础上，不足部分在符合贷款条件的前提下，由金融部门按基准利率优先贷款。经市有关部门审核批准，按照每个便民连锁店20万元、每个超级市场200万元的贷款额度，由市、区（县）财政各贴息25%，从实际贷款月份计算，连续贴息3年。

上述加点词就涉及商业、金融、行政等方面的专业术语。这些具有特殊含义的术语，一般无法用别的词语替代。要使语义准确，就需使用专业术语表达。

4）使用惯用语。惯用语是人们长期以来在应用文写作中约定俗成并一直沿用的用途稳定、词义确定的专用词语。这些词语可使应用文语言准确、简练。常用的惯用语如下。

> 称谓词语："我""本""贵""你""该"等。
> 领叙词语："根据""依据""据""本着""奉""为了""为……特""兹介绍""兹定于""关于""遵照"等。
> 经办词语："经""业经""并经"等。
> 承转词语："为此""据此""对此""有鉴于此""综上所述""总之""现将……如下"等。
> 告诫词语："不得有误""以……为要""引以为戒"等。
> 表态词语："要""应""理应""本应""同意""准予""拟于""缓议""暂缓""可行""不可行""以……为妥""以……为宜""以……为要"等。
> 询问词语："当否""是否妥当""可否""是否可行""是否同意""意下如何"等。
> 判定词语："是""系""显系""以……论"等。
> 时态词语："兹""届时""行将""值此""如期""按期""展期""亟待"等。
> 结尾词语："此复""此令""此致敬礼""特此公布""特此报告""谨此""望……遵照执行""自……起施行""请查收""请审阅""请予批准""以上意见如无不妥请批转"等。

5）造句符合语法常规、叙事符合逻辑常理。经济应用文语言是实用语言，以表现语法、逻辑常态为准。因此，语法要体现一般规律，逻辑要反映通常事理或物理。例如在文学语言中，可用倒装、前置或后置某一成分来突出或强调所要表现的内容，但在经济应用文的语言中基本上不这么做，而是按主谓宾定状补的通常顺序造句。叙事，在文学作品或记叙性文章中，可以用倒叙、插叙、补叙，但经济应用文写作一般只用顺叙。经济应用文，尤其分条、分点写作的经济应用文，条、点排序一定要体现条理性，即通常的事理或物理。

语法与逻辑不是同一回事。语法是讲语词的组合规律，逻辑是讲思维的合理性，即是否符合事理、物理。有时语法无问题，但逻辑上却存在问题。例如，"即日起，未经批准的黄色录像片一律不准播放。"这句话，虽无语法问题，但显然存在逻辑问题，难道还有"经批准的黄色录像片"吗？难道"未经批准的非黄色录像片"就可以播放吗？这话因多用了限制词，造成了逻辑上的混乱。正确的表述应是"即日起，未经批准的录像片一律不准播放"

· 19 ·

或"即日起,黄色录像片一律不准播放"。可见,只有既符合语法又符合逻辑的语言,才是准确规范的语言。

(2)简明。简洁明了便于阅读与及时处理实际工作。要做到语言简洁明了,就必须下功夫练就语言概括能力,遣词造句惜墨如金,用尽可能少的文字表达尽可能丰富、深刻的思想内容。要像鲁迅所言:"竭力将可有可无的字、词、句、段删去,毫不可惜。"力求语言干净利落,精练顺畅。使经济应用文语言简明的主要手法有以下几种。

1)使用介词结构。介词结构由介词附在名词等词前面组成。经济应用文中常大量使用介词结构来直接表明目的、依据、原因、处置等。例如:

> 为加强地方政府性债务管理,促进国民经济持续健康发展,根据党的十八大、十八届三中全会精神,现提出以下意见。

这段话中,就用了"为"和"根据"两个介词构成的介词结构来表明行文目的和依据,使语言表达既简明又准确,这在一般性文章中是罕见的。

2)使用"的"字结构。"的"字结构由词或词组加"的"构成,也可看作一种省略了偏正词组中心语的结构。经济应用文语言中的"的"字结构,大都由动词性词组加"的"构成,并常作介词"对""关于"的宾语,构成介宾短语。例如:

> 地方各级人民政府所做的减税规定,都要逐项审查。凡违反税法规定和超越权限的(做法、情况、现象),要立即纠正;在管理权限以内减免税不当的(做法、情况、现象),也应停止执行。
>
> 对掺杂使假单位的主管人员和直接责任人员,以及支持、包庇、纵容掺杂使假行业的领导人与责任者,要给予行政处分;对情节严重构成犯罪的(主管人员、直接责任人员、领导人与责任者),要及时移送公安、司法机关依法查办。

使用"的"字结构能减省文字,使语言产生简明的效果。上例括号中的内容就是使用"的"字结构减省的文字。

3)使用单音节词。在经济应用文中,为使语言更简练、更庄重,有些文种或文体,如公文中的命令、公告、通告、批复、函,以及电文、写得比较高雅的书信等,常大量使用单音词。如下面的批复正文。

> 你校《关于成立××财经大学高等职业技术学院的请示》(×财校〔200×〕×号)悉。经研究并报部领导批准,同意你校成立"××财经大学高等职业技术学院"。该院为你校二级学院,我部不再增加经费。
> 此复。

文中加点的词都是单音节,单音节词的使用减少了文字,缩短了篇幅,使语言表达简明和庄重,便于阅读。

4)使用简缩语。简缩语是指通过一定方式省略若干语素或词简缩而成的专用语。如"四项基本原则""四化""两手抓""进出口""离退休""中小学""节假日""出入境""特困户""三农问题""中纪委""科技兴农""责权利""扫黄打非""打假""打黑除恶",等等。恰当运用简缩语,可使语言表达收到以少胜多、以简驭繁的效果。

5)使用数字、图表。在经济应用文写作中,数字是最精确的事实材料,运用数字说明不仅具有说服力,而且会收到言简意明的表达效果;图表具有综合性和直观性,运用图表能收到缩减文字的效果。因此,经济应用文写作应适当运用数字、图表表达。

使经济应用文语言简明的方法很多,除上述方法外,还有如使用联合词组、成语,运用文言词语等,都能收到很好的效果。

(3)平实。经济应用文语言是实用语言,应质朴无华、明白顺畅,忌华而不实。因此,应以事实说话,不说大话、空话、套话、假话;应直言其事,不拐弯抹角;尽量不用或少用形容词、修饰语,于平实中见神采;重在词语和句式的选用上下功夫,不追求形象描绘和情感抒发,不滥用修辞方式。使经济应用文语言平实常用的手法有以下几种。

1)用直笔,不用曲笔。经济应用文表达要求言简意赅、直截了当,不像文学作品讲究"曲径通幽"。因此,用词应多用名词、代词、动词、副词、介词等,少用形容词;词义多用本义,少用比喻义、引申义;句式常用比较平实、率直的陈述句,有时也用祈使句和疑问句,但基本不用感叹句和描述句。

2)用事实说话,不空谈。经济应用文每一观点的提出都必须来源于事实,有事实为基础,通过对具体事实的分析研究来概括提炼观点,同时又必须用事实来印证观点。下面这段话就能典型地说明这一点。

> 当前,一些单位和个人利用发票偷税的情况十分严重。截至今年9月底,我局对全地区2 133户工商企业和发票管理单位的发票进行了检查清理,发现有695户违反发票管理规定,违章使用发票,偷税12万多元。

上段话中"当前,一些单位和个人利用发票偷税的情况十分严重"这一观点的提出,是基于在全地区2 133户工商企业和发票管理单位中,就有695户违章使用发票,偷税12万多元的事实;反过来,这些事实又印证了观点的可靠性与说服力。如果没有事实,观点就成了空谈,难以令人相信。用事实说话,能使文章显得沉甸甸,有分量。这正是经济应用文平实风格和令人可信之所在,是经济应用文写作必须做到的。

3)叙述概括,说明客观,议论精要。经济应用文叙事质朴且概括(即多用概述),绝不渲染铺陈;说明客观而真实简明,绝不虚构加工;议论就事论事,以事实为据,点到为止,绝不借题发挥,或旁征博引,多方论证。

(4)庄重。经济应用文语言的庄重是指语言规范严肃,不花哨、不幽默、不风趣。使经济应用文语言庄重常用的手法有以下几种。

1)使用规范化的书面语。书面语庄重严谨,口头语亲切活泼,方言具有地方色彩和个性化。经济应用文的写作是严肃的,因此,必须使用规范的书面语写作,而不宜用口语或方言。

2)使用恰当的文言词语。经济应用文虽以现代汉语表达,但仍是古代应用文的继承与发展,古代应用文中某些约定俗成的文言词语庄重雅致、言简意赅,恰当使用这些词语,既能使表达简练，又能使表达庄雅。因此，如"兹有""兹定于""悉""收悉""知悉""欣闻""业经""业已""特此""致以""为荷""拟请""恳请""届时""鉴于""光临"等文言词语经常会运用在经济应用文中。

3）使用祈使句。祈使句是表示命令、请求、要求或禁止语意、语气的句子。在法定公文中，下行文占绝大多数。这些下行文要传达贯彻党和国家的方针政策、发布法规规章和布置指导工作，因此，在语言表达上应体现权威性和严肃性，在语气上要体现庄重严肃、果敢坚决。这正与祈使句的表达效果相吻合，所以祈使句在公文的下行文中运用广泛。表示祈使肯定语气的词有"必须""应该""要""坚决"等，表示祈使否定语气的词有"严禁""不准""不得""不许""不要"等。下列例句，就是典型的下行文祈使句。

> 游客要遵纪守法，文明礼貌，互让互爱；要讲究卫生，不得随地吐痰、便溺或乱丢果皮杂物；要爱护公物，不得损毁公共设施，不得攀折树木或践踏花草。
> 严禁携带枪支弹药、管制刀具等危险品上山，禁止携带烟花、爆竹、氢气球、香烛、灯笼、荧光棒、打火机、火柴等易燃易爆物品登山。

上述例句中"要""不得""严禁""禁止"等表示祈使语气的词的使用，使祈使语意得到充分表现，赞成什么、反对什么、提倡什么、禁止什么的立场和态度得到了鲜明的表现。

4）使用全称和规范化简称、统称。经济应用文在涉及机关、企事业单位名称、人名、职务名称、时间名称、地点名称以及有关事物名称时，为了表示庄重，往往使用全称，不用简称。如果使用简称，必须是规范化的简称，所谓规范化，就是要社会化，即得到了全社会的认可，大家都知道这个名称之所指，不会产生歧义。如"中共中央"就是"中国共产党中央委员会"的规范简称，"国务院"就是"中华人民共和国国务院"的规范化简称。统称一般用于下行文，且为普指，如"各省、自治区、直辖市人民政府，国务院各部委，各直属机构""公司所属各单位""各单位"等。统称的使用不仅使语言简练，还不失庄重。如果在正文中为了行文简便，要使用不规范的简称，必须在第一次出现时使用全称，并对其简称用括号加以注明，否则不能使用。

5）使用谦词敬语。谦词敬语体现各种关系和态度。经济应用文也是一种沟通工具。沟通有着不同内容和行文意图，还彼此存在各种关系。中国是一个礼仪之国，传统的美德熏陶形成人们下尊上、少尊长、己尊他的文明理念，人们在利用应用文进行往来交流沟通时，也就会从所处的不同地位，以关爱、热忱、诚恳、谦和、彬彬有礼等不同的态度来表达感情，增进情谊。因此，像"拜托""烦交""请""恭候""敬请光临""惠顾""恳请""拟请""为荷""谨致谢忱""此致敬礼""致以亲切问候""表示最诚挚的感谢"等谦词敬语都成了经济应用文的常用语。恰当地使用谦词敬语，不仅是经济应用文内容表达的需要，而且也使其语言庄重得体。

（5）生动。经济应用文写作在做到上述语言运用要求的基础上，还应适当吸收社会生活中新鲜活泼的词汇，以增强文章的生动性和表现力，提高文章的可读性，引发读者的阅读兴趣。惯用语、俗语、谚语、警句、顺口溜，甚至口语，只要能增强文章的表现力和生动性，又符合语言运用的要求，都可适当运用。例如，"无农不稳，无粮则乱"是警语；"政策对了头，干活有奔头；政策开了放，致富当榜样"是顺口溜；"少数主管部门对所属单位,不是严格要求,而是'护短'"中的"护短"是口语;"要防止历史上曾经出现过的简单地换'婆婆'和'一放就乱,一乱就收'的现象重演,防止'一刀切',一哄而起和搞形式主义"中的"婆婆""一刀切"都是比喻的说法;"要摸着石头过河,水深水浅还不很清楚,要走一步看一步,两只脚搞得平衡一点。走错了收回来重走,不要摔到水里去"中的"摸着石头过河"是俗语。这些词语的运用生动活泼,富有表现力,值得借鉴。

2.经济应用文语言的表达方式

经济应用文写作由于受其固有特点的制约,在表达方式的运用上有自己的鲜明个性和特殊要求,叙述、说明、议论是其常用的表达方式。在具体运用各种表达方式时,都必须做到概括,即用概括的语言组织文章。

(1)叙述。经济应用文运用叙述的表达方式,多用概叙、顺叙,用以交代背景、介绍情况、综合事迹、概括发展规律,追求叙述的直陈简约,不铺陈。叙述常与议论、说明结合运用,即夹叙夹议,叙事论理,叙述说明等。

(2)说明。经济应用文运用说明的表达方式,主要是介绍事物的性质、特点、范围、类别和有关背景,或说明解决问题的措施与办法、作者的意图或主张,或说明事物的好坏、进退、优劣等。它为叙述做铺垫,为议论提供依据,不面面俱到地解说事物、剖析事理,不掺杂炫示的描绘,不追求形象性和艺术感,不糅合感情成分,追求说明的平实性。

(3)议论。经济应用文运用议论的表达方式,不需要反复推理论证,而是就事论理,直接对议论对象做出自己的评价、判断,或阐明处理事务的立场观点、意图主张。

思考与练习

1.解释下列概念

形象思维　抽象思维　创造思维　逻辑思维　辩证逻辑思维　概括思维　求本思维　条理思维　结构　材料　素材　题材

2.经济应用文写作思维有哪些特征?

3.经济应用文主旨的表达有何特点?

4.经济应用文材料与主旨存在什么关系?

5.经济应用文的结构内容包括哪两个方面?

6.经济应用文的结构有哪些特点?

7.经济应用文有哪几种基本结构模式?

8.经济应用文写作主要运用哪些表达方式?

9.经济应用文的语言有哪些特点?

10.请将下面的分散句子,根据它们之间内在逻辑关系,组写成一篇短文并添加一个适合的标题。

(1)于是,一方提出在"货到"与"付款"之间加一个"全"字,表述为"货到全付款",另一方表示同意。

(2)法院依法判决该购销合同终止履行,建筑公司归还钢窗厂400只钢窗。

(3)由于双方各执己见,协商不成,最终诉至法院。

(4)可建筑公司则坚持理解为"货到全,付款",即必须在800只钢窗全部运抵时付款。

（5）法院审理后认为，双方签订的合同虽属有效合同，但因关键条款表述不清，产生歧义，引起纠纷，双方均有责任。

（6）钢窗厂认定是"货到，全付款"，因此，对方应支付这批400只钢窗的全部货款。

（7）当谈到"货到付款"一条时，双方总觉得这四个字不太妥当。

（8）合同开始履行后，钢窗厂向建筑公司送去第一批钢窗400只，并要求对方付款，为此，双方发生争议。

（9）某钢窗厂与某建筑公司一份签订一份钢窗购销合同，由钢窗产向建筑公司供应800只钢窗，由钢窗厂送货，结算方式是汇票。

11.阅读下面两篇短文，根据文后提问比较两文的异同。

（1）
曙光中的祷告
程××

祖母于清晨去世，曙光中我默默祷告。我的祷告没有文字，只有思想。人们来到世界时，都是热热闹闹，挥舞着拳头，准备大干一场。但是，我们离开这个世界时，却安安静静的，摊开一双手，这世界上"物"的东西，我们一样都带不走。当我们的灵魂通过那窄长漆黑的生命通道向另一个未知之处飞去时，人世折磨得我们痛苦不堪的一切恩怨是非都释然超脱了。我想起这么一句歌词：昨天的太阳，照不到今天的树叶。每一个属于我们生命的太阳是多么好啊！珍惜生命，不在乎得多少钱财和权势，而是生命有没有充分燃烧。爱我们的人总有一日要离去，为了令这份爱在人世永不消失，我们要爱他人。

（2）
国务院办公厅关于同意建立
公共法律服务体系建设部际联席会议制度的函

国办函〔2020〕57号

司法部：

你部关于建立公共法律服务体系建设部际联席会议制度的请示收悉。经国务院同意，现函复如下：

国务院同意建立由司法部牵头的公共法律服务体系建设部际联席会议制度。联席会议不刻制印章，不正式行文，请按照有关文件精神认真组织开展工作。

附件：公共法律服务体系建设部际联席会议制度

国务院办公厅
2020年7月21日

回答：

1.（1）文的文体是_____，（2）文的文体是_____；
2.（1）文的语体是_____，（2）文的语体是_____；
3.（1）文的语言特色是_____，（2）文的语言特色是_____；
4.（1）文的表达方式是_____，（2）文的表达方式是_____；
5.（1）文的主旨是_____，（2）文的主旨是_____；
6.（1）文表意_____，（2）文表意_____；
7.（1）文行文格式是_____，（2）文行文格式是_____；
8.（1）文的作用是_____，（2）文的作用是_____；

9.（1）文的思维方式主要是_____，（2）文的思维方式主要是_____。

12.下面是用同一材料写作的两份复函，请指出其优劣，并说明理由。

（1）　　　　　**关于订购"牡丹牌"真丝女衬衫的复函**

××贸易公司：

你们×月×日的来信我们刚刚收到，从信中我们了解到你们想购买我公司"牡丹牌"真丝绣花女衬衫一事。我厂生产的"牡丹牌"真丝绣花女衬衫质量上乘、款式高雅，犹如盛开的牡丹风靡世界，博得了各国客商的青睐。在此，万分感激你们对我厂产品的好感。由于今年的订单已超出生产能力，所以一律不接受新订单，请你们不要误解。凭着我们双方之间良好的贸易关系，你们不必担心，一有货，我们一定会首先通知你们的。

××制衣厂
××××年×月×日

（2）　　　　**××制衣公司关于订购"牡丹牌"真丝女衬衫的复函**

××贸易公司：

贵公司《关于订购"牡丹牌"真丝女衬衫的函》（×函〔202×〕×号）收悉。现就该事宜函复如下：

我厂生产的"牡丹牌"真丝女衬衫质量上乘，款式新颖，备受国内外客商青睐，近来订单剧增，供不应求，暂难如贵公司之愿。但贵公司的订单，我们业已登记在册，一俟有货，定将速函相告。

特此函复。

××制衣公司
××××年×月×日

第三节　经济应用文的文面规范

文面是指文章展现出的款式和面貌，其内容涉及文章行款格式、文字书写、标点符号使用。文面规范就是指这些方面的规范。经济应用文文面规范相当讲究。因此，了解并遵守文面规范，既体现作者良好的写作素养，也是写好经济应用文的前提和基础。

一、行款格式

（一）标题

标题分为一行标题和多行标题。绝大多数文章使用一行标题，就是只有一个正题，一般要居第三行的正中。多行标题又分双行标题和三行标题。双行标题又分"引题+正题"和"正题+副题"两种情况。前者引题、正题分别居第三、四行的正中。后者正标题居第三行正中；副标题居正标题下行，前加破折号。例：

> **扬长避短，发展地方工业**
> ——湖北省沙市工业发展情况调查

三行标题很少用，一般也只用作较长的重要新闻或广告文标题。三行标题的引题也要写在第三行，正题、副题依次写在第四、五行，而且也都要居中。

标题后一般不使用标点符号，标题与正文之间空一行。如果一个标题较长，需要做几行写。一要注意回行时不能分割词意，二要注意整个标题的排列美观。

（二）称谓或主送机关

称谓或主送机关居正文上行左顶行，后用全角冒号。如果有多个称谓对象或主送机关，应根据实际情况分别使用顿号、逗号将它们区别开来。如果需要回行，回行时仍需左顶行。也有将多个不同性质对象分行并列称呼的情况。

（三）正文的层次与段落

正文第一级层次的序数或小标题都居中独占一行。如果是用序数和小标题结合表示，则左空两字位置，但仍独占一行。正文第二级层次用序数和小标题表示，可独占一行，也可置于文前写。独占一行时不用标点符号，置于文前时要加句号。正文第三级层次序数或主句（段旨句）应置段首。

每段另起行，左空二字位置。段首置段旨句。引文段左右同进二字位置，不需再用引号。

（四）引用与注释

引用有随文引（将引文镶嵌在行文中，使之与正文融为一体）和另段引（将引文单独作一段）两种形式。随文引又分直引（直接引用原文或原话）和间引（只引其意，不引原文或原话）。直引要用引号或冒号和引号；间引由作者直述，不用冒号、引号。

注释分文中注（夹注）、页下注（脚注）和篇末注（尾注）三种形式。文中注，是在行文中紧靠需注内容用括号作注；页下注，是先在文中需注处右上角标示注码，再在本页页脚依码做出注解；篇末注，是先在文中需注处右上角标示注码，再在篇末按注码集中作注。

（五）文尾

文尾包括署名和成文日期，有的还明确成文地点。署名署在正文右下方，有的也署于标题下方。成文日期通常写在署名下方。成文地点往往写在成文日期之后，如"××××年×月×日于×××"。

二、文字书写

文字书写一是要书写正确规范，不写错别字，使用数字规范。写错别字，不仅使作者的素质大打折扣，在经济应用文写作中还很可能造成重大经济损失。报载某制衣公司与外地一家商场签订一份服装购销合同。经协商达成协议：货款20万元，卖方交付服装后买方即付清货款。卖方认真履行合同，按时送货，并要求买方及时付款，可买家却拿出合同书，反诘说，没搞错吧，合同上写着"贷到付款"，现我方还未贷到款，故无力支付。待卖方拿出合同一看果真是"贷到付款"而不是"货到付款",只得大叫倒霉。因法院认定合同有效,结果只能是买方何时贷到20万元的货款,卖方才能何时实现债权。这就是一字之别造成的损失和尴尬。现在用电脑写作,特别是使用拼音输入法打字,容易输入别字,如"定金"和"订金",稍不留神,可能会吃大亏。

经济应用文有一个重要特点,就是数据材料凸显,行文中数字特别多,书写一定要特别讲究规范。该用阿拉伯数字的用阿拉伯数字,该用汉字数字的用汉字数字;该分节的要分节,该用汉字大写的要用汉字大写。

二是要书写清楚、美观。现在虽然主要使用电脑书写,但有时还得手写。手写如果不认真对待就可能出现潦草,让人难以识别,也不美观,可能造成失误与损失。

三、标点符号使用

标点符号一要写法正确,各种标点符号的形式书写规范,切忌各种标点符号不分形式,一逗到底或一点到底。标点符号的规范形式如下。

（1）句号"。"。
（2）问号"？"。
（3）叹号"！"。
（4）逗号","。
（5）顿号"、"。
（6）分号"；"。
（7）冒号"："。
（8）引号有双引号""　""和单引号'　'"。
（9）括号主要有圆括号"（ ）"、方括号"［ ］"、六角括号"〔 〕"和方头括号"【 】"等。
（10）破折号"——"。
（11）省略号"……"。
（12）着重号"．"。
（13）连接号有短横线"-"、一字线"—"和波纹线"～"三种。
（14）间隔号"·"。
（15）书名号有双书名号"《 》"和单书名号"〈 〉"两种。
（16）专名号"＿＿"。
（17）分隔号"/"。

二要使用准确,要熟练掌握标点符号的规范用法。标点符号是辅助语言,使用复杂,要根据表达的含义和情感准确标注。具体情形请参阅附录二《标点符号用法》。

思考与练习

1. 经济应用文的文面具体指哪些方面?
2. 试为下份声明添加标点符号,要求标注正确、准确。

郑 重 声 明

　　最近 我厂有人未经工厂同意 擅将工厂为南石合成氨厂生产 印好商标的化肥编织袋转卖给下关农工商总公司下属某门市店 该店唯利是图 从外地购进一批低劣化肥 利用南石合成氨厂产品优质的信誉 假冒该厂产品向外销售 从中牟利 坑害用户 这严重损害了我厂和南石合成氨厂信誉以及用户利益

　　为维护我厂和南石合成氨厂的信誉以及用户利益 挽回不良影响 我们将运用法律手段追究有关单位及当事人的法律责任并要求赔偿经济损失 同时 我们庄严承诺 今后 对凡与我厂签约编织袋生产单位的商标保护 保证予以高度负责

　　特此声明

××县山华塑料编织厂
20××年×月×日

第二章

常用经济专用文书读写

经济专用文书是指使用于经济领域、内容与经济相关联的一类应用文。本章从通用角度出发，介绍经济条据、意向书、协议书、经济合同、市场调查报告、市场预测报告、可行性研究报告及营销策划书的读写。

第一节 经济条据读写

经济条据是指内容与经济相关联的便条与单据，如借条、欠条、收条或收据、发条或发票等。它们的作用是充当某种经济事务关系的依据和凭证。

一、例文导读

（一）借条

借条是借了个人或单位钱物时，写给对方作凭据的便条。借条留给被借方保管，作为日后收回钱物的依据；钱物归还后，借方收回借条，并进行作废或撕毁处理。

【例文2-1】

借　　条

今借到××学院服装20套，作为迎新晚会演出活动用，会后立即归还。此据。

经手人：李××
（×学院章）
××××年×月×日

【例文2-2】

> **借　条**
>
> 　　今借到厂财务处人民币叁仟元整,作进京参加产品展销会之用。返回后按规定报销,多退少补。
> 　　此据。
>
> 借款人：李××
××××年×月×日

【例文2-3】

> **借　条**
>
> 　　今借到文××同学《现代经济管理》一套两本,三周后送还。
> 　　此据。
>
> 借书人：101班李××
××××年×月×日

【导读】这三份借条写法相同。标题写"借条"名称；正文开头写"今借到"字样,而后带出具体内容,包括借谁什么、数量、归还期限与途径等；结语用"此据"结束。文尾写明借款或借物人姓名或盖章并写清立据日期。

（二）欠条

欠条是借人或单位钱物,归还时只还了一部分,尚欠一部分,对所欠部分写给对方留作凭据的便条,或借人或单位钱物,当时未写借条,事后补写给对方留作凭据的便条。

【例文2-4】

> **欠　条**
>
> 　　原借朱××同志人民币壹仟元整,已于×月×日还伍佰元,仍欠伍佰元整。所欠之款将于两个月内一次还清。
> 　　此据。
>
> 赵××
××××年×月×日

【例文2-5】

欠　条

　　××××年×月×日借彭××同志人民币壹仟元整，现补欠条以作凭证。欠期约定为3个月，到期一次还清。

　　此据。

赵××
××××年×月×日

【导读】这两份欠条反映了需写欠条的两种情况，也代表了两种欠条的写法。从结构看，与借条的写法相似。标题写明"欠条"名称，正文写明所欠对方钱或物名称、数量、缘由及归还期限等。文尾署上欠方姓名或盖章和立据日期。

（三）收条与收据

收条和收据是在收到他人钱物后，写给对方留作凭证的便条或单据。

【例文2-6】

收　条

　　今收到××县制药厂赞助款人民币伍仟元整。

　　此据。

收款人：林××
××××年×月×日

【例文2-7】

代　收　条

　　今代收到东风电器厂归还给市七中的教学课桌伍拾伍张，完好无损。

　　此据。

代收人：崔××
××××年×月×日

【例文2-8】

收 据
202×年3月18日

项目名称	现金	支票	合计金额（元）	二联交会计
书 费	√		360.00	
人民币（大写）	万 ¥ 仟 叁 佰 陆 拾 零 元 零 角 零 分整			

收款人：李×× 　　　　　　　　　　　　　　　　　　　交款人：王××

【导读】上述三例中，收条和代收条写法相同，也完全与借条、欠条写法一样，只是行为主体有别而已，收条的行文主体是立据当事人，而代收条的行文主体是立据当事人之外的人。收据则是事先印制好的单据，只需按实际情况填写相应项目内容即可。

（四）领条

领条和领单是个人或单位向主管部门领取钱物时，写给负责发放钱物的人留作凭证的便条或单据。

【例文2-9】

领 条

今领到学院行政科发给基础部教师保温杯伍拾个，202×年台历伍拾本。此据。

经手人：谭××
××××年×月×日

【例文2-10】

领 物 单　　　编号：

部门：　　　　　　　　　　　年　月　日

序号	名称	单位	数量	单价	金额	用途
		合　计				

记账：　　　保管：　　　部门主管：　　　领用人：

【导读】领条的写法与收条等的写法相同。领单内容稍微复杂，但也是事先设计、印刷好了的，只需按实际情况当场填写好相应的项目内容即可。

（五）发条与发票

发条与发票是个人、单位或商店出售产品或物品时，留给购买者的凭据。发条与发票的区别在于，发票是一种符合财务手续，能正式入账的原始凭据，而发条是在财务手续不健全时使用的一种字据，其作用相当于发票。一般是购货方按发条、发票付款，凭发条、发票提货，而后持发条、发票向财务报账。

发票是正式的财务单据，由国家税务系统统一监督、管理、印制，上面套印有"税务局监制""全国统一发票监制章"的印记，制作严格规范。随着计算机与互联网技术的应用和国家对税收的严格管控，现在都要求机打发票才能记账报销，因此，发条的认可度已很小，将随之消失。

【例文 2-11】

发　条

今卖给××印刷厂劳保用品手套1 000双，每双价格3.2元，共计人民币叁仟贰佰元整。此据。

经手人：王××
（商店印章）
××××年×月×日

【例文 2-12】

今　售　给

××中学木制课桌250张，每张价格90元，共计人民币贰万贰仟伍佰元整。此据。

经手人：王××
（工厂印章）
××××年×月×日

【导读】这是两份常用的发条写作形式。标题写"发条"或"今售给"；正文写明卖给什么单位、什么物品、数量多少、什么价格、共计多少钱（大写），再另起一行空两字位置写上"此据"二字。文尾写上经手人姓名和日期，并盖上商店或单位印章。

二、基础知识认知

（一）分类

经济条据根据其制作，可分为便条和票据两类。便条一般指临时手写的经济凭证，如借条、欠条、收条、领条、发条等；票据是指按照预先设计的项目统一印制，使用时只需按项目填写的经济凭证，如收据、领据、发票等。

（二）特点

经济条据有以下特点。
（1）文字简明，记事扼要。
（2）体制短小，操作规范。
（3）形式多样，使用便捷。

三、写法

经济条据的结构由标题、正文和文尾构成。

（一）标题

标题写明条据的名称，如"借条""借据""收条""代收条""收据""欠条""领条""发条"等，写在条据的第三行，居中。

（二）正文

正文多以"今借到""今收到""今领到""今欠"等字样开头，然后写条据内容。内容包括以下几项。
（1）条据写给对象（向谁借，收到谁，欠谁，卖给谁，等等）。
（2）为何事而写（所借、所欠、所收、所卖是什么）。
（3）条据事项涉及的数量、价格、金额等。
（4）最后多另起行，退两字位置写上"此据"二字，它是"以此为据"的简写。

（三）文尾

文尾签名盖章和写明立据日期。

四、写作注意事项

（1）书写要规范，钱款要写明货币名称，数目要用大写，且数目前不要留空白，数目后要写明货币单位（元），在货币单位后一般还写上"整"字，以防涂改或添加数字。物品要写明名称、规格、数量、质量。
（2）写单据不要涂改，确需涂改时，要在涂改处加盖印章，以示负责，避免纠纷。
（3）写完后要核查，以免出现差错或遗漏。
（4）经济条据应妥善保存，以备日后查核之用。

思考与练习

1. 经济条据在社会生活中能起到什么作用？
2. 经济条据，据其制作可分为哪两类？它们的区别是什么？
3. 谈谈借条与欠条的不同用法。

第二章 常用经济专用文书读写

4.写出从0到10的汉字大写数字。

5.假如你借了辅导员××人民币3 000元，在约定的还款日，你只还了他1 500元，经与辅导员协商同意，剩余1 500元在6个月后还清。请据此材料写出所应涉及的相关条据。

6.在借条、欠条等条据中，经常出现如"3日后归还""3周后还清""借期3个月，到期一次还清"等表述，谈谈你对这些表述的理解。

第二节 意向书与协议书读写

意向书、协议书、合同是三种性质相似、用法写法相近的专用经济文书。它们是当今经济活动中应用普遍的经济契约类文书。我们必须熟练掌握其用法与写法。

一、意向书

意向书是双方或多方就某一合作事项在进入实质性谈判之前，进行初步洽谈后形成的表达原则性、方向性合作意愿的文书。因意向书所表达的内容属非协作项目实质性协商内容，所以不具有法律效力。意向书一般在初次谈判纪要的基础上整理而成。

（一）例文导读

【例文2-13】

```
_____项目合作意向书

甲方：×××
乙方：×××
    双方就_____项目的合作事宜，经过初步协商，达成如下合作意向：
    一、同意就_____项目开展合作研究开发。
    该项目的基本情况是：_____
    _____
    二、前期工作由甲乙双方各自负责。
    甲方应做好以下工作：
    1._____
    2._____
    ……
    乙方应做好以下工作：
    1._____
    2._____
    ……
    三、在甲乙双方完成前期工作基础上，双方商定××××年×月×日签订正式合同。
    甲　方：                    乙　方：
    代表人：                    代表人：
                                        ××××年×月×日
```

【导读】意向书是合作双方就合作意向拟写的书面文书。签署意向书，表明双方愿意进一步商谈合作。该意向书由标题、合作双方当事人名称、正文和文尾构成。标题由事由和文种构成，标题下空一行写明合作双方的简称和名称。正文由前言和条款构成，前言扼要交代合作项目及双方意向；条款是该意向书的主体部分，从项目的基本情况、双方合作前期准备工作和进一步谈判签订正式合同三方面表明了初步协商的意向内容。本例意向书简明清晰，符合意向书写作的基本要求。

【阅读思考】

1. 意向书是否具有法律效力？
2. 意向书的内容表达有何特点？

（二）基础知识认知

1. 特点

（1）导向性。意向书是双方为了表示某项合作意愿而签订的文书，可为下一步磋商奠定良好的基础。因此，它只是一种导向性文书，合作目标是希望总体轮廓清楚，意向的大体方向一致，不要求有具体进程和明确步骤。

（2）原则性。意向书的各项条款一般是就一些重大问题进行原则性的明确，其内容表述以定性为主、以原则为主，不求将具体问题分项列款，更不求将具体细则详细表述，这样才能求同存异，取得较为满意的结果，为下一步研讨留有余地。

（3）灵活性。意向书的灵活性主要表现在两个方面：一是可以根据需要随时协商更改有关内容；二是意向书表述的是双方或多方的初步合作意图，其写作内容、条款形式由双方或多方当事人协商确定，没有固定模式和要求，具有较大的灵活性。

（4）临时性。意向书是初步洽谈的成果，也是今后进一步协商谈判的基础，一旦达成正式协议或签订合同，意向书便完成了它的使命。

此外，意向书涉及内容广泛，涵盖政府、企事业单位，以及政治、经济、文化、教育、科技、军事诸方面，虽不具法律约束力，但也具有一定的信誉约束力。

2. 分类

（1）从项目类别划分，有合资企业意向书、合作企业意向书、投资企业意向书等。

（2）从意向主体划分，有政府合作意向书、企业合作意向书等。

（3）从国别划分，有中外企业与机构合作意向书、国内企业与机构合作意向书等。

（4）从合作领域划分，有教育、科研、经济、政治、军事等领域的合作意向书。

（5）从权利义务划分，有单务意向书和双务意向书。单务意向书只是一方单独承担某种义务，双务意向书是签约双方或各方既享受一定权利，也承担相应的义务。

（三）意向书的写法

意向书一般由标题、合作人名称、正文和文尾四部分组成。

1. 标题

一般写明事由和文种，如"关于合作经营×××××的意向书"；也可以写明各合作单位的名称、事由和文种，如"××公司与××研究所关于联合开发××××的意向书"；有的仅写明文种"意向书"。

2.合作人名称
写明合作双方或多方的名称和简称。这和合同的"立约人"的写法是一样的。

3.正文
正文可分为前言、主体和结尾三部分。

（1）前言一般写明双方或多方当事人的名称，签订意向书的原因、目的、依据或遵循的原则，有时还要说明合作方协商谈判的大致情况，并常用惯用语"达成如下意向"过渡到主体部分。如"××厂与××公司本着平等互利的原则，经友好协商，就××××进行合作经营以及今后采用其他形式继续合作，达成如下意向"。

（2）主体是意向书的主要内容，一般是分条分点写明双方或多方达成的意向性共识，如合作的项目、合作的方式、合作的程序、双方的义务、未尽事宜处理以及意向书的持有保存等。

（3）结尾表述意向书的生效标识和联系方式等，通常为签订意向书的双方或多方用印，授权代理人签名以及各自的地址、联系电话、传真等，也有将地址、联系电话、传真写在合作人名称下方的，这体现了意向书写作的灵活性。

4.文尾
写明意向书的签署时间、地点。

（四）写作注意事项

1.坚持平等互利的原则
不分国家大小、单位大小或资本多少，应一视同仁，平等对话。既不能迁就对方，也不能把自己的要求无原则地强加给对方。

2.态度诚恳，行文语气体现协商色彩
不用规定性或强制性的语句，一般不用"必须""应该""否则"等词语。

二、协议书

协议书俗称契约，是双方或多方当事人就某一事项，依据法律规定，经过共同协商取得一致意见后所签订的一种契约性文书。它与合同属于同一性质的文书，写法、用途基本相同，但二者又不完全等同，最显著的区别是合同正规、全面，协议书灵活、机动。

在现代经济活动和社会生活中，协议书主要发挥约束、凭证和补充三方面的作用。

（一）例文导读

【例文2-14】

产品销售代理协议书

甲方：_____

乙方：_____

　　甲、乙双方以自愿、平等、互利为原则，就乙方经销甲方之_____系列产品，经友

好协商，并根据《中华人民共和国民法典》有关规定，达成如下协议：

一、甲、乙双方的权利和义务

1. 甲方是_____系列产品的供应商，乙方是销售商。

2. 甲方生产的_____系列产品销售权归乙方所有。

3. 产品定价：_____。此价格属基础定价，根据市场销售情况，可经协商再作相应调整。

4. 甲方应向乙方提供符合国家标准的产品，如产品质量不合格，乙方有权向甲方提出调换，甲方应无条件予以调换。

5. 甲方提供的货物乙方验收时发现短少、残损或包装上有缺陷，导致影响销售，乙方有权提出补足、退换，甲方应无条件地予以补足、退换。

6. 乙方应尽最大努力销售甲方生产的协议产品。除试销期外，每年应完成销售任务：_____。甲方应保证供应足够的货源。

7. 甲方生产的协议产品，经乙方验收合格后，乙方须在_____日内付清货款。

8. 甲方负责为乙方提供全面市场支持，与乙方一起培训销售服务人员，并配合乙方销售策略，适时做好促销工作，如安装广告牌、提供试用品等。

9. 甲方未经乙方许可，不得擅自销售协议产品，若擅自销出，所销产品将抵充乙方销售任务，且乙方将扣除同等金额的产品销售货款。

10. 乙方销售甲方产品需首次交纳保证金_____元。

二、协议的变更及终止

本协议期满后，由甲、乙双方协商是否续签本协议，乙方具有优先续签本协议的权利。

三、争议解决

本协议发生争议，双方以友好协商的方式解决，协商不成时，可申请仲裁或由乙方所在地人民法院依法处理。

四、其他

1. 本协议有效期为：_____年_____月_____日至_____年_____月_____日。

2. 其他未尽事宜由双方友好协商处理。

3. 本协议一式两份，双方各执一份，签名盖章后即生效。

甲方（盖章）：　　　　　　　　　　乙方（盖章）：

法人代表：_____　　　　　法人代表：_____

签约代表：_____　　　　　签约代表：_____

地址：_____　　　　　地址：_____

电话：_____　　　　　电话：_____

传真：_____　　　　　传真：_____

　　　　　　　　　　　　　　　签约日期：　　年　　月　　日

【导读】这是一份产品销售代理协议书。协议书标题由"事由（标的+性质）+文种"

构成。立约人不仅写明协议双方的名称、简称，还交代了双方地址、联系电话、传真。正文由前言、条款和结尾构成。前言写明签订协议的原则、依据；条款分别表述双方在"自愿、平等、互利"的原则下友好协商达成的各项一致意见；结尾为协议双方及其代表签名盖章，以示生效。文尾署明协议签署日期。本例协议书的结构要素完备，层次分明，条理性强，语言简明，符合协议书写作的基本规范。

【阅读思考】

1.协议双方的地址、电话、传真可否移至结尾呢？
2.协议书与合同的性质是否相同？写法是否相同？

【例文2-15】

实习协议书

甲方（实习单位）：_____
乙方（实习学生）：_____

为明确实习学生与实习单位的责任与义务，根据国家有关法律、法规，本着平等自愿的原则，经甲、乙双方协商一致，签订本协议。

一、实习期限

乙方到甲方实习，实习时间自××××年×月×日起至××××年×月×日止。实习第一个月为试用期。

二、实习内容

甲方根据乙方的实际情况和工作需要，安排乙方到××岗位，从事××工作。乙方在实习期间必须服从甲方的工作安排，甲方做好乙方的劳动生产安全教育、劳动纪律教育和必要的技术指导工作。

三、工作时间

根据工作需要，甲方按不定时工作制安排乙方工作。

四、实习期报酬

依照按劳取酬的原则，甲方每月15日左右以货币形式通过银行转账方式向乙方支付实习工资，试用期月工资为人民币×××元，试用期满后实习工资按人民币×××元的标准发放。

五、甲、乙双方的权利和义务

1.实习期间乙方应遵守国家的法律法规，遵守甲方制定的各项规章制度。如有违反，甲方可以根据情节轻重给予必要的处分或终止实习。

2.实习期间，乙方造成甲方财产、经济损失的，按甲方相关规定处理。

3.乙方必须严守甲方及其客户的商业秘密，不得利用商业秘密为个人及其家庭谋取私利，不得将甲方资料、机密等资讯透露给他人。一经发现，甲方有权解除与乙方的协议关系，并要求乙方赔偿相应的损失及承担相应的法律责任。

六、劳动保护

1.甲方需为乙方提供符合国家规定的安全卫生的工作环境，保证其在人身安全不受危害的环境条件下工作。

2. 甲方根据乙方岗位实际情况，按国家规定向其提供必需的劳动防护用品。

3. 乙方应遵守劳动操作规程，若因违反规定操作而致自身受到安全、健康的伤害时，甲方不承担责任。

4. 乙方患职业病、工伤事故的按《工伤保险条例》规定执行。

七、协议解除或变更

1. 乙方在本协议履行期间有特殊情况可向甲方提出终止实习协议，但必须在试用期内提前7天、试用期后提前30天通知甲方，并做好工作交接，否则应承担相关责任。实习期间，甲方如发现乙方不符合实习要求或不适宜该工种工作等，可以向乙方提出终止实习，并在支付实习期间的工资后，解除本协议。

2. 甲方以暴力、威胁、监禁或非法限制人身自由的手段强迫乙方劳动的，或甲方不能按照本协议规定支付给乙方实习工资的，乙方可以随时通知甲方解除协议。

3. 订立本合同所依据的法律、行政法规等发生变化，致使本合同无法履行时，经甲、乙双方协商同意，可以变更本协议相关内容。

4. 未尽事宜由双方及时协商解决。

八、法律效力

本协议正本一式两份，双方各执一份，经甲、乙双方签字后生效。

甲方（盖章）： 　　　　　　　　　乙方（签名）：××
代表人（签字）：××× 　　　　　　身份证号：×××××××××
联系电话：×××××××× 　　　　　联系电话：××××××××

　　　　　　　　　　　　　　　　　　　　　××××年×月×日

【导读】这是一份大学生与企业签署的实习协议书。该文由标题、协议双方当事人名称、正文和文尾构成。标题由事由和文种构成。标题下空一行写明协议当事人名称。接下来写协议正文，正文分前言、主体和结尾三个部分。前言简要交代签署协议的目的、根据、原则；主体采用分项行文，通过各有关事项将协议双方的权利与义务融于其中；结尾为协议双方及其代表签名盖章，以示生效。最后，文尾署明签约日期。本文结构完整、层次分明、条理清晰，表达准确简明，可作借鉴。

【阅读思考】

1. 本文主体八项条款内容中，哪些是围绕实习协商一致的？哪些又是围绕协议书协商一致的？

2. 为什么要先写有关实习的内容，后写有关协议书的内容？遵循了怎样的逻辑关系？

（二）基础知识认知

1. 分类

协议书的签订主体不像合同那样有严格的限定，适用范围也不仅仅是经济活动，因而其种类繁多。

（1）按内容性质划分，主要有补充、变更或解除合同协议书，联营或合作协议书，代理或经销协议书，仲裁协议书，和解、调解协议书，承包、承揽协议书，财产保险、赔偿协议书，委托协议书等。

（2）按时效划分，有长期协议书、中期协议书、短期协议书和临时协议书。

2.特点

协议书也是一种契约文书，其特点除政策性、法律性和协商性诸方面与合同相同外，还具有广泛性与灵活性的特点。

（1）广泛性。协议书涉及的内容广泛，不仅涉及经济领域，还涉及社会生活的其他各个领域；而合同主要涉及的是经济领域，尤其经济交易方面。

（2）灵活性。协议书中协议的内容具有灵活机动性，可就整个协作项目做全面协议，也可就某一合同或协议的条款做补充、修改的局部协议，还可以对某一合同或协议的续签、延续、终止做协议；而合同往往是一次性签订，往后有什么事宜就交由协议来处理。

3.协议书与意向书的区别

协议书与意向书虽然同属于协议文书，但有明显区别。

（1）约束力不同。意向书不具有法律效力，对合作各方不具有法律约束力，只有信誉约束力；协议书具有较强法律效力，当事人均须按规定履行责任与义务。

（2）签订时间不同。意向书签订的时间较早，是在各方正式合作之前签订，签订意向书并不意味着进入实质性的合作；签订协议书则意味着合作各方已进入正式合作。

（3）写作内容和要求不同。意向书的内容较简略，写作也无特别的格式规范要求；协议书的内容则比较具体，写作上有一定的格式规范和语言运用要求。

（三）写法

协议书的写法根据协议内容的实际情况来确定，一般由标题、当事人名称、正文、文尾四部分组成。

1.标题

协议书的标题一般有四种形式。一是由"双方当事人名称+事由+文种"构成，如"××公司与××商场关于建立××服务中心的协议书"，这种标题具有仿照法定机关公文标题形式的写法，故也可称作"仿公文标题式"；二是由"协议性质+文种"构成，如"租赁协议书"；三是由"标的+协议性质+文种"构成，如"产品销售代理协议书""合作建房协议书"等；四是直接写文种"协议书"，但此种标题比较笼统，一般都会使用前三种。

2.当事人名称

在标题之下空一行，写明当事人的单位名称或姓名、地址、通信方式等内容。若采用第一种标题形式，为免当事人内容重复，则此项内容可省略，其中地址、通信方式等内容若确有必要则可写在结尾。

3.正文

一般由前言、条款和结尾三部分组成。

（1）前言，即协议书正文的开头部分，通常是简单介绍签订协议的原因、目的、依据、协议方式等，如"中国××公司与美国××公司，通过初步协商，双方就××××××达成如下协议"。

（2）条款，是协议正文的主体部分，为双方或多方协商一致的内容，通常以条款形式行文。不同性质的协议书所包括的条款内容会不同，具体包括哪些条款主要由协议书的性质和当事人协商的结果而定，不像合同那样有严格的条款基本内容规定。

（3）结尾，也有人称"约尾"，此部分一般应写明当事人单位名称（盖章）或姓名、法人代表姓名及有关通联信息等。

4. 文尾

写明签订协议书的具体时间，有时还写明签订地点。

（四）写作注意事项

1. 要贯彻平等互利、协商一致的原则

在经济活动中，协议书作为签订合同的基础文书，在起草时应贯彻平等互利、协商一致的原则，做到态度诚恳、语气平和、内容具体、条理明确，为下一步合同的签订铺路搭桥。

2. 要保持协议与合同意向口径的一致性

在某种意义上，协议书是合同的前身，合同某些关键性的内容往往在协议书中已先行出现，因而制订协议书时一定要目光长远，表述留有余地，以便在关键性的问题上保证协议书与合同意向口径上的一致性，签合同时具有更大的主动权。

思考与练习

1. 谈谈意向书的用法和写法。
2. 谈谈协议书与意向书的不同。
3. 协议书的条款内容是怎样决定的？
4. 修改下列意向书与协议书。

共建合资企业意向书

一、甲、乙双方愿以合资或合作的形式建立合资企业，名称为"××有限公司"，地址在中国××市××街×号。建设期为××年，即从××××年×月至××××年×月全部建成。双方签订意向书后，即向各有关上级申请批准。批准的时限为×个月，即从××××年×月至××××年×月完成。然后办理合资企业开业申请。

二、合资公司经营范围：合资公司从事××产品的生产、研究和开发。新产品在中国国内外市场销售，并进行销售后的技术服务。

三、合资公司为有限公司。合资各方按其在注册资本中的出资额比例分配利润、分担亏损和承担风险。

总投资×××万元人民币，其中注册资本为×××万元，贷款为××万元。

甲方投资×××万元人民币（以工厂现有厂房、水电设施等现有设备折款投入），占注册资本的×%。乙方投资×××万元人民币（以美元投入，购买设备），占注册资本的×%。

四、合作公司所需的设备、原材料等物资，应首先在中国购买，如果中国国内不能满足供应，可以在中国国外购买。

五、合资企业自营出口或委托有关进出口公司代理出口，价格应由合资企业定。

六、合资年限为×年，即从××××年×月至××××年×月。

七、合资企业其他事宜按《中华人民共和国中外合资经营企业法》和《中华人民共和国中外合资经营企业法实施条例》有关规定执行。

八、双方在各方上级批准后，再具体协商有关合资事宜。

九、本意向书生效后，甲、乙双方应认真遵守本意向书的规定。任何一方因不执行本意向书规定的义务，对方有向违约一方索取赔偿经济损失的权利。

甲方：××公司　　　　　　　　乙方：××公司

代表：×××　　　　　　　　　　代表：×××

202×年×月×日

协议书

中国××公司×分公司（被代理人）：

×国×公司（代理人）：

一、中国××公司×分公司（以下称"被代理人"）指定×国×公司（以下称"代理人"）为被代理人的××产品在瑞士、丹麦和挪威以××、××销售的唯一代理人。

二、双方同意在本协议的有效期限内，被代理人不得向上述国家的任何其他实体提供本协议约定的商品，而代理人也不得从其他公司进口同一产品。

三、代理人每年至少销售×××公吨×××。具体销售数量、规格、交货安排、价格、付款方式、包装等，以每份成交合同或订单规定为准。

四、为便于被代理人准备和交付货物，代理人应在每一次装船前至少60天向被代理人提交订单。

五、为了让被代理人保持了解上述三个国家的市场行情，代理人每年应向被代理人提交一份市场报告。

六、本协议自签订之日起生效，有效期为两年，期满后可自动延期一年，除非任何一方在期满前120天出具书面通知，提醒对方本协议行将终止。

七、本协议用中、英两种文字书写，两种文本内容完全相同，皆具同样法律效力。协议书双方各执一份。

被代理人：中国××公司×分公司（章）　　代理人：×国×公司（章）

地址：中国××市×路×号　　　　　　　　地址：×国×市×街×号

签约地点：××××××

签约日期：××××年×月×日

第三节　经济合同读写

《中华人民共和国民法典》[1]（以下简称《民法典》）第四百六十四条明确："合同是民事

---

[1] 本法于2020年5月28日第十三届全国人民代表大会第三次会议通过，自2021年1月1日起施行。《中华人民共和国婚姻法》《中华人民共和国继承法》《中华人民共和国民法通则》《中华人民共和国收养法》《中华人民共和国担保法》《中华人民共和国合同法》《中华人民共和国物权法》《中华人民共和国侵权责任法》《中华人民共和国民法总则》同时废止。

主体之间设立、变更、终止民事法律关系的协议。"所谓民事主体，是指具有民事权利能力和民事行为能力的自然人、法人和非法人组织。因其在民事活动中的法律地位一律平等，故也称作"平等主体"。自然人是指基于自然出生而依法在民事上享有民事权利和承担民事义务的人，既包括中国人，也包括外国人和无国籍人；法人是一个相对自然人在法律上人格化的概念，指具有民事权利能力和民事行为能力，依法独立享有民事权利和承担民事义务的组织，包括企事业单位、机关、团体等；非法人组织是不具有法人资格，但能依法以自己的名义从事民事活动的组织，包括个人独资企业、合伙企业、不具有法人资格的专业服务机构等。

民事主体之间的法律关系有两种：一是人身关系；二是财产关系。《民法典》第四百六十四条同时明确"婚姻、收养、监护等有关身份关系的协议，适用有关该身份关系的法律规定"，因此，合同中的民事主体的法律关系只指涉及民事主体之间的财产关系，实际上所谓"合同"就是指的"经济合同"。

合同是经济、财产协议的法律凭证，具有法律效用，是商品经济的产物，是经济活动中联系各种经济关系的桥梁与纽带。

一、例文导读

【例文2-16】

购销合同

合同编号：_____

供方：_____ 企业证照号：_____
需方：_____ 企业证照号：_____

  为了发展生产，保证供应，经双方充分协商，签订本合同，以资共同遵守。
  （一）品名、货号、规格、单位、单价、数量、金额、交货日期。

品名	货号	规格	单位	单价	数量	金额	分期交货日期（202__年）						备注
							月	日	月	日	月	日	
				合计									
总计金额（大写包括附页金额）										附页份数：		份	

（二）产品质量标准：_____
_____

（三）产品验收方法：_____
_____

（四）原辅材料来源：_____
_____

（五）产品包装要求：_____
_____

（六）交（提）货方法、地点：_____
　　　运输方式及费用：_____
_____

（七）货款结算方法：_____
_____

（八）其他特定条款：_____
_____

（九）经济责任：_____

（十）本合同签订之日起即生效，供需双方均应严格执行。任何一方不认真履行合同，给对方造成损失时，按《中华人民共和国民法典》的有关规定承担经济责任（略）。

（十一）合同监证后，一方因国家计划变更，原辅材料不能供给，以及自然灾害等意外事故需修改或终止合同时，应经双方协商同意签具修订或撤销合同，并报监证机关备案。

（十二）合同检查：合同在执行过程中，签约双方应主动互通情况，并接受监证机关的监督、检查。如有纠纷，双方应主动协商。协商不成，可向有关仲裁委员会申请仲裁。

（十三）本合同一式七份，签约双方各执一份，分送监证机关、银行、业务主管部门备案。

供方：_____（用印）	需方：_____（用印）	监证机关意见：
负责人：_____	负责人：_____	
代表人：_____	代表人：_____	
开户银行：_____	开户银行：_____	
账号：_____	账号：_____	
地址：_____	地址：_____	（监证机关用印）
邮编：_____	邮编：_____	经办人：_____
联系电话：_____	联系电话：_____	电　话：_____
业务主管部门：_____	业务主管部门：_____	202__年____月____日

签订日期：202__年____月____日

【导读】这是一份按预先设计并印制好的格式合同。签约时只需将双方协商一致的各项内容按相应的项目填写就行。这种合同适用于比较成熟的产品或项目。

【阅读思考】

1. 表格式合同具有哪些好处？
2. 合同中"交（提）货方法、地点"应怎样理解？具体签约时又应怎样处理？

【例文2-17】

校 具 定 购 合 同

红星中学（以下简称"甲方"）：
东风木具加工厂（以下简称"乙方"）：

  为改善教学条件，加快教育事业发展，甲方向乙方订购一批校具。经双方协商一致，特订如下条款，以期共同恪守。

  一、品名、数量、单位、价格、金额

序号	品名	数量	单位	价格（元）	金额（元）
1	课桌椅	100	套	150	15 000
2	讲　台	20	张	180	3 600
3	书　柜	10	张	200	2 000
总金额（大写）			贰万零陆佰元整		

  二、质量要求
1. 各种校具要求严格按甲方设计图纸加工。
2. 木材方料用松木或杂木，装板用杉木板。
3. 油漆用橘红色普通家具漆。

  三、交货日期与方式
202×年7月1日前，由甲方验收合格后交货。

  四、双方职责
甲方：
1. 负责校具全部图纸设计，并务必在签约后三日内交予乙方，以便尽快组织加工。
2. 乙方完工后，负责派人到乙方加工场地验收校具。
3. 承负全部校具价款和运送校具费用。

乙方：
1. 严格按甲方设计图纸加工，不得单方修改图纸；若需修改，须征得甲方认可。
2. 负责校具的油漆工艺。
3. 负责校具所需材料。
4. 校具加工完工后，负责通知甲方派人前来验收。
5. 校具验收合格后，负责派车运送至甲方所在地。

五、付款

乙方交货当日，甲方通过开户银行一次付清乙方全部款项。

六、奖罚

1.乙方提前十天交货，甲方奖乙方叁佰元；若延迟十天交货，则罚乙方叁佰元。

2.任一方任意毁约，则罚全部校具款额20%的罚金。

3.甲方若在签约3日内不能提供全部图纸而造成校具延期完工，乙方不负责任。

七、本合同在执行过程中，如有纠纷，双方应主动协商解决。协商不成，则向××区人民法院提起诉讼解决。

八、本合同一式四份，甲、乙双方及双方开户银行各执一份。

九、本合同自签订之日起生效，各方义务履行完结后自行失效。

甲方：	乙方：
红星中学（公章）	东风木具加工厂（公章）
委托代理人：吴×	法定代表人：王××
开户银行：××××	开户银行：××××
账号：××××××	账号：××××××

签约日期：202×年1月15日

【导读】这可看作一份综合式合同。它以条文为主，又在其中插入了表格。从整体看，结构完整，层次分明；从条款看，项目明确，条理清晰合理；从表达看，语言准确、简明，表格、条文配合合理、得体。这是一份写作比较规范的合同。

【阅读思考】

1.本合同中第一项不用条文而用表格表达，起到了怎样的表达效果？

2.法定代表人与委托代理人有何区别？

二、基础知识认知

（一）特点

1.突出的法律、政策性

经济合同是针对双方或多方当事人的法律行文。一方面，它必须严守国家有关法律法规和现行政策，依法签订，任何违反法律法规和现行政策的合同都是无效的；另一方面，经济合同一经签订，就受到法律法规和政策的保护。

2.平等互利、协商一致性

经济合同当事人的法律地位一律平等，任何一方不得以大压小、以强凌弱，把自己的意志强加给对方，迫使对方签约。当事各方应友好协商、等价有偿、公平合理地达成协议，并共同恪守。

3.表达的严密性

经济合同条款的表达不仅要准确，而且要严密，任何一点疏漏，都有可能招致麻烦、引发官司，造成重大经济损失。

（二）种类

依照不同的标准，经济合同有以下类型。

1. 按表达方式划分，有书面形式、口头形式和其他形式

（1）书面形式是合同书、信件、数据电文（包括电报、电传、传真、电子数据交换、电子邮件）等可以有形地表现所载内容的形式。经济合同一般应采用书面形式，法律、行政法规规定或者当事人约定的合同应当采用书面形式。

（2）口头形式是指当事人面对面的谈话或者以通信设备如电话交谈表现意愿内容的形式，直接、简便、快速。数额较小或者现款交易可用口头形式，如在市场买卖蔬菜、商店买卖商品等。

（3）其他形式是指除口头形式与书面形式以外的形式，如默认形式。

2. 按权利和义务划分，有单务合同和双务合同

（1）单务合同是一方尽义务却不享受权利，另一方享受权利却不需尽义务的合同，如赠与合同、无息贷款合同等。

（2）双务合同是双方权利和义务对等共享的合同，如买卖合同、借贷合同等。

3. 按行文方式划分，有条文式合同、表格式合同和综合式合同

（1）条文式合同是将双方或多方协商一致的内容写成若干条款的合同。

（2）表格式合同是把合同的要素制作成一个规范的表格，然后将签约双方协商一致的内容逐项填入的合同。

（3）综合式合同是条款和表格综合行文的合同。

4. 按法律法规是否规定了合同名称和相应的适用范围划分，有典型合同与非典型合同

（1）典型合同是指法律法规规定了具体名称和适用范围的合同，也称有名合同。《民法典》规定了19类典型合同，具体为：①买卖合同；②供用电、水、气、热力合同；③赠与合同；④借款合同；⑤证合同；⑥赁合同；⑦资租赁合同；⑧保理合同；⑨承揽合同；⑩建设工程合同；⑪运输合同；⑫技术合同；⑬保管合同；⑭仓储合同；⑮委托合同；⑯物业服务合同；⑰行纪合同；⑱中介合同；⑲合伙合同。

（2）非典型合同是与典型合同相对应的概念，是指法律尚未规范和赋予名称的合同，也称无名合同，如旅游合同等。无名合同参照相近似合同的规定，没有相近似合同的，按照"合同通则"规定执行。

（三）订立合同的原则

《民法典》"总则·基本规定"第四至第九条规定了民事主体从事民事活动的基本原则，订立合同是民事主体从事的民事经济活动，同样要遵循其基本原则。

1. 平等原则

平等原则指合同当事人的法律地位一律平等，任一方都不得将自己的意志强加给另一方。

2. 自愿原则

自愿原则指当事人自主决定是否订立、变更、终止合同和自主选择合同的内容与形式，任何单位或个人不得非法干预。

3. 公平原则

公平原则指合同当事人应当在公平的前提下，合理确定各方的权利与义务。

4.诚信原则

诚信原则指当事人应当秉持诚实，恪守承诺，以善意的方式行使其权利、履行其义务，不得规避法律和合同。其本质是要求当事人维护当事人利益平衡与社会利益平衡。

5.合法与公序良俗原则

"合法"指当事人订立、履行合同，应当遵守法律法规，不得违法；"公序良俗"是指当事人必须遵守或维护公共秩序和社会善良风俗，不得违犯。

6.绿色原则

绿色原则指当事人立约时，应当有利于节约资源、保护生态环境。

（四）订立合同的程序

合同涉及当事人的权利，因此须严肃认真对待。在签订合同时应该注意以下环节。

1.审核资格

合同签订前首先应了解对方的资质情况、履约能力，如是否有履行类似合同的经历，是否具备履行合同的财力、物力或生产能力等。《民法典》规定：民事主体从事民事活动，应当具有相应的民事权利能力和民事行为能力。当事人依法可以委托代理人签订合同。若与代理人签订合同，要审核代理人的一般情况，如姓名、性别、单位、职务、住所等，还要审核代理人的授权代理范围和期限。

2.要约与承诺

《民法典》规定：当事人订立合同，可以采取要约、承诺方式或者其他方式。"要约"是希望与他人订立合同的意思表示，"承诺"是受要约人同意要约的意思表示。要约与承诺可以口头对话方式，也可以发出"要约邀请""承诺通知"的书面形式。合同当事人一次又一次地讨价还价、反复协商的过程也是反复要约、承诺的过程。当事人对合同必备条款协商一致，达成一致意见，合同的要约与承诺就顺利完成。

3.拟写书面合同

《民法典》虽明确"当事人订立合同，可以采用书面形式、口头形式和其他形式"，但是，为维护合同的严肃性，确保合同的切实履行，对一些重要合同的订立强调采用书面形式，有合同示范文本的，还应参照示范文本。

4.办理生效手续

采用合同书形式订立合同的，合同自双方当事人签字或者盖章时成立。因此，合同书拟定后，当事人及其法定代表人或委托代理人应在合同上签名、盖章。需要监证或公证的合同，在监证机关或公证机关监证或公证之后才能生效。

三、经济合同的写作

（一）经济合同的内容

《民法典》第四百七十条规定："合同的内容由当事人约定，一般包括以下条款：（一）当事人的姓名或者名称和住所；（二）标的；（三）数量；（四）质量；（五）价款或者报酬；（六）履行期限、地点和方式；（七）违约责任；（八）解决争议的方法。"这些内容，根据性质，可分为主要条款和次要条款。

1.主要条款

主要条款即围绕"标的"双方协商一致的有关条款，它是合同条款的核心内容。这些条款包括以下内容。

（1）标的。标的指当事人权利和义务所指向的对象，是核心的核心，是一份合同首先必须明确的内容或条款。不同合同，标的不同。如借贷合同的标的是"货币"，买卖合同的标的是"商品"，科技合同的标的是"科学技术"，劳务合同的标的是"劳务"，建设工程合同的标的是"工程项目"，等等。

（2）数量。数量包括"数"和"量"两方面。"数"是指具体的数字，"量"是指计量单位。"数"相同，"量"不同，其结果不同。计量单位应使用国家法定的标准单位。

（3）质量。质量包括产品质量与包装质量。

（4）价款或报酬。这是指取得产品或接受劳务一方向对方以货币量为表现形式所支付的代价。在以物为标的的合同中，这种代价称为价款；在以智力成果、劳务为标的的合同中，这种代价称为报酬或者酬金，它包括单价、总额、计算标准、结算方式和程序等。涉外合同还应注明结算货币名称。

（5）履行期限、地点和方式。履行期限是指交货（款）或完成劳务的日期。履行地点是指履行义务的所在地。履行方式是指一次性还是分期，是供方送货还是需方自提或委托代运等。

（6）违约责任。它是对违约的制裁，主要用违约罚金、赔偿金体现。赔偿金应当相当于因违约所造成的损失（含可获利益），但不得超过违约一方订立合同时预见到或者应当预见到的因违约可能造成的损失；违约金也可以约定以违约产生的损失赔偿额计算。

2.次要条款

次要条款是围绕合同履行、保存与生效等，经双方协商一致的条款。一般包括以下几项。

（1）不可抗力条款。

（2）合同变更（补充、修改、终止等）处理说明条款。

（3）解决争议条款（解决争议的方式有协商、调解、仲裁、诉讼四种，但只有仲裁和诉讼具有法律效力）。

（4）合同保存与生、失效条款。

（二）经济合同的行文格式

合同行文格式，大体有三种：一是条文式，是将双方协商一致的协议内容写成若干条款；二是表格式，是把合同各要素制作成规范的表格，然后将签约双方协商一致的内容逐项填入表格；三是综合式，由条文和表格综合构成。下面着重介绍条文式合同的写法。

一份完整有效的合同，一般应具备以下四部分内容。

1.标题

标题即合同名称，一般由合同的性质和文种两要素组成，如"购销合同""借贷合同"等；也有用标的、性质、文种三要素的，如"校具订购合同""房屋建筑合同"等。

有的格式合同标题下还标注"合同编号""签约日期、地点"等内容。合同编号一般用于格式合同。"签约日期、地点"实际上可看作文尾内容的上移。

2.当事人名称

当事人名称即合同立约人名称，包括全称和简称。法人或非法人写名称，自然人写姓名和住所。写法一般顶行上下并列，名称后同时注明"甲方"和"乙方"或"需方"和"供方"或"售方"和"购方"等简称。加注简称的目的是使正文的行文简明。明确了简称，正文中凡涉及当事人名称时，就需以简称代称。

3.正文

正文是合同的主体，其内容应包括三部分。

（1）前言：写签约的依据或目的。要写得切合合同内容实际，不能生搬硬套。

（2）条款：包括主要条款和次要条款。主要条款是围绕标的协商一致的实质性条款，次要条款是围绕合同执行、变更、保存、生效、失效等内容协商一致的条款。它们要列项分条、点写，每项每条每点的内容要单一、简明、缜密，以免在执行过程中造成麻烦。

（3）结尾：写合同的生效标识和合法佐证。一般应写明下列内容：①双方名称及用印；②双方法定代表人或委托代理人签名或用印；③双方地址或住所；④双方联系电话、传真、邮政编码；⑤双方开户银行名称及账号。⑥监（公）证。合同若进行了监（公）证，应写明监（公）证机关的监（公）证意见，加盖机关公章，以及经办人署名和办理日期。监证是对合同的真实性、合法性进行审查，一般由工商行政管理部门负责；公证则是对合同的真实性、合法性予以证明，由司法公证部门进行。

4.文尾

文尾一般注明签约日期和地点。若标题下已注明签约日期、地点，则文尾不需再注明。值得注意的是，一份合同书中不能没有签约日期、地点，尤其签约日期，也不得首尾重复出现签约日期、地点。

四、写作注意事项

（1）要符合国家的法律法规和现行政策。《民法典》规定下列民事法律行为无效，这也包括了相关的合同签订行为。

1）与无民事行为能力人实施的。

2）行为人与相对人以虚假的意思表示实施的。

3）违反法律、行政法规的强制性规定的。

4）违背公序良俗的。

5）行为人与相对人恶意串通，损害他人合法权益的。

6）造成对方人身损害的。

7）因故意或者重大过失造成对方财产损失的。

（2）要遵守订立合同的基本原则。《民法典》"总则·基本规定"第四至第九条规定的民事主体从事民事活动的基本原则，必须严格遵守，否则合同将无效。

（3）合同书必要的结构要素要完备。一份合同书应具备标题、当事人名称、正文（包括引言、条款、结尾）、文尾四部分。必要的条款不仅要具备，而且先后排列顺序也应合理，具有逻辑性。

（4）内容表述要明确、具体、周密，语词使用要确切，标点符号运用要正确、准确。

（5）文面要整洁，任何一方不得随意涂改。合同书要用毛笔或碳色签字笔书写，字迹清晰，修改处须双方加印，以示承认、负责。有的说明或补充，若不能在原合同书上修改，双方可通过协商，将修正、补充意见独立行文，作为正本合同书的附件各执一份，以达到修改、补充的作用。

思考与练习

1. 什么是合同？在经济活动中，合同有哪些作用？
2. 合同有哪几种表达形式？
3. 什么是双务合同？什么是单务合同？
4. 订立合同需遵循哪些原则？
5. 合同一般要写明哪些主要条款和次要条款？
6. 拟订一份条文式合同结构示意图。
7. 指出如下表述的错误之处。

（1）合同名称应标明合同性质，一般由事由和文种构成。

（2）售方：胜利精细化工有限公司（以下简称"甲方"）
　　　购方：红旗彩色印务有限公司（以下简称"乙方"）

（3）价款或者报酬应该写明支付的总金额、计量单位、计算标准、结算方式、计价的货币名称等。

（4）楼房全部建造费为人民币500万元左右。甲方在合同订立生效一个月左右，先付给乙方全部费用的70%，以便乙方组织开工，其余部分在楼房建成验收后一次付清。

（5）施工期间的人身安全由双方负责。

（6）本合同一式四份，双方各持两份。

8. 下面这份借款合同存在许多不妥之处，请指出并加以修改。

借 贷 合 同

贷款方：中国_____银行_____分行

借款方：×××

担保方：×××

借款方为进行_____生产，向贷款方申请借款。贷款方业已审查批准，经双方协商，订立本合同，以便共同遵守。

（1）贷款类别：_____。

（2）贷款金额：_____元整。

（3）借款利率：借款利息为千分之_____，利随本清。

（4）借款和还款期限。

①借款时间：共_____年零_____个月。

②还款时间：到期连本带利还清贷款。

（5）还款资金来源及还款方式。

①还款资金来源：_____。

②还款方式：_____。

（6）违约责任。

①贷款方如未按期发放贷款，应按所欠贷款数额和延期天数，根据银行的规定向借款方偿付违约金。

②借款方若不按合同规定时间还款，贷款方有权限期追回贷款，并按银行的规定加收

利息。

9.根据下面提供的材料，写一份条文式或综合式合同，认为有必要明确而材料中没有明确的内容可自拟。要求格式规范，文字表达准确、简明、周密。

××茶叶进出口公司法定代表人李××和××茶场法定代表人王××签订了一份茶叶购销合同，签订时间为202×年1月20日。购销茶叶分别是特级乌龙茶125克铁盒装、250克铁盒装，特级铁观音茶125克铁盒装和250克铁盒装各5 000盒，共计20 000盒，每盒价格分别为30元、60元、36元、72元，外用纸板箱包装，每箱50盒。由茶场在本年4月25日前直接运送到茶叶公司所在地，运费由双方各分担一半。茶叶检验合格收货后，茶叶进出口公司须在4月30日之前由银行托付全部货款和应负担的运费。双方还商定，如果在正常情况下，茶场拒不交货或公司拒不收货，均应处以货款总额30%的罚金；数量不足则按不足部分货款的30%处以罚金；如迟交货或迟付款，则每天处以货款总额0.5%的滞留金。如质量不合格则应予退货，并赔偿购方不合格数量货款5%的赔偿金。如遇特殊情况不能如约交货、收货，应提前20天通知对方，并按天数赔偿对方总货款的损失费，部分少交少收，则按少交少收数的货款计赔。合同在执行过程中如有纠纷，双方应主动协商；协商不成，则向××仲裁委员会申请仲裁解决。××茶叶进出口公司的开户银行为××工商银行××分行，账号为×××××××，电话×××××××，地址是××市人民路××号；××茶场的开户银行是××农业银行××，账号×××××××，电话为×××××××，地址在××县城北区凤凰山。监证机关为××县工商管理局。

第四节　市场调查报告读写

市场调查报告是调查报告的一种，是市场调查者在对产品的市场营销情况等市场现象进行系统调查的基础上，对收集到的市场情报、资料进行分析和研究后写成的反映市场现状、揭示市场发展规律、提出对策建议的报告性文书。

市场调查报告主要为政府机关、部门、企业等了解国内外经济状况、市场价格、产品供需等情况、制定经济政策、企业经营策略、调整生产规模等提供依据和帮助。

一、例文导读

【例文2-18】

> **机遇当前　时不我待**[1]
> ——××省物业管理人才需求调查
>
> 为进一步准确把握××省物业管理人才的需求趋势，以便更切实地制订招生计划，并全面开展培训工作，201×年3月至5月，我们在××省9个地级市（州）中选取30个具有一定规模的居民住宅小区，进行了针对物业管理人员现状及发展需求的调查。

---

[1] 彭海河、谭春林：《当代行政公文读写理论与实训》，暨南大学出版社，2013。

被调查的居民小区，每个都有500户以上，多的达1 000余户，其中两个已安装楼宇可视监控系统，近期有3个拟安装此类设备。

从物业管理人员的配备上看，专业出身的仅占总数的20%左右，这是一个平均数，个别的不足10%。

我们调查时，与各住宅小区物业公司的总经理谈起物业管理人才需求问题，60%的总经理希望尽快补充"科班出身"的专业人员，从而迅速实现新陈代谢；而另外40%的总经理则考虑对现有物业管理人员进行岗位培训，以适应需求，同时少量接收物业管理专业毕业生。

我们向5个1 000户以上的小区发放了总计200份有关物业管理的随机调查问卷，反馈的情况显示，物业管理满意率不足40%，其中认为物业管理人员素质不如人意的占50%以上。

在调查过程中，我们还附带了解到，9个市（州）在建商品房住宅小区规模超过500户的约30个，预计201×年10月底交付使用。

综上所述，我们认为：201×年以后几年间，全省物业管理的中级人才需求量明显加大，估计不低于1 500人；在岗物业管理人员培训量也相当可观，估计达3 000人次以上。

据此，我们建议：

一、调整201×、201×两年物业管理专业招生计划人数，力争达到年平均6个教学班（300人以上）。

二、采取定向、定额的形式，在与各地大型物业公司签订委托合同的基础上，招生简章中可注明"毕业后全部推荐就业"。

三、培训部主动与各市（州）大型住宅小区物业公司联系，迅速建立函授辅导站，采取函授与面授相结合的形式，分期、分批对在岗物业管理人员进行学历教育。考虑到物业公司及函授学员个人的承受能力，学习费用可适当优惠，以保证牢固占领这块阵地。

××物业管理学校市场调研小组
201×年6月10日

【导读】这是一篇物业管理人才需求市场调查报告，以调查目的开篇，同时简介调查的时间、地点、对象及内容；接着分析调查所得全省物业管理人员需求现状（专业出身者偏少、整体素质不如人意），并得出急需"科班人才"和专业培训的结论；最后顺理成章有针对性地提出建议。本例文主旨鲜明，用事实说话，言简意赅；结构完整，思路明晰，短小而精悍。

【阅读思考】

1. 谈谈你对该调查报告标题的认识。
2. 本文是怎样体现市场调查的"情（情况）""断（结论）""策（对策）"三要素的？

【例文2-19】

商河县一季度大中型工业企业生产经营状况调查

为进一步掌握商河县工业企业运行状况，深入了解工业企业生产经营情况，以点代面收集工业经济运行的第一手资料，为县委、县政府准确判断宏观经济形势、做好经济运行调节工作提供决策依据。县统计局通过国家统计局工业企业联网直报系统以问卷形式对全县大中型工业企业开展了一季度工业企业生产经营状况专项调查。

一、问卷调查基本情况

1.企业对目前生产经营情况分析及下季度运行状况预测较为保守。（略）

2.企业生产设备利用基本正常。（略）

3.用工成本上升、订单不足、原材料价格上涨、用工短缺等成为制约企业生产经营的突出问题。（略）

4.企业流动资金或正常或偏紧。（略）

二、企业当前面临的突出问题

1.招工难。（略）

2.融资难。（略）

3.成本高。（略）

这些问题，正逐渐成为阻碍我县工业企业发展的难题。

三、对商河县工业经济发展的建议

1.改善政策措施，切实解决招工难题。（略）

2.创新金融机制，加大投入力度。（略）

3.正确引导，提高资本运营能力。（略）

撰稿：王××

审核：张×× 张××

2012年3月27日

（编者注：因篇幅限制，有删减）

【导读】这是一份专项生产经营调查报告。该调查报告由标题、正文和文尾构成。标题由调查范围、时限、内容和文种四要素构成。正文分前言和主体两大部分。前言概述调查的基本情况，包括调查目的、调查主体、调查方式、调查对象及其代表性；主体首先分"问卷调查基本情况""企业当前面临的突出问题"和"对商河县工业经济发展的建议"三个小标题纵向架构，然后在各小标题内又分若干并列小点横向架构，构成复杂而清晰的整体逻辑结构。就内容而言，首先从6家大中型工业企业生产经营状况的问卷调查资料中梳理出商河县大中型工业企业生产经营4个方面的现状，然后从现状中找出三大难题，再针对三大难题提出三点解决问题的建议。最后文尾署明撰稿、审稿者和成文日期。内容环环紧扣、层层深入，主题集中鲜明。本文符合专项市场调查报告的基本写法，且结构完整、层次分明，表达基本规范。

【阅读思考】

1.本文原标题为"商河县一季度大中型工业企业生产经营状况专项调查分析"，和现标题相比，你觉得哪个好？为什么？

2. 将原文"一、问卷调查基本情况"小标题下的原四点表述:"1. 企业对目前生产经营情况分析及对下季度运行状况预测较为保守。""2. 就企业生产设备利用情况看,被调查企业生产设备基本正常发挥。""3. 用工成本上升、订单不足、原材料价格上涨、用工短缺等成为制约企业生产经营的突出问题。""4. 对于企业流动资金情况,被调查企业普遍认为正常或偏紧。"改为现例文中的四点表述,你觉得怎样?为什么?

3. 将原文"二、企业当前面临的突出问题"小标题的原三点表述:"(一)招工难的问题比较突出。""(二)融资难的问题阻碍企业发展。""(三)成本高的问题逐渐显现。"改为现例文的三点表述,你觉得怎样?为什么?

4. 在原文"二、企业当前面临的突出问题"的行文最后加上"这些问题,正逐渐成为阻碍我县工业企业发展的难题"这句话,你觉得有必要吗?

二、基础知识认知

(一)特点

1. 针对性

针对性是市场调查报告的灵魂。市场信息包罗万象、错综复杂,市场调查必须有针对、有选择地进行。针对性包括两个方面:一是调查目标要明确,只有这样才能有的放矢,确定调查对象;二是阅读对象要明确,只有阅读对象明确,在市场调查中才会明确侧重点,提高报告的指导性。

2. 真实性

调查者必须坚持实事求是的原则,以求真务实的态度对待市场调查的全过程,只有通过调查获得真实的、反映市场现状和变化规律的信息材料,才能写出真实反映市场发展趋向的市场调查报告,为决策者提供真实可靠的依据。

3. 科学性

市场调查报告的科学性体现在两个方面:一是指经过认真深入、细致的反复研究,从调查材料中找出规律性的东西;二是要有正确和肯定的结论。因此,要求作者对调查所得来的事实(材料)、现象都进行简明扼要的分析和正确判断,而不是现象的罗列和材料的堆砌。

4. 时效性

市场变幻莫测,信息包罗万象,市场竞争更是残酷无情。如何在市场大潮中准确、及时、系统地把握市场变化趋向,对市场经营者至关重要。只有及时迅速地把握市场商机,对掌握的市场信息和材料及时进行分析,顺应瞬息万变的市场形势,并在市场调查报告中全面地反映出来,才能真正发挥市场调查报告对决策者的现实指导作用。

5. 新颖性

市场调查者必须善于抓住市场活动中的新动向、新问题,通过研究获得新发现、提出新观点。只有如此,才能提高市场调查报告的使用价值,达到为经济部门提供决策依据、指导企业开展市场经营活动的目的。

(二)类型

市场调查报告按内容划分主要有以下几种类型。

1.市场需求调查报告

市场需求调查报告主要内容包括产品销售对象的数量与构成、消费者家庭收入水平、实际购买力、潜在需求量及购买意向,如消费者收入增加额度、需求层次变化、对商品需求程度的变化、消费心理等。

2.市场供给调查报告

市场供给调查报告主要内容包括商品资源总量及构成、商品生产厂家有关情况、产品更新换代情况、不同商品市场生命周期的阶段、商品供给前景等。

3.商品销售渠道调查报告

商品销售渠道调查报告主要内容包括渠道种类与各渠道销售商品的数量、潜力,商品流转环节、路线、仓储情况等。

4.商品价格调查报告

商品价格调查报告主要内容包括商品成本、税金、市场价格变动情况,以及消费者对价格变动情况的反映等。

5.市场竞争情况调查报告

市场竞争情况调查报告主要内容包括竞争对手情况,竞争手段,竞争产品的质量、性能、价格等。

6.市场消费行为调查报告

市场消费行为调查报告主要内容为消费者的分布情况及经济状况、消费习惯、消费水平及广告对消费者的影响等。

(三)常用的市场调查方法

市场调查报告写作的前提是市场调查,掌握正确的市场调查方法,对收集与获取市场信息资料、完成调查报告写作至关重要。市场调查的常用方法如下。

1.实验调查法

常见的试销会、订货会、展销会、博览会、顾客意见征询会等都属于实验调查法。为了预测产品的销售量,掌握用户对产品的反馈,常常进行小规模的实验,以调查用户对产品的设计、包装、品质、价格等方面的意见和建议。此方法较为科学,但成本高,有一定的风险。实验前必须周密设计,选好实验对象、实验时间,并准确地统计实验结果。

2.问卷调查法

根据调查内容的需要,编制调查问卷或调查表格,发放给调查对象,让调查对象填写问卷或表格,了解调查对象的反映和看法,然后将相关信息进行统计处理和定量分析,从而对市场的总体情况进行评估和预测。

3.访问调查法

访问调查法即根据事先确定的调查目的,确定好调查问题,用口头或书面的形式向调查对象询问,来获取市场信息和资料的方法。这种调查方法要求调查者将向调查对象询问的问题设计得科学合理,让调查对象乐意配合调查。访问调查的方法包括:当面询问、开座谈会、电话询问、邮件调查、互联网调查等。

4.统计调查法

统计调查法即对所调查的对象有目的地收集各种资料,利用企业所能提供的销售情况、会计报表等数据和资料，对其进行统计、分析、归类的方法。此种调查法有利于采用定量分析的方法，对于评价企业目前的经营状况或产品的销售情况，尤其是判断经营策略是否对路具有一定的参考价值。

（四）市场调查写作的阶段

市场调查报告写作，一般要经历准备、调查、研究、写作四个阶段。

1. 准备阶段

这一阶段主要是确定调查主旨和制订调查计划。根据目的确定好调查范围、程序、方法，有计划、系统地收集材料。若采用问卷调查，还要设计好调查问卷。

2. 调查阶段

这一阶段主要是收集材料。材料要多多益善，但收集材料时要有科学的态度，切忌存有偏见；同时要讲究调查方法：一要亲身深入调查，掌握第一手材料；二要全面掌握正面、反面，历史、现实，概括、具体等各方面的材料，防止以偏概全。

3. 研究阶段

这一阶段主要是整理材料。整理材料要做好的工作包括以下四项。

（1）辨伪。对调查来的错综复杂的材料进行由表及里、由此及彼、去粗取精、去伪存真的审视、取舍工作。

（2）补充。对某些还不充分的材料，进行再调查，使之得到补充。

（3）归类。将性质相同或相似的材料归在一起，作为一类，找出其规律性。

（4）提炼观点。将"类"中的"规律性"用简明准确的语句（观点句）表达出来。其要求是：观点必须从材料中得出，先有材料，后有观点。

但应该注意的是，一到写作阶段，观点则居于统率地位，材料则用来说明、印证、支撑观点，服从和服务于观点。观点与材料的关系表现为：观点统率材料，材料反过来支撑观点。这就是通常所谓的"观点与材料统一"。写作行文中，在具体处理材料与观点时，则应遵循先摆事实、后发议论的思路。例如写作《当前走私新动向——关于××各地海关打击以假走私的调查》应首先摆出存在哪些以假走私的现象、事实，然后分析其产生的原因、危害，再针对原因、危害提出解决问题的看法、建议（即观点），提建议是为了解决问题。

4. 写作阶段

在写作主旨的支配下，用语言将观点与材料统一地表达出来，这一过程一般包括以下三个步骤。

（1）拟提纲，初显文架。提纲要求做到观点明确、材料定位、层次分明、结构完整。提纲内容包括：标题，主旨句，正文［包括前言（材料）、主体（小标题1和材料，小标题2和材料，小标题3和材料，……）］、结尾（材料），文尾（包括署名、日期）。

（2）写作成文。用语言将观点与材料有机地组织成文。常用的表达方式是以叙述为主，夹叙夹议，叙议结合。

（3）修改。它是完善表达不可或缺的写作环节。文章是写出来的，好文章则是改出来的，可见其作用不可小觑。

三、市场调查报告的写法

（一）标题

一般来说，市场调查报告要求题文融合，标题是用精练文字对文章内容或主旨的高度概括。常见的标题形式有以下几种。

1. 专用式标题

专用式标题中会直接显示"调查"或"调查报告"。如"广东大学生旅游消费调查报告""长沙市小食品质量调查""湖南省交通厅关于省内私人轿车消费情况的调查报告""关于大学生消费心理的调查报告"。此四个标题中，后两个标题的调查事项袭用了公文标题"关于……的"介宾式表达，故也有人称为"仿公文式"标题。

2. 观点式标题

观点式标题直接显示调查者对某一商品市场情况调查研究的结论或总的看法。如"×牌冰箱被冷落""当前通货膨胀的潜在危机不容忽视"，这两个标题表达的都是调查者的基本观点。

3. 提问式标题

提问式标题提出一个需要经过调查研究得到答案或解决的问题，这种标题具有引人关注的效应，如"北京地区电台广告谁最热""电动玩具为何如此热销"。

4. 综合式标题

综合式标题采用正、副题形式。正题点明调查的结论或调查者总的看法，或提出问题引人思考，副题补充说明市场调查的单位（或地域）、时限、事项和文种，如"'皇帝的女儿'也'愁嫁'——关于舟山鱼滞销情况的调查""端掉大锅饭　抓出豆腐来——上海市豆制品熟食行业调查""手机品牌谁主沉浮——2006年山东手机市场调查报告"。这三个标题，前两个是观点式和专用式综合，后一个则是提问式与专用式综合。综合式标题的调查报告常刊于媒体，属一种广义的新闻体裁，需有一定可读性、吸引力，故也有人将其称为"新闻式"标题。

（二）正文

市场调查报告的正文一般包括开头、主体和结尾三部分。

1. 开头

开头部分一般是对调查活动开展（主体）情况、调查对象（客体）情况、调查结果（或结论）、看法的概述，包括交代调查主体组成，调查的目的、意义、方法，调查对象、范围、事项、时间、地点、经过以及调查结果（或结论）或看法等。开头是为下文做好铺垫，既要信息含量大，又要开门见山、简明扼要。

2. 主体

主体部分是开头的展开与引申，也是结论的根据所在，这是调查报告的核心部分，一般包括以下三方面的内容。

（1）基本情况。这是对调查对象过去和现在的客观情况进行分析研究，将其真实地反映出来，对所得到的数据和资料，或按材料的性质归纳整理，或按对象产生、发展的时间加以整理，使之条理化，包括发展历史、市场布局、销售情况等。

（2）分析与结论。这是市场调查报告的主要组成部分，对调查所收集的材料进行科学的分析，通过分析，找出事物发展的内在联系，从分析中得出调查的结论或结果。

（3）措施与建议。根据调查结论，提出相应的对策、措施或建议。

这三个内容相互联系，纵向依存，因此有人将这一发展线索称为：情—断—策。

主体部分的逻辑结构形式有以下三种方式。

1）纵式，是按事物发生、发展、结局的过程或按摆现象、析原因、提对策的思路行文。纵式结构或体现事物发展过程，或体现人们认识问题的由浅到深、由现象到本质的层进关系，或事物产生、问题出现的因果关系。

2）横式，将调查得来的材料梳理为几个方面或几个部分，每个方面或部分可用小标题统领，各部分之间是平行并列关系。

3）总分式，先总提后分叙。

主体部分的各层次，从内在逻辑看，主要有上述三种形式；从行文方式看，一般采用以自然段贯通、每个层次标序号、每个层次标小标题或序号加小标题等方式。

3.结尾

市场调查报告的结尾方式多样，有的概括全篇主要观点，以深化主旨；有的对未来做出展望，指出方向；有的主体结束，全文也自然结束。

（三）文尾

文尾包括署名和写作时间。署名署调查者名称。若标题下已署名，则此处不再署名。写作时间要写全年、月、日，不能漏写。

四、写作注意事项

（一）目的明确，主旨集中

要明确市场调查的主要目的。对调查得来的材料认真分析，在掌握基本情况的前提下，围绕主旨重点解决主要问题，切忌目的不明、问题不清、主旨纷杂。

（二）材料典型，内容真实

好的市场调查报告离不开真实典型的材料。调查来的材料真实、准确、典型，才能保证市场调查报告的质量。因此，应下大力气收集具有说服力的第一手材料。

（三）方法科学，结论准确

调查得到的材料会很多，但如何让材料为主旨服务，就需要用科学的方法对材料和数据进行分析，通过定性分析或定量分析的方法，剖析事物本质，推理、归纳出规律，从而得出全面客观的结论。

（四）调查及时，注重时效

时效性是市场调查报告的灵魂。只有紧紧把握市场脉搏，对瞬息万变的市场进行迅速、及时的反映和判断，才能充分发挥市场调查报告应有的作用。

思考与练习

1.阅读下面的调查报告，回答文后的问题。

想致富　受教育[1]

教育在社会发展中处于什么地位？它与科技、经济的关系如何？不久前，河南省教委组织17个地市、34个县教育部门的同志对100多个村进行调查，调查结果表明以下几点。

一、劳动者的文化水平与其收入水平成正比

据郑州市对4 097户农民家庭的调查，年人均收入在1 000元以上的家庭，其主要劳动成员为初中以上文化程度的占92%；收入在500至1 000元之间的家庭，其主要劳动成员为初中以上文化程度的占86%；收入在200至500元之间的家庭，其主要劳动成员为初中以下文化程度的占95%。又据淅川县和开封县（今为开封市）对4个村、3 710个劳动力的调查，高中以上文化水平的年人均收入为501元，初中文化水平的年人均收入为385元，小学文化水平的年人均收入为341元，文盲、半文盲年人均收入为265元。由此可见，文化水平的高低与收入的多少成正比关系。

二、文化水平高的农民向二、三产业转移快

随着农业生产力的提高，农村劳动力向非农产业转移，是产业结构变化的一般规律。百村调查的结果表明，劳动者文化素质高低是决定这种转移速度快慢的重要因素。据罗山县对7 635个劳动力的调查，在初、高中文化水平的1 788人中，从事工、商等非农产业的有343人，占全部初、高中文化水平劳动力的19%；在小学文化水平的4 955人中，从事非农产业的有242人，占整个小学文化水平人数的4%；文盲、半文盲892人，从事非农产业的有19人，仅占整个文盲、半文盲人数的2%。

三、文化水平高的农民吸收和运用科技的能力强

文化水平高的农民能够利用自然资源，运用新技术、新方法进行科学种田和经营管理，其经济效益明显高于使用传统耕作方法进行生产的农民。邓州市田营村村民田西俭（高中毕业生、科技班班长）和他的妻子（初中生）、父亲（高小毕业）种棉3亩，由于一家人都有文化，对科学种植方法理解得透、运用得好，连续几年亩产皮棉均在170斤以上，成为村里的"种棉状元"。而文化低的农民，对于科学技术的吸收和运用则处于一种简单模仿、被动接受的状态，用错化肥、农药导致减产，甚至绝收的事也时有发生。至于农业集体经营、地膜覆盖、管道输水，以及良种的培育、选择等较复杂的管理技术，文化水平低的农民更是望洋兴叹，接受和掌握非常困难。

由此可见，发展教育，提高劳动生产者素质，无疑是发展生产、治穷致富的根本措施。

回答问题：

（1）这篇调查报告的主旨是什么？采用了什么样的显旨方式？

---

[1] 刘春丹：《财经应用文写作》，北京大学出版社，2012。

（2）这篇调查报告这篇调查报告的开头、主体和结尾三个部分具体是哪些段落？
（3）这篇调查报告采用了什么样的开头方式？这样写有什么好处？
（4）这篇调查报告主体部分采用了什么样的结构模式？
（5）这篇调查报告结尾有何特点？

2.请根据以下材料和自己的分析认识，写一份题为"广东大学生旅游现状调查"的调查报告，要求对公司开发大学生旅游项目有建设性作用。

（1）广东××旅游公司大学生旅游调查组，采用问卷法，于××××年3、4月间对广东地区4所本科院校和2所专科院校的500名学生进行随机抽样调查。

（2）调查发放问卷500份，回收问卷452份，其中有效问卷404份。404份有效问卷中，高年级（大三、大四）204份，低年级（大一、大二）200份；男生223份，女生181份；城市生215份，农村生189份；独生子女109份，非独生子女295份。

（3）调查内容涉及：大学生的旅游意向、旅游时间和地点、旅游方式（包括交通工具、结伴等）、旅游消费结构。

（4）数据统计分析结果。

1）86.7%的学生打算大学期间去旅游。其中低年级的占46.6%，高年级的占56.4%；男生占46.0%，女生占54.0%；独生子女占27.4%，非独生子女占73.6%；城市生占44.0%，农村生占56%。不打算去旅游的学生中，66.7%的学生是因为没有钱，80%又是来自农村。

2）选择自然风景区为旅游地点的学生占60.6%，选择人文历史古迹和民族风情区的分别占27%和12.4%。

3）旅游时间安排上，62.0%选择寒暑假，选择国庆黄金周的占38%。

4）选择结伴自助游的占41.6%，选择个人游的占35.8%，选择跟旅游团的占22.6%。在选择自助游和个人游的学生中，高年级明显多于低年级，城市生多于农村生，独生子女多于非独生子女。选择旅伴上，66.8%选择跟情侣一起旅游，选择跟同学结伴旅游的占29.3%，选择跟父母亲戚旅游的占3.9%。

5）旅游消费各项目价格大体平均分布，年级、性别、城乡差别不显著，但独生子女和非独生子女在一次超过3 000元的旅游消费水平上有显著区别，独生子女占了27.9%，非独生子女仅占9.5%。在旅途花费上，不受年级、性别和是否独生子女影响，总体消费结构相似：53.6%的学生将游玩作为最大消费，其次是吃、住、行。在吃上，绝大部分倾向于吃好或便宜的原则；在住宿上，49.1%的人选择每人每天50~100元，有62.7%人主张节约，有65.4%的人表明其旅游经费主要是靠自己兼职取得。

第五节　市场预测报告读写

市场预测报告是以经济理论为指导，在进行充分市场调查、获得大量翔实材料和统计数据的基础上，运用科学的预测方法和手段，对市场的历史与现状作系统周密的考察研究，进而对市场未来进行分析、评判，预见其发展趋势所写的报告。

市场预测报告是依据市场历史和现状对未来的发展趋势做出的理性判断。大而言之，可为经济管理部门的经济决策提供依据;小而言之,能帮助企业了解国内外市场信息,明确市场定位,确定生产任务和节奏,调整生产经营模式,提高市场竞争力,避免生产经营的盲目性。

一、例文导读

【例文2-20】

2019年前三季度广东省工业生产资料
市场价格运行情况分析及后期走势预测

今年以来,世界经济增速预期放缓,中美贸易摩擦影响逐渐显现,国际大宗商品价格弱势震荡为主,国内市场需求增长步入瓶颈期,广东省工业生产资料市场价格以弱势运行为主:有色金属价格呈"倒V"走势,化工产品价格弱势运行,建材价格高位调整。四季度开始,全国范围内将实施大气污染防治方案,环保治理更严更紧,市场供应或将偏紧,加上生产成本高位运行,预计今年后期工业生产资料价格或将有所回升。

一、前三季度价格走势情况

(一)有色金属市场价格呈"倒V"走势。(略)

(二)化工产品市场价格弱势运行。(略)

(三)建材市场价格高位调整。(略)

二、后期走势预测

2019年,国际经济环境更为复杂,地缘政治冲突不断,加上中美贸易摩擦的持续升级,世界经济增速预期放缓,国内经济下行压力增大。今年以来,广东省工业生产资料价格总体上呈弱势态势运行,考虑到四季度开始将陆续进入全国大范围的大气污染防治重要时期,企业将实施错峰生产,甚至部分企业将处于完全停产状态,因此,今年后期工业生产资料价格或将有所回升。基于当前世界环境特点和市场供需关系变化影响,预计明年工业生产资料价格窄幅波动。

(一)预计2019年后期有色金属价格震荡回升,明年价格或弱势运行。(略)

(二)预计2019年后期化工产品价格有所反弹,明年价格或窄幅震荡。(略)

(三)预计2019年后期建材市场价格高位运行,明年或维持高位盘整态势。(略)

广东省价格监测中心
2019年11月4日

(编者注:因篇幅限制,有删减)

【导读】这是一份工业生产资料价格走势预测报告。从时间看,它应属短期市场预测报告;从视域看,它只涉及广东省,可属于地区性市场预测报告;从预测对象看,它属市场价格预测报告;从性质看,它只涉及工业生产资料市场价格,内容性质比较单一,可属专题性预测报告,但其具体内容又涉及有色金属、化工产品、建筑材料三种重要工业生产资料的价格,有一定综合性,因而又是一份带综合性的预测报告。

该预测报告紧扣"2019前三季度广东省工业生产资料市场价格运行情况分析及后期走

势预测"这个主旨行文。分析前三季度工业生产资料市场价格运行，是为了揭示价格运行规律，预测后期走势。不仅如此，作者在分析2019年前三季度全省工业生产资料市场价格运行情况时，还将2018年全年的情况展现出来，这既展示出价格运行规律性，也为进行对比分析提供了方便。

文章由标题、正文和文尾构成。标题用专用式标题，直接显示主旨。正文写成开头和主体两大部分：开头概述2019年的国际国内经济背景和前三季度广东省主要工业生产资料价格运行情况、后期价格走势，这是本文基本内容的总体提要；主体分两个小标题行文，体现"根据市场历史和现状，推断市场未来"的逻辑分析思路。文尾作者署名和标识写作日期。

一般认为预测报告的主体内容应包括概况（预测对象的发展历史和现状）、预测和建议三部分内容。本文虽有预测的结论，但缺"建议"部分。

【阅读思考】

1. 试指出本文开头运用了怎样的表现手法和分析方法。
2. 本文主体写成二个小标题，若以"根据历史和现状，推断未来"的思路分，你认为其中哪些内容是写"历史和现状"的，哪些是写"未来"的？

二、基础知识认知

（一）特点

1. 预见性

市场预测报告是根据市场的历史和现状，推断市场未来走向和发展趋势，预测市场经济活动发展前景，从而为企业未来的经营决策和组织生产提供科学依据的报告。因此，预见性是市场预测报告最显著的特点。

2. 科学性

市场预测报告在内容上必须依据调查所得的大量真实材料，运用科学的预测理论和预测方法，以周密的点差研究为基础，找出预测对象客观运行的规律，得出符合实际的结论，从而有效地指导人们的实践，发挥市场预测报告的重要作用，因而具有科学性的特点。

3. 时效性

市场是不断变化的，企业要想赢得竞争优势，就必须以最快的速度，迅速、全面地掌握市场信息情报，及时提供给企业的决策者。否则，就会错失商机。因此，时效性是市场预测报告的生命力之所在。

4. 针对性

市场预测的内容十分广泛，每一次市场调查和预测只能针对某一具体的经济活动或某一产品的发展前景，因此，市场预测报告的针对性很强。选定的预测对象愈明确，市场预测报告的现实指导意义就愈大。

（二）分类

市场预测报告按不同的标准划分，其类别不同。

1. 按预测视域可分为宏观市场预测报告和微观市场预测报告

宏观市场预测报告是指对国际市场、全国市场或某一地区市场的商品运行前景的预测报告，它涉及面广，内容复杂，综合性强；微观市场预测报告是指对某个企业的产品或某一商品的市场运行前景的预测报告，如根据对企业产品的需求预测、销售预测、生产预测、资源预测、成本预测所写出的报告均属此类。

2. 按预测方法可分为定性市场预测报告和定量市场预测报告

定性市场预测报告是指预测市场产品或产品未来走势的报告，它凭借预测者掌握的知识、资料、分析能力和以往经验，对市场预测目标走势进行直观的定性判断；定量市场预测报告是指依据已有的历史和现实资料，选择能反映预测目标与有关因素（变量）之间的相互关系的数学模型，进行计算处理，从而揭示预测目标在未来某一时段或时点发展变化的具体数量的预测报告。定性市场预测简便易行，省时省力，但精确度不强；定量市场预测结果客观精准，但市场瞬息万变，难以及时把握市场动态。因此，市场预测报告中这两种预测方法往往是一起使用的。

3. 按预测时间可分为长期市场预测报告、中期市场预测报告和短期（1年或以内）市场预测报告

长期市场预测报告的时间一般在5年以上，它常是企业或主管部门制定远景规划的依据；中期市场预测报告的时间一般为3~5年；短期市场预测报告则通常是一年以内，它是制订年度计划、安排短期生产任务的依据。

4. 按报告性质可分为专题性市场预测报告和综合性（对多商品或多因素）市场预测报告

专题性市场预测报告是指对某一产品或产品的某一因素市场前景的预测报告，它是生产、开发新产品的依据；综合性市场预测报告是指对多产品或产品多因素市场前景的预测报告，它同样是企业生产、调整、开发新产品、发展的依据。

5. 按预测对象可分为市场需求预测报告、市场销售预测报告和新产品开发市场预测报告等

市场需求预测报告即预测企业产品市场需求量的报告，它是企业制订产销计划和进行经营决策的重要依据；市场销售预测报告即预测企业产品市场销售情况的报告，包括预测产品市场销售量、市场占有率、产品竞争力等，它是企业改善经营管理、扩大销售量、增强竞争意识的重要依据；新产品开发市场预测报告是预测企业开发、生产新产品前景的报告，它是企业研发、生产新产品的重要依据。

三、市场预测报告的写法

市场预测报告一般由标题、正文和文尾三部分构成。

（一）标题

市场预测报告的标题一般有专用式标题和观点式标题两种。需要注意的是，市场预测报告的标题，无论采用何种写法，都不能省略预测的对象。

1. 专用式标题

专用式标题是指标题上直接出现"预测"或"预测报告"或出现"走势""趋势"字样的标题。这种标题据其构成要素，又分完全式和省略式两种情况。

（1）完全式，是指预测区域、时限、内容和文种四个要素完全具备的标题，如"××股份有限公司2015年利润预测报告"。

（2）省略式，是省略上述四要素中一两个要素，由两三个要素构成的标题，如"202×年一季度中国成品油价格走势分析""202×年中国机械行业发展分析预测"。

2. 观点式标题

用作者预测分析结论、认识、看法等作标题，如"国产手机市场占有率将持续上升"。

（二）正文

正文主要由前言和主体两部分组成。

1. 前言

前言一般介绍预测的对象、时间、目的、基本情况等方面的内容，也可以省略不写。

2. 主体

主体包括历史与现状、预测分析和对策建议三部分。

（1）历史与现状。这是利用具体资料和数据，对经济活动的历史和现状作简要的回顾和说明。预测报告的特点，就是根据过去和现在的经济活动预测未来，因此，在现状说明中要选择精确、简明的资料，为预测分析打下基础。要写好这部分内容，要求写作主体对预测对象的现状进行深入细致的调查，占有大量的资料和数据，并在此基础上进行科学的分析、判断，这样才能科学地预测未来。

（2）预测分析。分析资料数据，预测经济活动的趋势与规律，这是市场预测报告的核心部分。在掌握了预测对象基本情况的基础上，对数据和资料进行定性、定量分析，通过科学的原理，寻找运行规律，预测市场未来的发展趋势，从而形成对预测对象未来前景的正确估测，作为市场决策的主要依据。

（3）对策建议。根据预测分析，在对资料进行细致的分析研究并对市场未来的发展趋势做出预测之后，提出切实可行的建议，这是预测的目的。建议应该具体可行，操作性强，有指导性，避免笼统、抽象、不得要领。

总而言之，写作市场预测报告，要求能运用数据资料，准确说明现状；通过分析数据资料，科学推断未来；依据分析预测，提供可行建议。

（三）文尾

文尾包括作者署名和写作时间。

四、写作注意事项

（一）目的明确，及时到位

撰写者要有明确的目的，才能做到有的放矢，为企业经营决策提供可靠依据。同时，更要及时到位。市场预测报告应在企业决策之前完成，如果错过了时机，一方面市场预测报告失去了价值，另一方面也会给企业带来不可挽回的损失。

（二）讲究科学，预测准确

只有讲究科学，才能做到预测准确。这里所谓的科学包含两个方面：一是要方法科学，无论采用定性还是定量分析，都要讲求方法的科学性，做到真实准确；二是要有科学的思维方式，不能人云亦云，不能凭空想象，无论是预测的程序还是预测的内容都应以科学的态度来对待，不可感情用事。

（三）数据准确，应时而变

在写作方式上，除文字陈述外，还可以使用数据和图表的方式来说明问题，准确的数据可以保障预测的准确性。市场风云变幻，影响市场的因素也在不断变化，因此，市场预测报告也要应时而变，要根据新的情况、新的信息及时更新预测，以确保预测的有效性。

思考与练习

1. 何谓市场预测报告？
2. 市场预测报告有哪些特点？决定其文种性质的又是哪一特点？
3. 市场预测报告中预测的依据是什么？
4. 谈谈市场预测报告的基本写法。
5. 阅读下文，简要分析其写法。

2015年一季度中国成品油价格走势分析[1]

日前，2014年成品油市场分析及2015年趋势研究指出，由于国际油价暴跌，预测国内成品油市将出现九连跌，累计跌幅达到1 500元/吨，创历史纪录。各石油销售企业不断压低库存，尽量减少单次购油量，预计在12月中旬可能出现油品资源偏紧的现象。

现状：国际油价暴跌超三成

今年以来，受利比亚原油产量恢复、美国石油出口禁令松绑、欧美对俄经济制裁、沙特等欧佩克产能过剩等多种因素影响，国际油品市场长期供过于求。（略）

据预测，受利空大背景继续制约，原油期货将会再度下行。（略）

预测：明年一季度油价或反弹10%（略）

中国石化经济技术研究院副院长毛加祥表示，中国经济已经进入中低速增长期，制造业增速放缓，服务业在经济中的比重不断上升，中国成品油需求增速将在2020年后放缓，石油消费强度开始下降。按目前水平估计，2013年到2020年期间中国石油需求平均增速将在2.5%左右，而2020年到2030年这一增速将进一步放缓至1%左右。2025年石油需求量可能达到6.5亿吨左右，到2030年时则会达到7亿吨左右的峰值水平。

……

关注：成品油消费税或继续上行

11月28日，国家发展改革委宣布，因汽、柴油消费税提高抵消降价因素，国内成品油价格维持不变。由此，"成品油消费税"成为关注热点。范小平预估，成品油消费税应当还会上调："从国际上看，欧盟等发达国家油品的税负较重，汽油、柴油流转税税负分别为56%和50%。我国周边国家中，日本的汽油、柴油流转税税负分别为42%和30%，韩国的汽油、柴油流转税税负分别为52%和43%。"他表示，税负的上调能够稳定成品油市场价格，相信应该会继续上行。

广东省石油燃气协会
2014年12月8日

---

[1] 来源于中国投资咨询网，有删减。

第六节　可行性研究报告读写

可行性研究报告是指投资建设、合资经营、新产品研发、技术改造或科研立项之前，对项目实施的可能性、有效性及技术方案等进行具体、深入的可行性论证和经济评估，以求取得在政策上合理、技术上先进、经济上合算的最佳方案与时机而写出的书面报告。

目前，可行性研究报告在我国经济社会发展中运用非常广泛，无论是新公司的成立、新项目的开展，还是新产品的研发、新技术的改造，在投资之前，都需要从经济、技术、生产、市场乃至社会环境等各方面进行具体调查、分析、研究，确定有利和不利的因素及项目是否可行，估计成功率大小以及经济效益和社会效益等，为决策者和主管机关审批提供依据。

一、例文导读

【例文2-21】

开发公路标牌广告的可行性分析报告[1]

近年来，随着国家全面加大对公路事业的扶持力度，公路经济已步入了一个新的高速发展阶段，各式广告已充满了人们的生活，并产生着巨大的经济效益和社会效益。最近市局专门召开以"加快路域经济发展步伐"为主题的公路工作会议，提出了五年内让我市公路经济发展规模在全国地市级城市中进入前20名的目标。据此，我们组织人员对利用公路标牌发布广告信息发展路域经济项目进行了可行性调查分析，调查显示：公路标牌广告具有很大的发展空间，如果加大这方面的工作力度，致力于开拓市场，可获得可观的经济效益。

一、公路标牌广告的特点和作用

进入21世纪，广告媒体随着科学的发展和信息时代的到来也在发生着极大的变化，虽然出版业还占据着广告市场的领先地位，电子媒体和互联网的兴起更为广告媒体增加了新的活力，但是传统的户外标牌广告，由于其覆盖率高、观看机会多、时效性长、视觉冲击力巨大等显著特点，仍能发挥其巨大的作用。公路标牌广告更是因其成本低、传递信息快、时效长、观众覆盖面广等特点，备受广大客户的青睐。

二、开发公路标牌广告的观众和资源优势

我市是集工业、农业、矿产、旅游等于一体的山东省经济强市，孔孟文化名扬世界，京福、日东高速公路穿市而过，高等级的国、省道公路网业已形成，开展公路标牌广告业务具有巨大的资源优势和广泛的受众，能使发布的广告信息快速传播。

三、广告市场的瞻望和预测

随着我国市场经济的深入，无论是制造业主还是零售商，广告主都在继续增加广告费用来推销他们的产品，塑造他们的企业形象；第三产业的迅猛发展更是为广告市场融入了新的活力；银行、金融、建筑、保险业等也积极利用广告这种形式，树立形象，迎

---

[1] 引自中华励志网，有改动。

接市场的挑战；公益广告、政府广告和教育广告等，也在广告市场上异军突起。这些都为我们做好公路标牌广告提供了广阔的市场空间。

四、已具备的基本条件

××××公司是具有独立法人资格和广告资质的国有公司，现拥有员工20名，其中专业技术人员4名，能够独立进行广告的审查和标牌广告的设计、制作、发布业务，近期又进行了广泛的市场调研和分析，已具备大力开发公路标牌广告的基本条件。

五、经营方式

1.市局统一规划，与县、市、区公路局联合开发客户市场，并实行统一管理，利润上交市局有关部门后按比例分成，由××××公司具体负责广告设计、制作和发布。

2.由广告代理公司负责广告代理和设计、制作、发布，但应由××××按照规划统一管理，利润分成，时段一般不超过一年，到期续签协议合同。

六、资金来源和用途

先期投资100万元，由××××公司全额出资，用于标牌的制作和招商，待业务扩大后，再逐步增加投资。

七、效益分析和预测

我市有国、省道近2 550千米，按每县、市、区平均设置4块广告标牌计划，每年可创收300万元，随着广告客户的增加，效益还会增加。

八、实施计划

1.在项目批准后，我们拟先走出去，学习先进市、地公路标牌广告工作的经验和方法，尽快拿出具体的实施办法。

2.参照有关行业广告收费价格，制订我市公路标牌广告收费标准和营销办法，报有关部门。

3.合理制订今年的营销计划，并组织人员予以实施。

本项目利用××××公司现有条件，具有投资小、见效快、收益高等优势，既能规范现有公路标牌广告的管理，又能充分利用公路产业资源，在政策上和经济上是可行的。为此，特提出以下建议。

第一，尽快对我市公路标牌广告进行一次摸底调查，并重新规划，报有关部门批准后，规范运作。

第二，给予早期广告工作启动的资金支持。

××××公司

20××年4月9日

【导读】本文属一般项目开发可行性研究报告，因涉及内容单一，故篇幅比较简短。全文由标题、正文和文尾三部分构成。标题由项目名称和文种两要素构成，属于省略标题。正文写成前言、主体和结尾三部分。前言概述"公路标牌广告"开发的背景和调查分析的结论；主体分项行文，具体写了八方面的内容；结尾写预测结论和实施建议。这体现了可行性研究报告正文结构"总论、主体、结论"三部分内容齐备。文尾署明单位名称和写作日期。本报告结构完整、项目明确、条理清晰，内容符合可行性研究报告要求，但是，给人感觉调查研究不够深入，也就是定性分析较多，定量分析不够。

【阅读思考】

1. 本文的正文应该怎样划分总论、主体、结论？
2. 试谈谈定性分析与定量分析各有什么优点，以及写作时应怎样合理运用。

【例文2-22】

（封　面）
深圳市腾邦国际票务股份有限公司关于设立
深圳市前海融易行小额贷款有限公司的可行性研究报告[1]
2012年12月

（正文）

1　项目总论

1.1　项目背景

《关于小额贷款公司试点的指导意见》（银监发〔2008〕23号）（以下简称《意见》）和《关于村镇银行、贷款公司、农村资金互助社、小额贷款公司有关政策的通知》（银发〔2008〕137号）等重要文件，为小额贷款公司的试点提供了政策依据和指导。深圳市政府于2008年12月4日审议通过《深圳市小额贷款公司试点管理暂行办法》（以下简称《办法》），并制定了《深圳市小额贷款公司试点审核工作指引》（以下简称《指引》），明确规定了申请开展小额贷款公司试点的准入条件、设立程序、合规经营、监督管理和风险防范等内容。

1.2　项目简介

项目名称：设立深圳市前海融易行小额贷款有限公司

项目地址：深圳市南山区粤兴二道武汉大学深圳产学研大楼B815房

项目投资金额：注册资金20 000万元人民币

项目投资方式：现金方式投入

项目筹建负责人及简介（略）

2　关于项目投资人

2.1　项目投资人简介

项目投资人名称：深圳市腾邦国际票务股份有限公司（股票简称"腾邦国际"，股票代码：300178）

项目投资人地址：深圳市福田保税区桃花路腾邦物流大厦5楼

项目投资人的法定代表人：钟××

项目投资人基本情况：（略）

2.2　投资人的主营业务及模式（略）

2.3　投资人获得的荣誉（略）

3　项目投资的必要性和可行性

---

[1] 引自证券之星网站，有删减。

3.1 国家和地方政策分析（略）
3.2 经济、金融环境分析（略）
3.3 发展状况和发展趋势分析（略）
3.4 腾邦国际对小额信贷的需求（略）
3.5 融易行金融服务产品对主营业务支持的分析（略）

由此可以看出，通过与母公司销售业务的紧密结合，融易行小贷业务不但能增加腾邦国际的融资收益，同时，通过金融杠杆效应，也能为腾邦国际自身机票主营业务业绩带来惊人的增长率。

……

10 结论

综上所述，有政府的大力支持，有市金融办、人民银行、银监局的监督与指导，有特殊的财税政策，有广阔的市场空间和发展前景，有比较成熟的业务产品，有客观的预期效益，有完善的规章制度和风险防范体系，更有深圳市腾邦国际票务股份有限公司提供良好的业务平台，抓住前海发展机遇，成立深圳市前海融易行小额贷款有限公司的条件和时机基本成熟。相信融易行小额贷款公司不仅能在深圳市健康地生存与发展，为投资者创造客观的收益，而且能从腾邦国际的经营模式中探索出具有示范效益的、行业特色的"创新金融服务模式"。因此，成立深圳市前海融易行小额贷款有限公司是必要的、可行的。

【导读】这是一份比较复杂的申请立项可行性研究报告，因篇幅较长，这里只列出其封面和正文的轮廓及重点内容，旨在使读者了解应该怎样进行可行性论证、如何论证，同时也有助于读者对可行性研究报告格式进行直观把握。该报告格式规范，内容全面，要点突出，论证充分，是一份写得较为完备、值得参考的可行性研究报告。

【阅读思考】

1.上网查本例文，谈谈可行性研究报告的封面应包括哪些内容。
2.上网查本例文，指出本文的总论、主体和结论各自包含哪些内容。

二、基础知识认知

（一）特点

1.科学性

可行性研究报告的科学性体现在两个方面：一是所运用的数据是在调查研究的基础上获得的，所依据的理论和原理本身是经得起实践检验的；二是其研究的方法是科学的，而不是陈旧的经验主义的方法。

2.真实性

真实性主要是针对可行性研究报告所涉及的材料而言。可行性研究报告必须对影响拟建项目各方面的情况予以调查、分析、研究，得到的数据、材料必须真实可靠，才能保障分析、研究得出的判断、结论客观、正确。因此，可行性研究报告材料的真实性极为重要。

3. 综合性

可行性研究报告不但要论证拟建项目或拟订方案在经济上是否有效益，而且要论证在技术上是否切实可行，还要论证是否符合现行法律和政策，因而其内容往往涉及各个方面，具有综合性。

4. 系统性

可行性研究报告要围绕拟建项目或拟订方案的各种因素进行全面、系统的分析、研究，既有定性的，也有定量的；既有宏观的，也有微观的；既有正面的，也有负面的；既有近期的，也有远期的；既有静态的，也有动态的，力求从全局、全盘考虑，尽可能找到最佳方案。

（二）分类

1. 按内容分，主要有政策性可行性研究报告、项目建设可行性研究报告和开拓性可行性研究报告三种

（1）政策性可行性研究报告，主要指对经济、技术的政策和措施的必要性、有效性和可行性进行分析、论证，为科学决策提供依据。

（2）项目建设可行性研究报告，主要指国家指定的《关于建设项目进行可行性研究的试行管理办法》中规定的那些项目以及利用外资、技术改造、技术引进和进口设备等项目的可行性研究报告。

（3）开拓性可行性研究报告，主要指开辟和拓展新市场、开发新产品和新技术、采用新的管理方法等的可行性研究报告。

2. 按涉及范围大小分，主要有一般项目可行性研究报告和大中型项目可行性研究报告

（1）一般项目可行性报告，主要指规模小、投资少的项目可行性研究报告，包括小的新建和扩建项目、常规性技术改造项目、某一方面经营管理改革和单项科学实验项目等。

（2）大中型项目可行性研究报告，主要指规模大、投资多、涉及面广的可行性研究报告，包括大的新建和扩建项目、工程浩大的技术改造项目、全局性经营管理改革和重大科学实验等。

三、可行性研究报告的写法

一份完整的可行性研究报告一般由封面、目录、正文和附件等部分组成。

（一）封面

封面一般包括可行性研究报告名称、可行性研究报告编写单位名称、负责人姓名和编写时间等。

可行性研究报告的名称即标题，一般由编写单位、项目名称和文种组成，如"××市关于扩建高新开发区的可行性研究报告"；也可省略项目单位，强调项目名称，如"农产品出口基地建设项目可行性研究报告"。

（二）目录

目录主要是针对内容较多、篇幅较长的可行性研究报告而言的。大中型项目可行性研究报告一般都需要将报告的纲目性内容列出，放在报告正文的前面作为目录，以方便读者阅读。

篇幅较短的可行性研究报告也可不设封面和目录，只写标题，并直接与正文相连。

（三）正文

正文一般包括总论、主体和结论三部分。

1.总论

总论亦可称引言、前言或总说明，一般是概说项目基本情况，使读者对项目有基本了解。基本情况包括项目名称、立项依据、原则、背景、目的、实施该项目的意义，以及承担可行性研究的单位、项目负责人、实施单位简要情况等。

2.主体

主体是可行性研究报告的核心内容，也是系统论证项目可行性的主要部分，要求以大量的数据和资料为依据，以经济效益和社会效益为中心，对项目的可行性展开分析论证。因可行性研究报告的内容较多、涉及面广，不同的项目又有不同的特点，故在主体内容上有不同的模式和要求。以新建一个工厂为例，其可行性研究报告的主体内容按国家有关文件规定，一般应包括：市场需求情况预测以及项目的规模和产品方案，资源、原材料、燃料、动力、运输及公用设施落实情况，建厂条件和厂址方案，技术工艺方案，总图和运转方案，环境保护、生产安全及劳动卫生方案，企业组织、劳动定员和人员培训意见，建设工期和实施进度，项目投资、生产成本和资金筹措方案，企业经济效益和社会效益的评价等。

3.结论

这部分包括结论和建议。通过主体部分的论证，对项目建设的必要性和可行性进行判断，得出可行或非可行的结论，同时还可提出建议与理由。

（四）附件

附件即附在正文后面的必要的有关资料和说明性文件，一般包括可行性研究委托书、项目建议批准书、有关协议意向书、地址选择报告书、环境影响报告、有关图表等。

四、写作注意事项

（一）准备充分

撰写可行性研究报告之前，必须认真调查、勘察，详细收集大量资料，做好预设方案等准备工作，对项目的可行性研究做到心中有数。

（二）内容真实

可行性研究报告涉及的内容以及反映情况的数据必须绝对真实可靠，不许有任何偏差和失误。因此，可行性研究报告中所运用的资料、数据都要经过反复核实，以确保内容的真实性。

（三）预测准确

可行性研究是投资决策前的活动。它是在事件发生之前的研究，是对事物未来发展的情况、可能遇到的问题和结果的估计，具有预测性，因此，必须进行深入的调查研究，充分地占有资料，运用切实的预测方法，科学地预测未来前景。

(四)论证严密

论证性是可行性研究报告的一个显著特点。要使其有论证性,必须运用系统的分析方法,围绕影响项目的各种因素进行全面、系统的分析,既要进行宏观的分析,也要进行微观的分析。

思考与练习

1. 什么是可行性研究报告?写作可行性研究报告需要注意哪些事项?
2. 简述可行性报告的格式与写法。
3. 试分析下篇产品开发可行性研究报告存在的不足。

吸发式电推剪生产可行性研究报告[1]

一、国际国内理发业目前使用的电推剪的缺点

据初步调查,国际(亚洲如韩国和日本、美洲如美国、欧洲如意大利、中东如以色列等)国内理发业目前广泛使用的电推剪在进行理发作业时,存在如下缺点:第一,被剪断的发屑以及头屑会散落飞溅到客人的头上、脸上、脖子里、衣服上、理发座椅及其附近地面上,不仅令人讨厌和难受,而且污染环境,传播皮肤疾病;第二,理发必须由专业理发人员进行。

二、吸发式电推剪的优点

使用专利产品——吸发式电推剪进行理发作业时,能将被剪断的头发以及头屑收集起来,防止其到处散落和飞溅,使客人免除不舒服之感,改变环境卫生和防止皮肤疾病传染。同时,非专业理发人员按照说明书的要求,凭借专门设计的理发模板,就可以十分方便地进行理发作业,而且可理多种发型(这就意味着吸发式电推剪可以进入家庭),极大地提高人们的生活质量。

三、吸发式电推剪的适用对象

因吸发式电推剪克服了本报告第一条所列出的现在普遍使用的电推剪的缺点,具有本报告第二条所列之优点,所以,吸发式电推剪适用于以下消费对象:①家庭;②医院、疗养院、老人院;③美容美发厅;④军队;⑤一般理发店。同时还适用于出口。(具体分析从略)

四、吸发式电推剪的趋势

因吸发式电推剪具有本报告第二条所列之优点,有广泛的适用性,相关的人员均表示欢迎(已作过近五年的广泛调查),而且价位适中(每台售价预计300元人民币左右),故其面市后将逐步淘汰国际国内目前普遍使用的旧式电推剪。

五、国内吸发式电推剪的市场前景与经济效益量化分析

1. 市场饱和量和年度需求量(略)
2. 目标年度销售收入和利润(略)
3. 可望实现的年度销售收入和利润

---

[1] 资料来源:道客巴巴。

以上目标年度销售收入和利润数即使只实现30%（这个目标通过努力是完全可以达到的），该产品进入成熟期后，可望实现的年度销售收入为7.682 4亿元人民币（主机加配件），利润为1.536 48亿元人民币。

六、出口的市场前景和经济效益量化分析（暂未计算）

七、实施吸发式电推剪项目，投资少，风险小，组织生产容易（略）

八、吸发式电推剪为专利产品，且设计独特，他人无机可乘，独家生产和销售有法律保障（略）

九、吸发式电推剪出口的专利保护（略）

十、以吸发式电推剪为龙头，可以形成一个生产系列理发工具、洗发护发用品和化妆品的企业群

吸发式电推剪设计独特，为专利产品。如精心组织生产和销售，很容易获得较高知名度。当该产品获得一定知名度后，以该产品为龙头，向其两翼发展，则形成一个生产系列理发工具、洗发护发用品和化妆品的企业群也并非难事。

十一、结论

吸发式电推剪较国际国内目前普遍使用的电推剪，具有明显的优点和适用性，必然深受顾客和理发员（即使用人）欢迎。该产品面市后，毫无疑问将逐步淘汰现在国际国内普遍使用的电推剪，市场容量巨大。实施吸发式电推剪项目，投资少，风险小，组织生产并形成较大批量并不困难，以此为龙头形成一个企业群亦有可能，经济效益和社会效益十分可观。因是专利产品，要做好专利保护工作，独家生产并向国内国际市场销售产品，其合法权益会受到国内和国际法保护。

第七节　营销策划书读写

营销策划书是指企业为实现一定的营销目标所谋划的独创性对策或行动的书面方案。

在经营中，企业往往需借助营销活动扩大产品市场份额，赢得消费者，以确保在激烈市场竞争中立足乃至取胜。营销策略的制定需从产品质量、产品价格、销售渠道、促销方案、社会政治力量和公共关系等方面着眼。在充满竞争而且日益复杂的市场环境下，企业的营销策划是必不可少的。一份好的营销策划书，不仅能够使企业高效地开展营销活动，实现良好的经济效益，还能带来长远的社会效益，如提升企业名望、扩大影响力等。

一、例文导读

【例文2-23】

锦江大酒店端午节广告宣传及营销活动方案[1]

一、时间：5月26日—6月10日

---

[1] 引自中国大学网，有删减。

二、地点：锦江大酒店

三、主题："佳节迎端午　锦江更多情"

四、公众对象：端午节期间的散客、家庭、亲朋好友

五、活动目的：（略）

六、广告策划及经费预算

在祁阳酒店消费水平日益提高、酒店营销竞争激烈的状况下，本店首先要在广告活动上标新立异、先声夺人。营造热烈温馨的端午节气氛，让消费者对本店留下深刻印象。具体操作如下。（略）

七、促销活动组合

1. 客房部采取"送餐饮消费券"的经营策略，凡用现金开房1间送20元餐饮消费券。
2. 餐饮部以"融融端午情　团圆家万兴"的主题开展如下促销活动。（略）
3. KTV（略）
4. 桑拿中心（略）

八、营销活动效果分析

1. 这次策划体现酒店"先谋势再谋利"（也就是先做人气）的营销总体思想，让顾客敢进酒店来消费，让酒店的服务设施获得广大顾客的认知，对端午节期间的家庭、亲朋好友的优惠能体现对顾客的诚意。
2. 酒店所有营运部门的销售目标向餐饮部倾斜，以部门联动拉升餐饮人气。
3. 此活动会让顾客留下许多美好、甜蜜的回忆，加深顾客对锦江大酒店的认识。
4. 通过此次营销活动，应实现的目标是：客房1.2万元/天，餐饮1万元/天，KTV 0.3万元/天，休闲中心1.2万元/天，总计3.7万元/天。

九、其他在5月25日前应完善和配套的工作

1. 所有部门的工作服发放到位，由唐×军负责。
2. KTV及餐饮场所改造完工，由赵总负责。
3. KTV服务员服装制作完毕，由唐×军负责。
4. 消费券发放管理办法由财务部实施完善，由陶会计负责。
5. 所有部门的宣传动员及准备工作完成，由各部门经理负责。

附：广告宣传标语

1. 新锦江 新娱乐 新消费——端午节全场赠送 惊喜多多
2. 新锦江 新口味 美食城每款菜价10元，啤酒买一送一
3. 锦江KTV全新装修改版，倾情推出唱歌送餐饮
4. 锦江桑拿中心让您感受夏日冰与火的较量
5. "开心唱歌、畅心用餐"——锦江大酒店高贵而不昂贵
6. "天籁之音，魅力互动"——来锦江KTV有意外惊喜
7. "佳节迎端午 锦江更多情"——锦江预定酒宴送KTV下午场

锦江大酒店办公室
5月15日

【导读】这是一篇酒店节日活动营销策划书。它围绕"佳节迎端午 锦江更多情"这一主题展开部署和策划，以达到扩大酒店知名度、提升现有场地资源营业潜力、提高经济效益的目标，主题鲜明，目标明确，策划周密，措施具体可行。

此策划书首先明确了活动的具体时间、地点、主题、对象及目的。接着通过广告、促销活动的策划体现端午节的营销方略，并分条表述，内容全面具体、表述清晰。最后，对营销活动效果进行了分析、预测，表明预期效果，还对一些程序上的工作加以部署，以确保各环节的紧密衔接及各项工作的顺利完成。此策划书总体结构完整，是一篇较为规范的策划书。

【阅读思考】
1. 此策划书将广告宣传费用具体到每项宣传方式中，这有何好处？
2. 策划书在开头已表明活动目的，为何在末尾又要对营销活动效果进行预测分析？

【例文2-24】

××洗发水校园营销活动策划书

一、主题及目标
1. 弘扬中草药文化，传播健康天然的中国传统养发养生之道。
2. 庆祝公司在香港证交所成功上市。
3. 回报社会，关爱学生及资助贫困学生。
4. 抵制假货，让大家用到货真价实的中草药洗发水。
二、时间及地点
时间：201×年11月22日至201×年元旦前后（具体时间看活动实际开展情况）。
地点：仅限××××学院、××民航学院、××职业技术学院、×××大学四所学校。
三、推广方式
1. 掀起强劲宣传攻势
（1）海报宣传。制作二十张图文并茂的海报，在四所校园人流密集处张贴或用支架立置。
（2）传单宣传。招聘各校学生促销员，使其利用课余时间到各学生宿舍和教室派发传单。
（3）网络宣传。在四所高校校园BBS上做活动前期宣传，让更多同学获知活动信息；在校内QQ群里发布活动和产品信息。
2. 赠品促销
活动现场提供袋装××洗发水样品供大家免费使用，在校园人流量最大的路口及宿舍、班级派送洗发水，力求在各校内达到覆盖面最大化。
3. 优惠销售
提供活动指定的特价优惠商品，刺激学生购买。
4. 直接销售
开展同学们之间直接面对面的销售活动，加深购买者的信任感。
四、重点推出
奉献爱心的同时还实施抽奖活动，保证百分之百中奖，最高奖品有笔记本电脑、电视机等，并选出代表以抽奖方式从资助候选人名单（由各校团委提供）中抽出获资贫困学生3人，各获一次性资助3 000元。

五、人员安排

……（根据课程情况具体安排，原则上不影响同学上课；不同时间、不同地点由不同人员负责，明确分工到人。）

各校选出一名负责人带领工作，并与公司主管保持密切联系。

六、实施阶段注意事项

1.注意时间与效用

各促销组应抓住有利时机，抓紧时间促销商品、赠送促销商品、张贴广告等。

2.注意促销员选拔与培训

（1）招募形象好、口才好、心理素质好的促销员。

（2）促销员应具备销售素质。实际销售时，要心态沉着冷静，表达内容与方式都应讲究，说话声音、节奏与动作要协调；面对突发情况，应尊重顾客，能随机应对和处理。

3.现场销售中注意两种理念的运用

（1）观念灌输，促销人员应善于把纯粹的推销转化为商品观念的传输。

（2）感情沟通，促销员要通过自己的学生身份和使用效果的现身说法达到引发消费者购买欲望的目的。

七、退货处理

购买不满意者，在商品外包装未损坏、不影响二次销售的情况下，在推销活动期内可以退货。

八、费用预算

项目	数量	单价	费用
促销员	20人	100元/天	2 000元/天
海报宣传	20张	20元/张	400元
传单宣传	10 000张	0.1元	1 000元
网络宣传	1人	100元	100元
奖品笔记本	1台	3 000元	3 000元
奖品电视机	1台	1 500元	1 500元
助学金	3人	3 000元/人	9 000元
其他杂费			2 000元
总计金额		壹万玖仟圆整	

九、效果评估

这次营销活动，将扩大公司产品在四所学院中的知名度，提高销售量。尤其抽奖资助贫困生的活动，将为宣传公司形象产生优化效果。

××洗发水校园营销组

201×年11月5日

【导读】这是一篇××洗发水公司的校园营销策划书。整个策划围绕主题，采用了广告宣传、赠送样品、特价优惠、学生销售、抽奖送礼、资助贫困生等营销策略，以达到庆贺公司上市、回报社会、关爱学生、抵制假货的营销目标。策略多元，相辅相成，活动内容及人员安排详细具体，便于施行。对注意事项的说明更为活动的顺利开展提供了保障。最后，策划书用表格形式将活动经费明细列出，并对活动效果进行了预测。总体来说，这篇营销策划书结构完整，内容翔实，部署具体，措施可行，具有一定的实际操作性。

【阅读思考】

1. 文中采取了哪些营销策略？是否可行？
2. 文中营销预算部分采用表格形式呈现有何好处？

二、基础知识认知

（一）特点

1. 目的性

营销要讲究目的。花费一定财力、物力和人力是要有相应结果的，营销后最终将可能收获何种利益，应紧紧扣住营销策划的目的及具体目标。

2. 可行性

营销策划书不能脱离市场和企业实际，必须建立在充分的调查研究基础上，结合项目或活动的实际情况制订，如企业自身的情况、市场情况、竞争对手情况、消费者的需求等。评价营销策划书的优劣，最终还是要落到可行性上。

3. 可操作性

营销策划要有可操作性，也就是对所策划的活动要做什么、怎么做，以及于什么时间、在什么地点、由什么人做什么样的工作等有非常具体明确的安排。如果只是抽象的理论描述，将会影响策划书的执行效果。

4. 预见性

一份合理的策划书应能预见到将会产生的营销效果，同时还要预见出执行过程中可能出现的问题及对策，对各方面的人力物力财力支出也要做出预估，最好用数字说明。

5. 独创性

创意是营销策划的核心和精髓，许多营销策划的成功往往来源于一个绝妙而又普通的创意。营销策划书要敢于言他人所未言，发现他人所未发现，提出自己独到的见解。

（二）分类

（1）根据具体的对象不同可分为商品销售策划、促销活动策划、市场推广策划、新产品开发策划、商品布局策划、营销定位策划、网点布局策划等。

（2）根据涉及时间的长短分可分为长期营销策划和短期营销策划。

（3）根据内容涉及面的宽窄分可分为专项性营销策划和综合性营销策划。

三、策划书的写法

营销策划书没有一成不变的格式，企业的产品不同，营销目标不同，营销策划书写作的侧重点、详略、篇幅都会有所不同。

一般说来，一份规范的营销策划书应由标题、正文、文尾、附录四部分组成。其中，正文又由前言、主体和结尾三板块构成。

如果策划书的篇幅较长，还可能会有封面和目录。封面一般包括策划书的名称、策划者、策划日期和策划书适用期等。

（一）标题

营销策划书的标题大体有三种常见形式：

1.专用式标题

专用式标题是标题上出现文种的标题。此种标题根据构成要素的完整性，又分为以下两种情形。

（1）完全式。通常结构为"企业名+产品名+时限+市场+文种"，如"华润怡宝2015年国际市场营销策划书"。

（2）省略式。通常省略完全式中的一项和两项，如"华润怡宝国际市场营销策划书"，省略时限；"王老吉营销策划书""纯净水营销策划书"，省略企业名、时限和市场三项。

2.提问式标题

提问式标题是提出一个问题的标题，如"××如何进入华北地区市场"。

3.综合式标题

综合式标题由正标题和副标题组成。一般正标题概括表达策划主题，副标题具体表达或补充说明策划的有关内容，如"跨越巅峰工程——山东绿源集团营销策划书"。

（二）正文

正文一般由前言、主体、结尾构成。

1.前言

前言部分是对营销策划活动的时间、区域、主题、目的等加以概述或分点叙述。这部分是对活动做纲领性的交代，为文章主体内容的展开做铺垫。前言的组成要素包括以下几项。

（1）活动时间。说明本方案计划从何年何月何日起开始实施，到何年何月何日止结束。时间安排要经过科学推算，既要留有余地，又要讲究工作效率。

（2）活动地点。这是指举行本活动的地域范围。

（3）活动主题。这是部署活动内容时所围绕的中心。

（4）活动目的。这是通过活动要达到的结果。

2.主体

（1）市场营销环境状况分析。市场营销环境分析主要是针对影响产品营销的外在因素的调查分析，包括：①同类产品市场状况、竞争状况及宏观环境，为制定合理的营销策略提供现实依据，要求信息客观准确；②当前市场状况及前景，如产品的市场需求状况以及潜在市场状况、市场成长状况、消费者的需求状况等；③影响产品营销的因素，如宏观环境、政治环境、居民经济条件、消费者收入水平、消费者收入水平、消费结构的变化、消费心理等，对计算机、家用电器等科技性产品，还需要考虑技术发展趋势的影响。

（2）市场机会与问题分析。市场机会与问题分析主要是针对影响产品营销的内在因素的调查分析。市场机会指的是要根据产品自身的特点，分析其优势，从中寻找营销机会，发掘市场潜力。问题分析指的是对产品营销过程中出现的具体问题进行分析，从问题中找市场竞争中的劣势并予以克服，从而减少产品营销中的不利因素。常见问题有企业知名度不高、企业形象不佳、产品质量不过关、产品功能不全、包装差、价格定位不当、销售渠道不畅、销售渠道不当、促销方式不当、服务态度差、售后保证缺乏等。

（3）营销策略。营销策略也就是指达到营销目标的具体方案。菲利浦·科特勒教授在"6P"营销策略的基础上提出了"11P"营销策略，即：①产品（Product），质量、功能、款式、品牌、包装；②价格（Price），合适的定价，在产品不同的生命周期制订相应的价格；③促销（Promotion），尤其是好的广告；④分销（Place），建立合适的销售渠道；⑤政府权力（Power），依靠两个国家政府之间的谈判，打开另外一个国家市场的大门；⑥公共关系（Public Relations），利用新闻宣传媒体的力量，发表对企业有利的形象报道，消除或减少对企业不利的形象报道；⑦探查（Probe），即探索，就是市场调研，通过调研了解市场对某种产品的需求状况如何，有什么更具体的要求；⑧分割（Partition），即市场细分的过程，按影响消费者需求的因素进行分割；⑨优先（Priorition），即选出我的目标市场；⑩定位（Position），即为自己生产的产品赋予一定的特色，在消费者心中形成一定的印象，或者说就是确立产品竞争优势的过程；⑪员工（People），"只有发现需求，才能满足需求"，这个过程要靠员工实现，因此，企业应想方设法调动员工的积极性。这里的"P"不单单指员工，也指顾客。顾客也是企业营销过程的一部分，比如网上银行，客户参与性就很强。

营销策略的选择可参照菲利浦·科特勒的"11P"理论，依据策划的内容、对象而定，要因事制宜，力求具体且科学有效。

（4）活动步骤。活动步骤是在营销策略指导下的关于活动运行进度的具体安排，要表述具体、条理清晰、连贯紧密，具体到何日何时要做什么、大约花费多少时间、负责人是谁等，这些要素都需标注清楚，便于策划进行过程中的控制与检查。

由于有时候会出现落实情况与当初所预计的时间不相符的情况，写策划书时应对一些项目所需时间的安排留有余地。

（5）人员分配。即具体营销策划活动中相关人员的工作分配，将各事项具体到人或相关部门，做到分工具体、责任具体。如物品的供给、场地的布置等，具体到人，并明确责任。

（6）费用预算。费用预算指整个营销方案推进过程中的费用投入，包括营销过程中总额的预算、个别策划的预算、不同项目内容的预算、固定费用和可变费用的预算等。最好列表说明实施策划书所需费用的细目及其依据，排出预算进度时间表，这样既方便核算，又便于事后查对。费用必须进行科学、周密的预算，使各种花费控制在最小规模内，以获得最优的经济效益，实现策划要素的联动优化。

（7）效益预估。效益预估指依据预定销售目标和预算费用对活动能创造的效益进行预估，这实际上是对所策划活动效果的测评。因为策划方案可行要有关负责人的认同，对于经济活动，评价其可行性的基本指标是经济效益，即利润，这多是通过算账的方式来验证。

在进行经济效益预估时，用语尽量数字化，避免使用"较多""广泛""大幅度提高"等含混词语。如"企业利润率有较大幅度增长"，不同人对"大幅度增长"有不同的理解，极容易产生误解，将其改为"企业资金利润率提高20%"就表达准确了。

（8）其他事宜。对营销策划活动中的其他相关事项的安排。

3. 结尾

结尾在整个策划书中可有可无，主要起到与前言呼应的作用，使策划书有一个圆满的结束，或是对策划书做一个全面的总结，不至使人感到太突然。

4. 附录

附录的作用在于提供策划客观性的证明，因此，凡是有助于阅读者对策划内容理解、信任的资料都可以列入，如相关人员联系方式、活动应急方案、策划书实施过程中可借鉴参考的一些经验材料等。

（三）文尾

文尾包括作者署名及策划书完成日期。

四、写作注意事项

1. 材料准确、策略可行

营销策划书是由策划人员在市场调查的基础上为决策者而写的，必须注意材料的准确性和说服性、策略的可行性和可接受性。

2. 内容完整、交代具体

在策划书作者看来，有些问题简洁明白，甚至无关紧要，但在决策者看来却可能非常重要，因此，策划书既要写得完整又需写得具体，尽可能让读者一目了然，同时还要保证策划能按部就班地执行。

3. 利用数字说明问题

策划书是指导企业实践的文件，其可靠性是决策者首先要考虑的。策划书的内容不能查无实据，任何一个论点均要有依据，而数字就是最好的依据。在策划书中利用各种绝对数和相对数来进行比照是绝对不可少的。要注意的是，数字需有出处，以证明其可靠性。

4. 突出创意

策划的生命在于创意，即具有与众不同的个性。要充分注意决策人以及消费者的思维习惯和接受能力，并将与众不同的个性创意有效地传递给他们。

思考与练习

1. 什么是营销策划方案？它有哪些特点？
2. 营销策划方案的基本结构由哪些部分组成？其中，正文包括哪些部分？
3. 大学生创业中心在经过市场调查后，拟在×××大学内推出一种奶茶饮料，请据此为其撰写一份市场推广营销策划书。所需材料根据你学习的专业知识或了解的程度酌情补充。要求内容结构合理，符合营销策划文案的基本要求。

第三章

常用经济事务文书读写

常用经济事务文书是指经济计划、经济总结、经济简报、经济消息等一类带事务性的文书，其文种很多，由于篇幅所限，在此，我们只重点介绍四种最常用文书的读写。

第一节 经济计划读写

经济计划是内容涉及经济的一类计划。具体而言，经济计划是机关、部门、团体、企事业单位以及个人对今后一定时期内的经济管理、生产、经营、理财等经济工作、经济活动事先拟定任务目标、措施办法、步骤与时间安排的计划性经济应用文书。

计划概念有广义、狭义之分。广义的计划是对经济规划、设想、安排、打算、要点、意见、方案等计划性文书的统称。它们因涉及时间长短、范围大小、工作粗细、适用对象不同而有不同的名称。规划是涉及时间长、范围广、内容全面概括的发展计划。设想是涉及时间较长但内容尚不成熟的非正式计划。安排是对近期工作规定任务、提出要求的计划。打算是对近期工作任务、目标、要求尚不周全具体的计划。要点是对一定时期内的全局或专项工作所做的概要计划。意见是上级机关或主管部门向下级机关或执行单位部署工作，交代政策，提出任务及步骤、方法等的指示性计划。方案是对某一具体工作或活动，从指导思想、目的要求、措施办法到流程步骤都进行周密而详细安排的实施性计划。

狭义的计划则自成一个文种，是指涉及时间较长（一个月、一个季度、一年）、任务指标明确、措施步骤具体、可操作性强的计划。

一、例文导读

【例文3-1】

广州市工商行政管理局2018年工作计划[1]

2018年,是贯彻党的十九大精神的开局之年,是广州决胜全面建成小康社会、加快建设社会主义现代化的关键一年。2018年全市工商和市场监管工作的总体思路是:以习近平新时代中国特色社会主义思想为指导,深入贯彻党的十九大精神,贯彻全国、全省工商和市场监管工作会议及市委十一届四次全会、市"两会"精神,树立"营商环境就是生产力"理念,坚持一张蓝图干到底,对标十九大改革部署,对标国际先进地区,以深化商事制度改革为主线,加大改革统筹力度,从企业视角谋划推进改革,聚焦关键环节和重点领域寻求突破,持续优化市场准入环境、市场竞争环境和市场消费环境,推动营商环境建设上水平、走前列,为广州建设中国特色社会主义引领型全球城市贡献智慧和力量。今年我局重点做好以下工作。

一、深入推进商事登记便利化,激发市场主体发展新活力

(一)统筹推进"证照分离""多证合一"改革。在南沙自贸区试点"证照分离"的基础上,逐步全面推行"证照分离"改革,对商事登记后置审批事项的审批方式进行分类改革,推动"照后减证",推动"准入"和"准营"同步提速。同时,将我市"证照分离"分类改革后的备案类、信息采集类、公示类事项纳入"多证合一"改革,做好国家层面统一整合事项与我市个性化整合项目的融合与衔接。并拟在南沙选取合适类型、行业的拟设立商事主体,探索开展商事主体设立登记注册制改革试点。

(二)深化全程电子化商事登记改革。(略)

(三)推行"注册登记跨境通"。(略)

(四)强化商事登记规范化管理。(略)

(五)完善市场主体退出制度。(略)

(六)扶持小微企业发展。(略)

二、深入推进市场竞争监管执法,构建公平竞争新秩序

(一)进一步创新完善"双随机、一公开"监管。出台《广州市"双随机、一公开"综合监管平台工作规则》,通过统一平台、统一流程、统一操作,组织市、区两级行政执法部门规范开展"双随机"抽查工作,着力提升"双随机、一公开"监管规范化、标准化水平。统筹整合跨部门联合抽查计划,推动抽查检查结果跨部门互认和应用,减少重复检查、多头检查。工商系统"双随机"抽查比例不低于5%,抽查结果公示率达到100%。年底前市、区两级行政执法部门开展跨部门联合抽查次数要达到年度总抽查次数的10%以上,实现联合抽查常态化。

(二)推动建立年报和相关信息公示工作长效机制。(略)

(三)加强涉企信息归集共享和失信联合惩戒。(略)

---

[1] 广州市人民政府门户网站,有删减。

（四）加大整顿规范市场秩序力度。（略）

三、深入推进消费环境综合治理，极大满足人们美好生活消费新需要

（一）健全消费维权执法监管体系。完善12315行政执法体系建设，紧密对接工商总局12315互联网平台，畅通消费者诉求渠道，进一步做好消费投诉、举报处理工作，试行经营者被投诉举报情况向社会公示制度。加大商品质量抽检力度，提高线上商品抽检比重，进一步规范现场抽样、结果送达、异议处理、后续执法流程，提高抽检工作效能，实现抽检不合格线索录入率100%和线索核查率100%的目标。完善商品质量抽检结果公示制度，扩大公示社会影响力。开展红盾质量维权行动和商品质量提升行动，加强消费侵权案件查办督办，指导基层积极推进"诉转案"工作。积极配合建立联合打假工作机制，协同开展跨领域、跨区域联合打假工作。进一步健全放心消费创建工作部门联席会议制度，形成部门合力，协调解决消费热点、难点问题和重大消费事件。落实工商总局等27个部委出台的开展放心消费创建活动的指导意见，在全市推进放心消费创建工作，做好全国大中城市消费者满意度调查、全省消费环境评估相关工作。

（二）健全消费维权社会监督体系。（略）

（三）健全消费教育引导体系。（略）

四、加强党建与基层建设，提升党建工作水平与干部队伍履职能力

（一）加强党的建设。（略）

（三）加强基层基础建设。（略）

（四）着力提高大数据"慧治"能力。适应大数据发展趋势，建设完善大数据应用服务平台配套工程项目，加强大数据、云计算在市场监管中的应用，促进形成政府善治、社会共治和企业自治的治理格局。加强对数据的分析利用，对履职中产生的市场主体、行业发展、新业态状况、监管执法、消费维权等信息，深度挖掘，综合分析，为党委、政府决策提供高质量、高价值参考。

广州市工商行政管理局
2018年2月6日

【导读】这是一份行政管理部门的综合性工作计划。全文由标题、正文和文尾构成。标题为单位名称、时限、内容和文种四要素齐备的完全式标题。正文写成前言、主体两大部分。前言说明制订计划的背景和总体思路，文字概括，简明扼要；主体集中谈工作任务和具体做法（措施），四个小标题分别明确本年度需重点完成的工作任务和需达到的目标。每一部分分别用"一、""（一）"来体现不同层次。文尾署明计划制订单位和制订日期。总的来看，这是一份既内容综合又突出做法，语言干练，层次分明，具有较强操作性的工作计划。

【阅读思考】

1. 本计划主体部分四个小标题体现着怎样的逻辑关系？
2. 本计划主体部分四个小标题明确了本年度的四项重点工作，请从句式分析其是怎样表达的。

【例文3-2】

一米阳光西服店202×年"双增双节"工作计划[1]

为开展好国务院倡导的"双增双节"活动,今年我们将工作重点调整为"双增双节"活动与深化企业改革一起抓,改善企业经营管理体制,发挥名牌特色产品优势,深挖潜力,以提高经济效益。现根据我店的实际,制订202×年工作计划如下:

一、工作目标

序号	类别	指标	同比
1	销售计划	1 600万元	比去年的1 552.8万元增长3%
2	周转天数	118天	比去年的122.9天加快4.9天
3	平均流动资金	524.4万元	比去年的530.5万元下降1.15%
4	费用额	68.5万元	比去年的70.69万元下降3.1%
5	借款利息	19.3万元	比去年的20.8万元减少1.5万元
6	削价损失	16.7万元	比去年的33.4万元下降50%
7	毛利率	19.79%	比去年的18.79上升1%
8	定制加工	5 460件	比去年的5 300件增长3%
9	上交税利	262.2万元	比去年的255.7万元增长2.6%
10	利润	218.9万元	比去年的208.5万元增长5%

二、具体措施

(一)扩大商品销售,提高经济效益

1.抓好产品质量,扩大市场占有率。对产品定期抽样检查,力争正品率达到95%。其中90%的产品质量符合市优和部颁标准。

2.全面分析和预测市场上各型时装的生命周期,合理选择进货渠道,组织适销对路的原料,增加花色品种,妥善安排工作,做到款式新颖、高雅,并做好必要的储备,以满足市场需要。

3.开拓新产品,设计新品种,对库存商品不断更新换代,使产、销、调、存出现良好的运行状态。

4.采取门市销售、预约销售和集会展销等形式,扩大销量。

5.提高服务质量,引发顾客的购买兴趣,唤起消费者的潜在要求。结合"买一赠一"活动,争取商店评上"文明西服商店"的称号。

---

[1] 张耀辉:《应用写作简明教程》,高等教育出版社,2006,有改动。

（二）抓好横向联系在全国各地设立特约经销单位

1.在全国各地设立特约经销单位。以京、津、沪为据点，向四面扩展；上半年增设××、××、××等×个经销点，下半年再增设××、××、××等×个经销点，逐渐形成一个×××商品的销售网。

2.利用短期贷款，多生产质量优且价格合理的产品，满足各地不同层次的需要。

3.加强横向联系，了解各地市场的风土人情，分析销售趋势；帮助横向联系单位改进柜台设计和商品陈列，提高供应能力。

（三）压缩银行贷款，减少利息支出

1.加速资金周转，对库存商品不断进行清理、分类，及时处理冷、呆、残损商品，防止资金积压。

2.缩短生产流转的期限，加工产品及时回收，及时上柜，及时回笼资金，以压缩银行贷款，减少利息支出。

（四）降低成本，节约费用

1.紧密排料，减少损失，降低消耗。

2.合理调整库存，减少库存量。

3.紧缩差旅费，节约水电及文具办公费用。

（五）加强经营管理建设

1.健全财务报表分析制度，准确反映单位的经济情况，定期分析各项经济指标完成情况，找出问题，及时处理。

2.加强管理环节，使进、产、销、存的管理系统化、科学化。

3.对原材料仓库场地、成品仓库场地、商品陈列室等进行合理的布局，对管理人员加以调整充实。

4.健全各项考核制度，做到"奖不虚，罚不枉"。

202×年的任务是艰巨的，但只要我们群策群力，全力以赴，热情工作，就一定能完成。

一米阳光西服商店办公室

202×年1月3日

【导读】本计划的正文分为前言、主体和结尾三部分。前言概述制订计划的依据和工作思路。主体首先用表格说明工作指标，并与上年度实绩进行比较，以显示"双增双节"的要求，具体而简明，然后用条文明确实现目标的五项措施和具体做法，有一定的操作性。结尾表明实施计划的信心。本计划的一大特色是表格与条文配合行文，使语言表达更加简明。但有两点不足：一是计划中没有写明落实措施和做法的具体步骤和时间，二是各项任务没有落实到由什么人去完成，因而显得有些空泛。

【阅读思考】

1.你认为这种计划的结构有何特点？

2.联系本文谈谈计划宜在什么情况下用表格行文，以及表格具有怎样的表达效果。

【例文3-3】

这是一份图示式生产计划，具体见图3-1。由标题、图示（主体）和有关说明构成。这种计划直观明了，适合任务单一、指标具体明确的生产、经营单位使用。除此之外，还可使用其他图示形式。

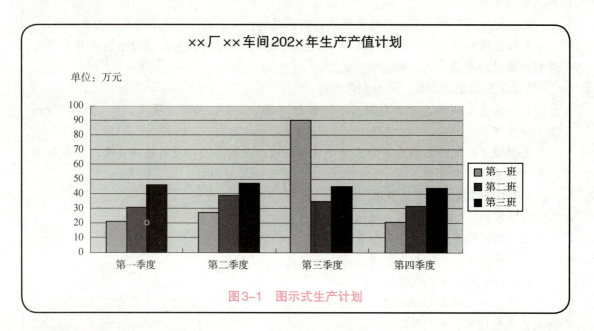

图3-1　图示式生产计划

【阅读思考】

1. 你能举出用其他图示形式的计划吗？
2. 图示有何优点？适宜怎样的情形？

二、基础知识认知

（一）特点

经济计划除具备计划的预见性、指导性、可行性、约束性和说明性的共性特点外，还有政策性、专业性等个性特点。

1. 政策性

政策性是指经济计划的制订必须以现行政策为前提和依据，体现现行经济政策，与现行经济政策保持高度的一致性，不得有违经济政策。

2. 专业性

专业性是经济计划区别于其他计划的标志，其内容必须涉及经济活动或经济管理，而且多为经济部门、工商金融企业或个人从事经济活动使用。

（二）分类

经济计划的种类很多，按照不同的标准，可分为不同的种类。

（1）从时间上划分，可分为长远计划、短期计划、年度计划、季度计划、月份计划等。

（2）从内容上划分，可分为生产计划、销售计划、财务计划、工作计划、科研计划等。
（3）从性质上划分，可分为综合性计划、专项性计划。
（4）从主体上划分，可分为国家计划、部门计划、单位计划、班组计划、个人计划等。
（5）从表达方式上划分，可分为条文式计划、表格式计划、图示式计划和综合式计划。

（三）制订步骤

一份计划的制订，通常需要经过以下步骤。

（1）准备。这要做好三项工作：一是了解方针、政策以及上级计划；二是深入调研，了解本单位、本部门的具体情况；三是根据上级计划和本部门、本单位的实际情况，确定所订计划的任务、目标、措施、办法、步骤、具体时间安排以及计划执行中可能出现的困难。

（2）草拟、审议、讨论。在做好充分准备工作的基础上，开始拟写计划草案。计划草案一般要经过领导班子讨论、审议，或直接交由群众讨论、审议。有的必须经过有关会议讨论、审议。

（3）修改、定稿。计划起草人根据讨论审议的意见，对计划草稿进行修改、定稿，形成正式计划，有的还需报送主管部门，经审批同意后才能成为正式计划。

三、经济计划的写法

经济计划文本的结构包括标题、正文和文尾三部分。

（一）标题

经济计划标题主要有专用式和仿公文式两种。

1.专用式标题

这是指标题上出现文种名称的标题。从标题显示的内容要素看，又有完全式和省略式两种情形。完整式是指单位名称、时限、内容和文种四要素齐全的标题，如"××市税务局2020年工作计划""上海市2015年至2020年经济发展规划"，综合性计划或需要上报的计划常用这种写法。省略式是指标题上省略单位名称或时限，只出现两要素或三要素的标题，如"2020年信贷计划"，单位内部计划和专项计划多用此种写法。

2.仿公文式标题

这是指仿用党政机关公文标题形式的标题，如"北京市高等教育自学考试指导委员会关于党政干部基础科自学考试计划"。

如果计划尚未定稿，标题之后还常根据实际情况加括号写上"草稿""征求意见稿""草案""初稿"或"讨论稿"等。

（二）正文

经济计划正文一般由开头、主体和结尾构成。

1.开头

或概括单位的基本情况及制订计划的政策依据，或说明制订计划的目的、缘由。这部分要说明"为什么做"的问题，表达要简明扼要，不宜过多展开。末尾常用承启语"为此，特订计划如下""特制订本计划""为此，要具体抓好以下几方面的工作"等转入主体。

2.主体

它是计划的核心和主干，要具体写明任务目标、措施办法和实施步骤三个方面的内容，主要是回答"做什么""怎么做""何时做"等问题，这可称作计划内容三要素。

任务目标是一份计划最基本的要素。任务是指做什么，目标是指做到什么程度，是对任务的完成在数量、质量以及时限上的具体要求。任何计划都要写明计划期内要完成的任务和目标，如果任务较多，还可列出若干子任务、子目标，并把子任务及子目标"质的规定"和"量的要求"写清楚。经济计划无论是总指标还是分指标，都要做定量定性的表述。

措施办法是解答"怎么做"的问题，是完成任务、实现目标的保证。只有把具体的措施办法与任务目标结合起来，才能保证计划的执行和完成。措施办法一般从组织领导、任务分工、政策保障、工作制度、物质条件等几个方面考虑，写清楚采取何种办法，利用什么条件，由何单位、何人具体负责，如何协调配合完成任务。要根据任务和目标，作周密恰当、有针对性的安排。

步骤与时间安排是解答"何时做"的问题，是完成任务的程序及时间分配。要求全局在胸，统筹安排。要把各项任务完成的时间分配好，什么时间完成哪些任务，应有明确的考虑，既要有总的时限，又要有各阶段、各环节的时间安排，使任务、工作的完成能按部就班、井然有序。步骤和时间安排要科学化，过紧或过松都不利于计划完成。

比较大型的计划主体，常从指导思想、任务目标、组织领导、措施方法等方面来组织安排内容。

3. 结尾

一般是围绕计划的落实发出号召，提出希望与要求，或作补充说明，或表示完成任务的信心和决心，或提出进行监督检查的事项。也有的主体部分写完后即结束，省略结尾。

计划正文行文方式有条项式、表格式、图示式和图表条项综合式四种。除表格式、图示式外，条项式和综合式的计划正文都可写成开头、主体和结尾三部分。

（三）文尾

文尾署明制订计划单位名称或个人姓名及制定日期。也有单位名称在标题中出现，制订日期在标题下用括号注明的。

四、写作注意事项

（1）符合法律法规、现行政策和上级计划。
（2）从实际出发，坚持实事求是，切实可行。
（3）根据实际情形正确使用计划文种和选用行文方式。
（4）行文具体明确，充分考虑执行者。

思考与练习

1. 谈谈规划、设想、计划、方案、安排、打算、要点等计划文种的具体用法。
2. 什么是计划内容的三要素？
3. 计划写作要注意哪些事项？
4. 阅读下文，然后回答后面的问题

红星商场202×年下半年促销规划

为了繁荣商品市场，促进我市经济发展，特制订本商场今年下半年的促销计划。

一、按照上级下达的商品销售利润指标,国庆节期间开展大规模的让利促销活动。

二、在此次促销期间,各部门要通力合作,成绩突出者,商场将予以精神和物质奖励。

三、商场全体工作人员必须认真遵守本商场制定的文明服务公约,使顾客的满意率达到99%以上。

希望党员、团员起带头作用,全体职工共同努力,确保本计划的完满实现。

回答提问:

(1)计划标题存在什么问题?请改正。

(2)计划开头部分有问题吗?请指出。

(3)按照这份计划能否完成下半年的促销任务?为什么?

5.请根据你的实际情况,写一份个人下月消费计划。要求:结构完整,内容翔实具体,语言表达得当。

第二节 经济总结读写

经济总结是经济部门、生产经营单位或个人对过去一段时期的经济工作或者完成某一经济任务的情况进行系统回顾反思,从中找出规律、得出结论或经验教训,以指导今后经济实践的应用文书。

经济总结是总结的一部分,除内容上直接或间接涉及经济外,其他与总结别无二样。总结作为人们认识客观事物、掌握客观规律的一种手段,对于人类社会的发展是必不可少的,人类知识的积累就是人类不断总结的结果。诚如毛泽东同志所言:"人类总得不断地总结经验,有所发现、有所发明、有所创造。"

总结来自实践,又反过来指导实践。其作用有两点:一是探索规律,提高认识;二是了解情况,扬长避短,做好工作。此外,单位总结常常对先进予以表彰,对落后予以批评,具有教育群众、调动积极性的作用。

一、例文导读

【例文3-4】

> **××银行城西支行2013年上半年信贷工作总结**[1]
>
> 上半年,城西支行的信贷工作在总行领导和信贷处的统一部署下,全行上下齐心协力,以加快发展为主题,以扩增存贷规模、提高资产质量为核心,以加强信贷管理为重点,以各项信贷制度的落实为基础,经过了一季度的"非常奉献6+1"和二季度的"星光大道"等竞赛活动,各项经营业绩稳步增长,截至6月末,支行各项存款余额21 307万元,较年初增加2 145万元;各项贷款余额11 344万元,较年初增加2 527万元,存贷

---

[1] 引自第一范文网,有删减。

比例53%；不良贷款余额1.6万元，较年初下降0.9万元；办理银行承兑汇票金额8 849万元；办理贴现金额5 507万元；利息收入584万元，半年实现利润377万元，全面完成了上级下达的目标任务，信贷管理也逐步向规范化、制度化迈进。

一、认真执行政策，严格按照规范化管理要求，切实加强信贷基础工作，确保各项指标圆满完成

半年来，我行认真学习、深刻理解总行会议和文件精神，适时分析形势，认真执行政策，从严监管企业，规范内部管理，切实防范风险，不仅提高了信贷管理水平，而且为保证圆满完成全年各项经营责任考核指标打下了坚实的基础。在贷款投放上，支行狠抓贷款投放风险管理，采取的具体措施如下。（略）

二、通过信贷杠杆作用，抢占市场份额，壮大资金实力，增强发展后劲

上半年，我行继续围绕开拓信贷业务、开展信贷营销、组织存款揽储等方面做文章，切实做好大户的回访工作，密切关注并掌握贷款单位的资金运行状况和经营情况，大力组织存款，积极开拓业务，挖掘客户。

三、加大信贷营销力度，不断开拓业务空间，加快业务发展步伐（略）

四、建立完善的内部管理机制，业务操作有条不紊，提高办事效率，推进业务发展（略）

上半年各项工作虽然取得了一定的成绩，但距总行领导要求还有一定的距离，我们冷静分析了存在的不足。一是业务规范化管理工作有待进一步加强，要将制度规定全面落实到业务工作的各个岗位和各个环节中去；二是业务开拓范围还需不断扩大，涉及的领域要更广、更深，以促进业务快速持续发展。以上问题将是我行以后工作完善和改进的重点。

今后，我们将严格加强管理，不断开拓业务新领域，高标准严要求，在领导和信贷处的正确指导下不断改进，不断提高，努力做好下半年各项工作。

××银行城西支行
2013年6月30日

【导读】这是一篇专项工作总结。这种总结是对一定时期内的某项工作所取得的成绩、存在的问题与不足进行总结，但本文又旨在总结工作成绩和经验，因而围绕信贷工作，分别从认真执行政策、发挥信贷杠杆作用、加大信贷营销力度、建立完善的内部管理机制四项措施（做法）和成效方面行文，而对问题与不足却作"点到为止"的弱化处理，这样既从内容上体现了总结需客观全面的要求，又使得主体的行文结构方式发生了变化，成了横向行文，因而正文开头、主体、结尾三层次完备而明显。总之，本文主旨集中鲜明，结构完整规范，层次分明有序，内容重点突出，详略处理得当，小标题体现做法与效果，符合总结观点提炼特色，因此，本文可作为工作总结写作范例予以借鉴。

【阅读思考】

1. 本文在材料运用上采用了哪些典型方法？
2. 总结写作须从感性上升为理性，试以本文为例，谈谈你对此的理解。

【例文3-5】

××市开展解放思想大讨论工作总结[1]

××市通过开展以"创新实干,跨越发展"为主题的解放思想大讨论活动,改变了经济欠发达地区的唯资源论、唯条件论和部分单位及个人不思进取、甘于落后、小进则满的思想观念,争先创优意识大大增强,科学发展观得到确立,一些基础性建设投入加大,县域经济、特色产业、民营经济、外向型经济呈现出良好发展势头。据统计,今年上半年特色产业销售收入、民营经济发展、外贸出口分别增长15.5%、12%和20.1%,经济得以快速发展。

一、经济欠发达地区必须解放思想

通过开展解放思想大讨论活动,我们看到了这样一个反差鲜明的对比:一方面是经济发展缓慢,封闭落后;一方面是区位优势、生物资源优势明显,得天独厚。从前一方面看,××历史上就处于经济发展弱势地带,1962年国家为了扶贫组建了××专区。改革开放以后,××有了可喜的变化。但放在全国加速发展的大坐标中来审视,还存在不小的差距,面临严峻的挑战和困难……

二、克服落后心态,坚定科学发展信心

为了让广大市民特别是各级领导干部充分认识××实际,发挥观念变革对推动经济社会发展的先导作用,通过创新实干促进经济快速发展,从去年末至今年8月,我们开展了为期8个多月的全市解放思想大讨论活动……

三、解放思想为发展注入活力

我们欣喜地看到,大讨论活动激活了××这潭死水,观念的变革使××的环境得到改善,加快发展的大潮开始涌动,跨越式发展的势头初步形成……

通过这次解放思想大讨论活动,我们从中受到启迪。一是解放思想大讨论是一场马克思主义的思想教育,是引导人们重新认识外部世界、重新认识自我,并使自己的认识符合客观实际的活动。××落伍的原因,主要是广大市民尤其是干部阶层没有充分认识自己的优势、劣势,扬长避短,而是盲目自满,小进即满,或妄自菲薄,缺乏发展信心和勇气。二是解放思想大讨论不是单纯促使人们在经济上大干快上,更不是叫人强干蛮干,根本的目的在于让广大干部树立科学发展观。在这场大讨论中,我们始终抓住这根主线,教育人们树立科学的发展观和正确的政绩观,教育大家识大体、谋大局、顾长远,促使各个方面和谐发展、科学发展。三是解放思想不能刮一阵风,它是一项长期的任务,要常抓不懈。尤其是在欠发达地区,解放思想的任务很重,不可能一蹴而就,一劳永逸。

××市市委办公室
200×年×月×日

【导读】这是一份专项工作总结,这种总结内容单一,主体部分大都采用纵向行文。本总结的标题明示单位名称、总结内容和文种。正文首段是开头,主要概述工作方法和成效。

---

[1] 王立安:《××市开展解放思想大讨论工作总结》,《应用写作》,2008年第6期,有删减。

中间三个小标题的内容为主体，第一个小标题"经济欠发达地区必须解放思想"，是回顾开展解放思想大讨论活动的背景与形势，说明开展这次活动的必要性，同时也是间接交代开展这次活动的缘起；第二个小标题"克服落后心态，坚定科学发展信心"，是回顾活动的具体做法——采用"三种方法"集中解决"五破五立"；第三个小标题"解放思想为发展注入活力"是说明活动成效。专项总结的主体通常遵循"缘起—做法—成效"三段纵式结构，本文亦如此。最后一段是结尾，归纳启迪（体会）。文尾署明总结者和总结时间。

【阅读思考】

1. 本文在材料运用上采用了哪些经典方法？
2. 总结写作须从感性上升为理性，试以本文为例，谈谈你对此的理解。

二、基础知识认知

（一）特点

经济总结是总结的一种，除具有总结方式的回顾性、认识的规律性、主体的个性化、效用的经验性和表达的简明性等共同特点外，还具有内容的专业性和材料的数据化等个性特点。

（1）内容的专业性。总结写过去，是对自身过去的实践活动进行回顾与反思。但经济总结则是对自身过去经济活动或经济管理工作实践的回顾与反思，因此，经济总结势必涉及许多经济方面的专业知识，揭示经济方面的规律，发现经济或经济管理方面的问题。

（2）材料的数据化。总结强调客观真实，用事实说话。事实就是材料，但经济总结更多的是运用大量统计数据的方法来说明问题，因此，材料的数据化是经济总结的又一重要特点。

（二）分类

经济总结与总结一样，按不同的划分标准，可分为不同的种类。
（1）按内容分，有工作总结、生产总结、经营总结、科研总结、财务总结等。
（2）按时限分，有时间性总结和时段性总结。前者如月度总结、季度总结、年度总结等，后者如阶段总结等。
（3）按主体分，有系统总结、部门总结、单位总结和个人总结等。
（4）按功能分，有汇报性总结和交流性总结。
（5）按性质分，有综合性总结与专项性总结。

（三）总结与计划的联系与区别

总结与计划都是做好工作的重要环节。两者的联系在于，计划常作总结的重要依据，反过来总结又是对计划的检验。两者相辅相成，相互促进。

二者的区别主要是以下三点。
（1）拟写时间不同。计划是在工作之前制订，总结是在工作中或工作完成后进行。
（2）表达方式不同。计划是行动指南，重说明；总结是对过往行动的回顾反思，分析评价，找出规律，作理论概括，重叙议结合。
（3）写作角度不同。计划强调做什么、怎么做、什么时间做、要达到什么目标；总结要写明做了什么、怎么做的、效果怎样、有何经验教训、今后将要怎样。

三、经济总结的写法

经济总结的写法与总结写法完全相同。其文本结构同样由标题、正文、文尾三部分构成。

（一）标题

总结拟题方法虽多种多样，但无论用何种方法拟题都要紧扣内容、文字精练、概括力强。总结标题一般有四种写法。

1. 专用式标题

专用式标题即标题上出现文种"总结"等字样，多用于汇报性、综合性总结，特点是平实。这种标题据其构成要素，又分完全式和省略式两种情况。

（1）完全式。标题上单位名称、时限、内容、文种四个要素齐全，如"××银行城西支行2013年上半年信贷工作总结"。

（2）省略式。标题省略单位名称或时限要素，由两要素或三要素构成，如"××学校安全工作总结"。

2. 观点（经验）式标题

观点（经验）式标题即标题明示基本观点，不出现文种"总结"两字。这种标题多用于专题总结，如"股份制使企业走上成功之路"。

3. 提问式标题

提问式标题即标题提出需要总结回答的问题。这种标题中含有疑问词"怎样""如何""何以""何在"等，以引起注意，如"我们怎样在市场经济条件下坚持政企分开"。

4. 综合式标题

综合式标题即采用正副标题结合的形式。这种标题有以下两种情况。

（1）正标题明示总结主要内容或揭示主题，副标题补充说明单位、时限、内容和文种，如"抓改革　促管理　增效益——阳光食品厂2019年工作总结"。

（2）正标题点明观点（做法），副标题具体说明单位、时限、内容和文种，如"团结群众　克服困难——××公司2019年度销售工作总结"。

专用式标题的特点是"实"，多用于汇报性总结；观点式、综合式和提问式的特点是灵活，具有可读性，多用于经验性总结。

（二）正文

正文一般包括开头、主体、结尾三个部分。

1. 开头

开头也叫前言，要求概述基本情况，一般是交代工作时间、背景、主要做法、取得的成绩及基本评价等，给人一个总体印象。前言要开门见山，简明扼要，紧扣中心，统领全文，有吸引力。

2. 主体

主体是总结的主要内容，一般包括以下内容。

（1）基本做法、成绩和经验。这是总结的重点，要写明在什么思想指导下做了什么工作、采取了哪些措施、取得了哪些成效、主客观原因是什么、有哪些体会。其中，做法与成效的说明是基础，经验体会的总结是重点。行文时要注意点面结合，突出重点，详略得当，材料充实，叙议得法；切忌面面俱到、不分主次或者写成流水账。

（2）存在问题与教训。对于汇报性总结，这部分内容是必不可少的；对于经验总结，这部分可略写或不写。存在的问题是实践中应当解决而暂时没条件或没办法解决的问题。在提出问题的基础上，应着重分析问题产生的主客观原因，以便今后克服问题，改进工作。此部分内容可以单列一项阐述，也可以结合经验附带说明，或在总结结尾与努力方向一起写出。

（3）努力方向。这部分是针对存在问题提出解决的办法、意见或打算。

主体部分内容很多，常作几部分行文。从几部分内容之间的内在逻辑关系看，其结构方式最常见的主要有纵式、横式和总分式三种。

第一种，纵式结构。按时间顺序，把工作的整个过程划分成几个阶段来写，每个阶段又以"做了什么—怎样做的—效果怎样"的线索行文，这种形式适合写时限较长而又有明显阶段性的工作总结；或按"工作—做法—效果—体会"的线索写，内容之间存在递进的逻辑关系，这一般宜写专项工作总结，如例文3-5，三个小标题下的内容体现"现状—做法—成效"的递进关系。

第二种，横式结构。这种结构一般用于综合性工作总结，或专门的成绩或问题总结，或成绩与问题对照总结。例如例文3-4，其主体部分的几个小标题显示并列关系，不涉及内容在时间与性质上的递进关系。

第三种，总分结构，先总提后分叙。即先用一段文字作总提，然后再对总提的几个方面工作——分别叙述（分述部分体现横式结构）。

主体从几部分之间内容逻辑看，主要是上述三种类型；而从外在语言表达方式看，一般则有自然段贯通、每个层次标序号、每个层次标小标题或序号加小标题等几种表现方式。

总之，主体不管使用哪种逻辑结构和语言表达方式都应思路清晰、层次分明，内容之间显示严密的内在逻辑性关系。

3.结尾

结尾是总结的结束语。它可以是总结内容的归结，也可以是成绩总结中对问题或打算的弱化表达。有时问题与努力方向被强化成了主体部分的内容，结尾也可不写，而是主体内容结束后文章也结束。总之，若有结尾则应写得简短有力。

（三）文尾

文尾包括总结者署名和成文日期。单位总结的署名可以放在文后右下方，也可置于标题之下，如果标题中已经标明总结单位，署名也可以省略。个人总结的署名一般都写在正文的右下方。总结的日期要写全年、月、日，置于署名之下。

四、写作注意事项

（一）明确总结目的

不同目的的总结，对内容的选择有不同的侧重。工作汇报总结重在实事求是，因此既要总结成绩，又要总结问题。经验总结旨在提供经验借鉴，因此，总结好的做法和效果是重点。成绩总结主要总结成绩,问题总结主要揭示问题,业务总结主要总结业务。只有目的明确,才会有针对地选材,有针对地确定写法,写出针对性强的总结。

(二)实事求是

总结必须真实客观。写成绩必须实事求是,不能夸大其词,不能弄虚作假;有问题,不能瞒天过海,不能报喜不报忧。总结的目的不同,侧重点不同,但不管是哪种总结,事实材料必须是真实的、客观的、可靠的。

(三)高度概括,上升为理论

写总结,对自身所做的工作、事情,不仅要认真回顾反思,还必须进行概括归纳,上升为带规律性的理论认识,切忌写成"流水账"或"一盘散沙"。表现在文章的形式上,这些带规律性的认识,常作标题、小标题或段旨,它们是支撑文章的筋骨。

(四)写出个性特征

总结是"我写我自己",而"每一个我又总是不同于每一个他"。即使同一件事,由不同的单位或个人来完成,其做法、效果、认识是不会完全相同的。因此,好总结是有个性、有特点的。

思考与练习

1.什么是经济总结?它有哪些特点?

2.经济总结写作的内容要素包括哪些?

3.经济总结正文主体行文结构有哪几种典型的结构模式?它们分别适用哪种情况的总结?

4.修改下列病句

(1)实践证明,哪个工厂走在了前面,哪里的技术革新和生产量就高。

(2)到年底,上级规定的任务,我商店已基本上全部完成了。

(3)去年以来,我商店销售额增长幅度之大,上缴利润之多,都是空前少有的。

(4)阳江市今年平均每个农业人口生产一千多斤粮食,交售给国家一亿多斤,猪、水果等也普遍增产。

5.试根据总结写作格式与要求,写一篇以"本学期学习'经济应用文写作'总结"为题的个人学习总结。内容应包括:学习时限、背景、内容、做法、收获以及不足与今后改进措施。要求:

(1)根据自己的实际情况和亲身感受,实事求是地写作;

(2)材料真实;

(3)结构完整,有层次感,条理性强;

(4)语言通顺;

(5)1 000字以上。

6.以你所在单位的名义和相对完整的过程(如一年、一个学期、完成一项任务)为时限,对所做过的某项或几项经济工作,写一篇汇报性总结。要求全面而有主次,在回顾做法的基

新编经济应用文读写教程

础上,总结成绩问题、经验教训,提出努力方向。

第三节 经济简报读写

简报是党政机关、企事业单位编发的,用于汇报工作、反映情况、交流经验、报道动态的内部刊物。简报不是文体,而是载体。一份简报,可以只登一篇文章,也可登多篇文章。这些文章,可能是报告、总结、领导讲话、消息等。简报是个统称,动态、简讯、信息、内部参考、情况交流、情况反映等都属于简报。

经济简报是简报的一个分支,在经济工作中发挥着十分重要的作用。呈送上级有利于上级了解下情,指导工作;送给平级有利于沟通经济信息、交流经济工作经验;发给下级有利于开展和推动经济工作。

一、例文导读

【例文3-6】

工 作 简 报

第7期

信阳市招募招商办公室　　　　　　　　　　　　　　2011年2月13日

[编者按]2月12日,市政府派出三个督导组深入各区县了解协助富士康科技集团招募培训员工情况,一组组长胡××、张××,督导平桥区、罗山县、淮滨县、息县;二组组长陈××,督导新县、光山县、商城县;三组组长王××,督导浉河区、潢川县、固始县。从督导情况看,市工作会议后,各县区认识到位、部署迅速、计划周密,开创了今年招募招商工作的新局面。特别是淮滨县,不仅认识、部署、计划都很给力,而且措施过硬、行动迅速、注重实效,为全面完成今年的招募招商任务提供了有益的经验。现特作推荐,以供借鉴。

淮滨县科学运作　细化目标
招募工作取得新突破

市政府协助富士康科技集团招募培训员工工作会议后,淮滨县委、县政府高度重视,迅速部署,完善措施,狠抓落实,招募培训员工工作取得了新突破。截至2月14日下午5时,全县共报名510人,面试310人,合格259人,近期将派专人护送合格人员到富士康科技集团。

一、高度重视,加强领导(略)
二、迅速行动,层层部署(略)

三、完善措施，狠抓落实（略）

此次招募工作实行日报告制度，各乡镇和有关部门每天向县招募办报告当天工作进度，县招募办汇总后上报县政府主要领导，县政府督查室每天通报工作进度、对责任心不强、效率不高的人员和单位给予严肃批评，并要求查找原因、限期改正；对完成任务好的单位和个人进行表扬。（供稿：×××）

发送：×××、×××；××××××、××××××。

（共印××份）

（编者注：因篇幅限制，有删减）

【导读】这是一份经验简报，其中所载文章就是一篇经济工作经验总结。这种经验介绍的简报总结，在写法上，一要注重做法（经验）的归纳提炼，二要比一般工作总结更加概括简明。为了以点带面，促进工作，编者还为其编写了按语。

【阅读思考】

1. 经验简报所载文章具有怎样的性质？这种简报能起什么作用？
2. 淮滨县在完成为富士康集团招募培训员工工作中，总的经验是什么？具体经验又是什么？
3. 分析本文的结构，指出其正文主体部分的结构方式。

【例文3-7】

2015年财政简报[1]

第7期

郴州市财政局办公室　　　　　　　　　　　　　　2015年7月8日

目　录

【领导论坛】
陈××：以资金可持续保障制度可持续　为城乡大病患者筑牢生命防线
【政策传真】
中央财政28亿元投入30地市防治重金属污染　湖南11市州获支持
【财政动态】
宜章：强化支出审核　管住"用钱任性"　永兴：创新新农合工作机制显成效
【他山之石】
瑞昌市财政局巧做"四则运算"　提升理财效能
【6月大事记】
【领导论坛】

---

[1] 湖南省郴州市财政局办公室网站，有删减。

以资金可持续保障制度可持续 为城乡大病患者筑牢生命防线
——在2015年全省财政社会保障工作会议上的典型发言

局党组成员、副局长 陈××

（2015年6月25日）

2013年7月，我市在全省率先启动了城乡居民大病保险试点工作。两年来，我市坚持"以资金可持续保障制度可持续"的基本思路，立足实际，积极探索，初步摸索出一条"群众得实惠、政府得民心、制度可持续"的大病保险运行机制，得到了各级领导和社会各界的广泛好评。

一、基本运行情况

据统计，2013—2014年，我市大病保险参保人数分别为416.18万人、415.9万人。两年来，我市累计筹集大病保险金16 730.1万元，支付大病保险金10 873.66万元，其中，赔付保险资金10 248.18万元，支付商业保险公司管理费625.48万元。

二、主要工作措施

1. 精心测算搭好政策框架。（略）
2. 公开招标遴选承办机构。（略）
3. 设立风险储备金筑牢防线。（略）
4. 创新结算机制促进公平。（略）

三、体会与建议

城乡居民大病保险是一项探索性、创造性的工作，我们在开展试点工作的过程中，走过一些弯路，积累了一些经验，也沉淀了一些体会。

1. 以资金可持续保障制度可持续是推行大病保险的核心。（略）
2. 充分借助各方力量凝聚工作合力是推行大病保险的关键。（略）
3. 加强管理提高医保基金使用绩效是推行大病保险的抓手。（略）

我市推进大病医保试点工作虽然取得了良好成效，但在试点过程中也存在一些困惑和难题。针对这些问题，提出以下几点建议。

1. 建议统一城乡居民医保政策。（略）
2. 建议提高统筹层次并完善筹资机制。（略）
3. 建议强化工作措施。（略）
4. 建议加大生态建设投入。（略）

【政策传真】

中央财政28亿元投入30地市防治重金属污染
湖南11市州获支持

环保部7月1日通报称，中央财政近日下达专项资金约28亿元，用于重点支持30个地市加快推进重金属污染综合防治。

获专项资金支持的30个地市是通过竞争排名确定的。梳理环保部公布的名单发现，获得支持的地市中，湖南占三分之一，包括常德市、娄底市、张家界市、长沙市等11个市州。

从环保部了解到，此次资金支持通过竞争排名方式确定，标志着中央重金属污染防治专项资金的分配使用发生重大改革。

按照计划，中央资金将连续三年对重点区域进行支持，其中2015年下达资金279 315万元，用于加快推进重金属污染综合防治。同时，根据2014年度《重金属污染综合防治"十二五"规划》实施考核结果，对存在突出问题的地市，资金安排按一定比例予以扣减。（来源：湖南财政网）

【财政动态】

宜章：强化支出审核 管住"用钱任性"

6月9日，宜章县某县直单位来财政部门报账审批时，有一叠7万元的发票商品名与原始附件的内容不符，被国库管理局工作人员退回去。这是该县财政部门在对部门支出审核过程中角色由"边裁"向"主裁"的转变，对不符合中央"八项规定"和财政纪律的支出敢于鸣哨说不，刹住预算单位"用钱任性"，使"财政的钱不好用"成了常态，让公款的用途名副其实，从源头上有效管控了部门"三公"经费。

为了进一步加强财政支出监督管理，落实中央"八项规定"和严肃财经纪律，切实保障财政资金安全规范有效使用，该县财政部门采取三项措施从源头防控。一是恢复财政直接支付原始凭证审核程序。从2014年12月10日起，恢复对预算单位财政直接支付原始凭证审核程序。各预算单位在办理直接支付业务时，在国库集中支付系统中申报用款计划和支付申请后，把付款原始凭证送交县财政国库管理局支付股，对支出的合法、合规、合理性进行严格审核。二是财政支出铁纪律上墙公示。针对预算单位在财务支出中违反上级有关规定随意支出的现象，今年3月5日，该县财政部门对按照相关规定不予审核支付的15项情形及公务接待标准、会议费标准、差旅费标准上墙公示，让预算单位在财政资金支出时心知肚明，不会明知故犯。三是退回违法违规支出，不留情面。财政部门在支出凭证审核过程中，对发现不符合上级有关规定的支出票据坚决退回，严守财经法规和纪律底线，从支出源头筑牢防控"三公"经费的藩篱，让任性支出规矩起来。近半年来，该县财政部门共审核预算单位票据26 805笔，金额116 596万元，退回不合规票据21 532张，金额1 034.3万元。据统计，截至今年5月底，该县三公经费实际发生数同比下降23.39%。（宜章县财政局　肖×× 邓××）

【他山之石】

瑞昌市财政局
巧做"四则运算"提升理财效能

今年以来，瑞昌市财政局按照"广覆盖、保基本、多层次、可持续"的要求，积极履行管理、监督、服务、保障职能，巧妙做好"加减乘除"四则运算，着力破解财政运行中的瓶颈、难点问题，为全市经济社会平稳健康发展提供了有力保障。

做大"加法"，加大民生投入。（略）

做足"减法"，严控"三公"经费支出。（略）

做优"乘法"，引导撬动经济发展。（略）

做实"除法",改革创新管理机制。(略)

（来源：财政部网站）

【6月大事记】

6月初,我局捷报频传,被省财政厅评为"2014年度全省财政监督检查工作先进单位"一等奖,这是我局连续四年荣获一等奖,还荣获"2014年全省政府性债务统计工作"考核评比一等奖,这也是我局连续三年获此殊荣。

……

6月26日,市财政局党组成员和副处级以上干部来到桂东县寨前镇新坑村调研,开展"心连心"结对帮扶活动。同日,市财政局第八、第九党支部党员在局党组成员、总会计师雷××的带领下到桂东县普乐镇杨岭村开展城乡基层党组织"心连心"结对帮扶活动。6月下旬,市非税局党支部、国库局党支部也分别到桂东县普乐乡徐洞村、普乐镇矮排村开展"心连心"结对帮扶活动。

发送：×××、×××；××××××、××××××、××××××。

（共印××份）

【导读】这是一份财政综合简报。简报围绕财政这个主题,分"领导论坛""政策传真""财政动态""他山之石""大事记"5个栏目,上下左右、纵横交错地组织文章,有本单位的工作介绍,有上级政府与部门的政策传真,有下级单位的动态,也有同级同行的经验借鉴,信息容量大、质量高,对本系统（郴州财政局系统）工作具有很强的指导作用。

【阅读思考】

1.综合性简报通常按栏目组织文章,以这样的方式组织文章有何要求?

2.本简报中【财政动态】与【6月大事记】都是写动态,为何要将它们分开写?它们之间有何区别?

3.在网上搜索完整简报,并阅读全报,加深了解。

二、基础知识认知

（一）特点

1.新颖性

编发经济工作简报的目的是向上级作汇报、对下级作指导、向同级通报情况,从所反映的新情况、新经验、新动态中获得新认识,因此,经济工作简报的内容必须具有新颖性,否则就难以发挥简报的效用。

2.快捷性

经济简报用于传达经济工作信息,要求迅速及时地反映经济工作动态,所以发现、汇集情况要快,撰写成文要快,编印制发要快,才有时效性。

3. 简明性

经济简报文章要简明扼要、短小精悍，只需概括事实和意义就行，不必面面俱到。

4. 规范性

经济简报和其他简报一样，也由报头、报体、报尾三部分构成，各部分都有规范的格式，具有规范性。

（二）种类

经济简报按照不同的标准，可划分为不同类型。

1. 按时间分为定期简报和不定期简报

定期简报是按一定时限（如月、季度等）编发的简报。不定期简报是没有固定的编发时限，而是有了内容就编发一期的简报，它编发的时间和期数都较灵活，没有确定性。

2. 按性质分为综合性简报和专题性简报

综合性简报是由各种不同性质的内容编辑而成的简报。专题性简报是就某一专门问题或某个项目编辑而成的简报。

3. 按内容分为工作简报、生产简报、会议简报、动态简报等

工作简报是反映最近工作情况的简报，也叫工作动态或情况反映；生产简报是反映企业生产、经营情况的简报；会议简报是专为某个大型会议而编发的简报；动态简报是报道本系统、本部门、本单位最新动态或某个领域最新变化的简报。

三、经济简报的内容与格式

（一）经济简报的内容

办简报的宗旨是促进自身的工作。因此，凡本单位、本系统新近发生的、有价值的经济事件，或对推动本单位、本系统当前经济工作有价值的情况，都可以成为经济简报的内容。

（二）经济简报的格式

经济简报由报头、报体和报尾三部分构成，如图3-2所示。

四、经济简报的编制

（一）报头

报头必须具备简报名称、期数、编发单位和印发日期四要素，若是保密简报，则还要有密级、份号两个要素。

1. 简报名称

简报名称位于报头上方正中位置，为了

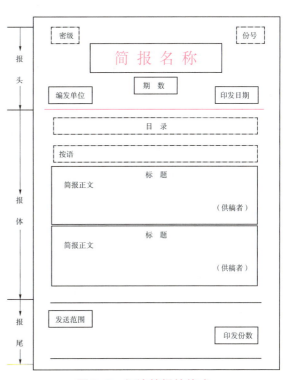

图3-2　经济简报的格式

醒目用大号字套红印刷。

2. 期数

在简报名称的正下方空一行标明期数"第×期",可用阿拉伯数字,也可用汉字小写数字。一般是按年度依次排列期数,有的简报还同时用统编的累积期数,如"总第×期"。属于增刊的期数,要单独编排,不能与正刊期数混编。

3. 编发单位

编发单位位于期数左侧下方,一般是顶行书写,如"××单位办公室编发""××会议秘书处编印等"。

4. 印发日期

印发日期位于期数右侧下方,与编发单位左右对称,要求写全年、月、日;若是签发的,以领导签发日期为准。

秘密简报应在报头的左上角标明密级或者注意事项,如"机密★""秘密★"或"内部资料,注意保存"等,并在报头的右上角编份号。

报头一般占简报首页的 1/3 或 2/5,与报体之间用一条红线隔开。

(二)报体

报头以下、报尾以上的部分为报体。报体是简报的主体部分,包括目录、编者按和简报文章三项内容。

1. 目录

如简报编发多篇文章,可编排目录,标注在报头下方,居中排列。目录一般不标序码和页码,只需将编者按、各篇标题排列即可,为避免混淆,可在每项前加一个五星"★"作标志。若只刊一篇文章,则此项内容不需要。

2. 编者按

编者按也称按语,它不是简报的必备要素,只有当编者认为有必要加按语时才出现。按语有三种形式:一是评价性按语,表明编者对简报文章的态度;二是说明性按语,介绍文章材料的来源、转发目的和转发范围等;三是提示性按语,提示简报文章的内容,帮助读者理解。按语不宜过长,短者三五行,长者半页即可。

编者编完一期简报后,若感到意犹未尽,还有话要说,也可写编后。编后可单独成篇,置文章之后,可以有题目,也可以无题目。按语较正规,不可盲目使用;编后较灵活、随意,可触景生情、结题发挥,但仍需有的放矢、短小精悍,起到类似文章"豹尾"的作用。如果编者觉得没有必要写按语或编后,则都可不要,切不可生搬硬套,勉强而为。

3. 简报文章

简报是一种载体,而非文体。因此,简报文章由刊发目的和题材性质决定。如果是报道本单位、本系统新闻动态,就要按新闻(消息)写作;如果是介绍经验,就要按经验总结写作;如果是调查情况或问题,就要按调查报告写作;如果是领导讲话,就要按讲话写作。总之,登什么文章,就要按什么文体写作,没有固定的文体。

(三)报尾

报尾在简报末页底部两条黑色横线隔开的区间,有两个要素。

1.发送范围

在左上方退一字位置注明报、送、发单位。"报"是呈报上级单位,"送"是送给不相隶属单位,"发"是发给下级单位。注明报送,可避免漏报漏发或重复报送,也有利于入档备查。

2.印发份数

印发份数位于右下方,写明"共印×份"。

五、写作注意事项

编写经济简报时,务必做到精、准、快、简。

(一)"精"即选材要精

编写简报要善于精心挑选材料,把能够说明问题、解释事物本质规律或表明事物发展趋势的倾向性材料用到简报中,无关紧要的材料要大胆舍去。

(二)"准"即事实准确

编写经济简报一定要实事求是,既不可夸大也不可缩小,对所用的事例、数据、引文等要认真核对,确保其准确无误。

(三)"快"即及时快速

经济简报具有新闻(消息)的特点,讲究时效性。只有快速反映工作中出现的新问题、新情况,才能及时为领导的决策及问题的解决提供依据,发挥简报的作用。

(四)"简"即简明扼要

经济简报文章必须突出一个"简"字,它一般应是"千字文",最多也不要超过两千字。因此,在编写简报文章时,一要注意提炼观点,防止罗列现象;二要开门见山,不写大话、空话、套话;三要字斟句酌,用语精练。

思考与练习

1. 经济简报的报头部分包括哪些要素?
2. 经济简报可以登载哪些内容?经济简报有何作用?
3. 一份完整的经济简报包括哪些部分?
4. 试结合本节学习内容,自定主题,自选材料,编写一份综合性经济简报。要求格式、编排规范,简报中至少有一篇文章由自己撰写。

第四节 经济消息读写

消息,亦称新闻,是以简明的文字快速报道新近或即将发生具有新闻价值的事实的文章。经济消息是消息的一个分支,是指以简明文字对经济领域新近发生的有新闻价值的事实的快速报道，内容包括工业、农业、商业、财政、金融、消费以及国内外市场各个方面的经济活动、经济信息、经济政策、经济管理、经济现象、经济观念等。

在现代经济社会，经济消息的使用频率很高。它既是人们及时了解经济领域各种新情况、新动向、新成就的一扇窗口，又是党和政府宣传经济政策、指导经济工作、进行经济调控的一种便捷有力的工具。

一、例文导读

【例文3-8】

项目审批"长征"698天 泰豪动漫变"动慢"[1]

桂榕、何宝庆

本报讯 一个产业项目需闯过20道行政许可事项审批关口，涉及8个部门及省、市、县三级政府、工业园区，最后完成项目审批时间长达698天。3月18日，记者在省政府最近一份调研报告中看到了泰豪集团"晒"出的行政审批流程图。正是这纷繁复杂的审批"长征"，令起步较早的泰豪动漫项目，实施进度缓慢，"'动漫'变成了'动慢'"。

据了解，泰豪动漫产业园一期工程2010年3月立项，至2012年11月才获得施工许可证。按法定期限计算，该项目完成各项审批需392个工作日，实际办理时间为200个工作日，剩余498天由以下三部分构成：13项非行政许可事项耗时255天，工程设计、供水、电力等市场有偿服务耗时100天，泰豪集团自身消防设计、环评整改、缴纳有关规费耗时143天。

"审批事项千头万绪、过于复杂。"据泰豪集团相关负责人介绍，除行政许可事项过多以外，审批前置事项大量存在，是审批过程迁延时日的重要原因。譬如，住建部门在施工许可审批过程中存在规划方案审查、施工图纸审查等，国土部门用地审查要制定失地农民养老保险方案等。由于部分审批前置事项还涉及垄断行业，其较低的工作效率直接拉长了项目审批时间。同时，一些政府部门服务缺乏主动性，未履行事项一次告知义务，导致申报材料、程序重复进行，令项目申报者"一头雾水"。

项目审批遭遇"长征"，企业当然着急苦涩。泰豪集团董事局主席黄代放深有感触地说："市场瞬息万变，机遇稍纵即逝。近两年的审批时间，足以将一个'朝阳'项目拖成'夕阳'项目。一些中小企业，甚至可能因投资风险和成本的增加而倒闭关门。"对审批怪圈感到无奈的，并不只是企业。省发改委专家解析："作为欠发达省份，江西能不能抓住、用好当前难得的发展机遇，在经济升级中走出一条发展新路，关键看行政效率。"吉安高新区一名基层干部的发问引人深思："698天过长，那法定期限392个工作日内办结，就说明我们的效率高了吗？200个审批工作日还能再缩短吗？"

"项目审批'路漫漫'，吃亏的看似是项目投资者，但最终为低效'埋单'的，还是地方经济社会发展质量。"省委党校经济社会发展战略研究所所长认为，深化行政审批制度改革刻不容缓，当务之急，既要完善顶层设计，又要抓好简政放权。期待经过不懈努力，把江西打造成为中部地区审批事项最少、行政成本最低、发展环境最好的省份。

---

[1] 本文为第二十五届中国新闻奖一等奖获奖作品，原载《江西日报》（2014年3月19日）。

第三章 常用经济事务文书读写

【导读】该消息是中国全面深化改革元年推出的一篇舆论监督力作。在中国改革步入深水区的关键时刻，记者敏锐抓住典型事例"解剖麻雀"，直击阻碍发展的"审批难""审批慢"怪相，反映来自企业家、基层干部、专家学者盼望破除发展机制体制障碍的急切呼声，凸显了政府"自我革命"的重要意义，彰显了党报的权威性和舆论引导力。新闻采访全面，层层递进，犀利深刻，读之发人深省，是紧跟形势、针砭时弊而又短实新、接地气的新闻佳作。

【阅读思考】

1. 你认为该消息获奖的缘由何在？
2. 试分析该消息的行文结构。
3. 该文主要采用了何种表现手法？

【例文3-9】

苏尼特牧民：赶着羊群上天猫[1]
乌日吐那斯图　赵双喜

12月18日上午9时正，随着天猫商城鼠标点击，拥有地理标志认证和溯源认证的内蒙古苏尼特左旗羊肉，创造了在48小时之内摆上全国各地消费者餐桌的奇迹。

世世代代逐水草而居、祖祖辈辈在草原天然牧场放牧的苏尼特左旗赛汗戈壁苏木乌日根呼格吉乐嘎查牧民道·巴特尔，坐在自家电脑前时刻关注着开业情况。当他了解到，消费者当天就在北京火锅店品尝到他家牧场的新鲜苏尼特羊肉时，兴奋不已地对记者说："我们家羊肉营养丰富、口感柔滑、无膻味、味美多汁，一定会受到首都人民的青睐。"

羊肉销路越广，卖得越多，牧民的收入就越高，牧民都知道这个理儿。在网上买卖东西，道·巴特尔以前只是听说。他从没想到，这么好的事儿竟然和牧民及他们的苏尼特羊肉扯上关系。"天猫商城销售的苏尼特羊肉产品，必须具备地理标志认证和溯源认证，两者缺一不可。"参与推进网络销售平台建设的苏尼特左旗财政局副局长说。

今年春天，在苏尼特左旗，有15万只小羊羔出生1个多月就被打上了耳标，有了可追溯的身份证，约占苏尼特左旗羊总出栏数的五分之一。羊戴上耳标，其产品就拥有了溯源认证。"品名：手工肉馅；重量：2.5 kg；养殖户：格·孟克；品种：苏尼特羊；地理标志：锡林郭勒盟苏尼特左旗；水质：河流2条，大小湖泊1 363个，其中淡水湖672个；饲草种类：饲用植物671种……"在满都拉肉食品有限公司，记者拿起一袋冷冻饺子馅，用手机扫描一下二维码，产品的信息便一览无余。

独特的地理环境，赋予了苏尼特羊肉"肉中人参"的美誉。"全国羊肉看内蒙古，内蒙古羊肉看锡盟，锡盟羊肉数苏尼特。"在苏尼特左旗，每个牧民对自己的羊肉都有这样的自信。道·巴特尔说："咱们苏尼特羊是幸福的，从小就有了身份证，每天在辽阔的草原上散步。它们的身价也比普通羊高。"打了耳标的苏尼特羊肉，在品种、产地等各方面都有了保障，企业收购时每公斤比市场价高出2元。今年，道·巴特尔卖了400

---

[1] 本文为第二十五届中国新闻奖二等奖获奖作品，原载《内蒙古日报》（蒙文版）（2014年12月22日）。

只羔羊，在羊肉价格整体下跌的形势下，他却得到了不少补偿。他说："一只羊能多卖二三十块钱，这样，过冬的草料钱就基本解决了。"

目前，该旗已与顺丰速运公司达成合作协议，天猫商城销售的羊肉产品，在苏尼特左旗、锡林浩特、呼和浩特、北京、上海、成都等地区实现同城配送，外地48小时内到货。

12月18日上午9点，苏尼特羊肉在天猫商城的"放心食品专营店"刚一亮相，就引起不少网民关注，截至当天17点，点击量达到1 800多人次。

【导读】该新闻及时报道了世世代代在草原上生活的牧民，在政府指导下，积极转变经营方式，采用耳标和二维码可溯源认证和显示地理标志，运用网络功能，让全国消费者认可并放心食用无污染苏尼特羊肉的消息。对当地政府的工作、企业的经营、牧民的养畜积极性，都起到了很大的促进作用，并对遏止羊肉价格走低的势头起到了有效的舆论引导作用。文章标题醒目，主题突出，结构严谨，语言流畅，阐述到位，事实数据权威，具有很高的新闻感染力、传播力、公信力和影响力。

【阅读思考】

1. 该则消息的新闻价值何在？
2. 分析该则消息的结构构成，谈谈各部分的行文特点。

二、基础知识认知

（一）特点

消息具有真实性、时效性、公开性、简明性和可读性等特点，作为从属于消息的经济消息，除了具备消息的这些共性特点外，由于其与经济工作、经济活动、经济生活密切相关，因而还具有如下个性特点。

1. 政策性

许多经济消息是为配合党和政府在一定时期内的经济政策进行解释和宣传工作的，其内容本身就带有很强的政策性。一些报道经济工作动态、经济战线新人新事的经济消息，虽然不直接阐释政策，但也渗透着政策精神，间接体现着政策。

2. 专业性

经济消息是一种专业性很强的报道。在对经济领域发生的新情况、新经验、新政策进行报道时，往往要涉及一些业务性和技术性的内容，譬如成本核算、经济效益、产值、利润、措施方案等，同时，还需使用经济专业术语表达，这就要求作者必须具备一定的经济专业知识。

3. 指导性

高水平的经济消息善于从与群众生活密切相关的经济现象入手，以科学、辩证的分析，简明通俗的语言来透视现象，揭示本质，预测其发展趋势，帮助人们认清形势，明确方向，引导人们的经济行为与国民经济的健康发展相协调，从而满足人们更高的需求。

（二）种类

从不同的角度，经济消息有不同的分类方法。按报道领域划分，可分为工业消息、农业消息、财贸消息、房地产消息、旅游业消息等；按报道内容划分，可分为政策性消息、信息性消息、人物性消息、问题性消息、生活消费性消息以及边缘性消息。下面着重介绍按消息性质划分的几种经济消息。

1.经济动态消息

经济动态消息是报道国内外经济领域中发生的重大事件、最新情况和最新动向的消息。它着眼于事物的快速变动，以最快的速度传递最新信息。这种消息迅速及时、短小精悍、生动活泼，使用频率最高，最具消息代表性。简讯、要闻、快讯、动态、市场行情等均属此类。

2.经济经验消息

经济经验消息是报道经济部门、企业在某项经济工作中成功的做法、措施、经验的消息。这类消息旨在用典型的经验推动全局，指导一般，使党和政府的经济方针、政策具体化，在写法上要注意突出经验的普遍性和可操作性。

3.经济综合消息

经济综合消息是综合报道带有全局性的经济情况、动向的消息。其特点是围绕一个主题，将发生于不同地区、行业、部门的同类经济现象或同一地区、行业、部门的侧重点各异的经济现象作集中报道，从而发挥报道面广、声势大、立体感强的优势宣传效应。

4.经济述评消息

经济述评消息也叫经济述评，是以经济新闻事件、新闻人物、新闻现象、经济新政作为评议对象的消息。它实际上是一篇叙议结合的经济时论，通常用于报道新闻价值高、政策性强、矛盾突出的经济事件、现象、问题等。作者通过分析形势、研究动向、揭示矛盾来对某种新闻典型加以评议，以帮助读者加深理解，从而发挥经济消息的导向作用。

三、经济消息的写作

经济消息的内容包括六要素，即What何事、When何时、Where何地、Who何人、Why何故、How如何，简称5W1H。一般而言，具备了这六个内容要素，就基本能满足受众对事件了解的欲望，一条消息也算完整了。

一则完整的经济消息通常由标题、导语、主体、结尾四个部分构成，此外，还有背景材料的灵活运用。

（一）标题

标题是对经济消息的主要内容或要旨的提要，用以吸引读者或者帮助读者阅读。标题有以下几种形式。

1.直接式标题

直接式标题直接揭示经济消息内容，绝大多数经济消息均用此类标题，如"住在涵洞为讨薪"（内蒙古广播电视台"经济生活"频道2014年11月15日19时10分）。

2.提问式标题

提问式标题通常由经济消息报道的对象和问句构成，问而不答，旨在吸引读者注意从主体中寻找答案,如"'电商'与'店商'谁能争锋?"(浙江卫视"新闻深一度"2014年12月19日19时4分)。

3. 综合式标题

综合式标题采用多行标题揭示消息内容。多行标题可由引题加正题组成,也可由正题加副题组成,还可由引题、正题、副题组成。这些标题虚实相间,互为补充,既可以准确表达信息内容,又能吸引读者,给人留下深刻印象。

(1)引题+正题,这种形式如下所示。

水在城内 山在城中 人在绿中
安仁发展休闲观光农业,成为"全国生态魅力县"
(《湖南日报》,2015年6月17日)

(2)正题+副题,这种形式如下所示。

九万里风鹏正举
——海上新丝路东盟万里行
(广西新闻网,2014年9月)

(3)引题+正题+副题,这种形式如下所示。

我国企业技改工作进入新时期
国债技改项目成效显著
近三年共安排国债专项资金二百六十五点四亿元,技改项目八百八十项
(《人民日报》,2001年11月16日)

(二)导语

导语是消息的第一句或第一段话,是一则消息的橱窗,要用简明、生动的语言概述消息中最重要、最精粹、最新鲜的事实,以求先声夺人。对于采用"倒金字塔式"结构的消息而言,导语是最重要的内容。导语的常见写法有叙述式、根据式、引语式、提问式和评述式几种。

1. 叙述式

叙述式导语是用直述方法简要报道消息中最新鲜、最重要的事实,如"12月18日上午9时正,随着天猫商城鼠标点击,拥有地理标志认证和溯源认证的内蒙古苏尼特左旗羊肉,创造了在48小时之内摆上全国各地消费者餐桌的奇迹"。

2. 根据式

根据式导语是在报道经济消息事实之前,交代信息的来源以显示其消息真实性的导语。如"新华社广州1月24日电(记者梁××)经国家统计局核定,2009年广东地区生产总值39 081.59亿元,人均GDP40 748元,折合接近6 000美元,达到5 965美元"。

3. 引语式

引语式导语是引用消息中重要人物的话或说法揭示新闻特点、进程或意义,给人留下深刻印象的导语。如"正如国家统计局马建堂局长所言,2009年我国实行积极的财政政策和宽松的货币政策,很快扭转了经济下滑的局面,在全球率先实现了国民经济总体回升向好"。

4. 提问式

提问式导语是先把问题鲜明地提出来,再用事实简要回答,引起读者注意的导语。如

"去冬今春,全国苹果滞销,商业部门亏损严重,可是黄埔区果品公司不仅不亏,还有盈余,这是为什么"。

5. 评述式

评述式导语是通过对新闻事实发表评议,以加深读者对新闻意义的认识的导语。如"一个产业项目需闯过20道行政许可事项审批关口,涉及8个部门及省、市、县三级政府、工业园区,最后完成项目审批时间长达698天。3月18日,记者在省政府最近一份调研报告中看到了泰豪集团'晒'出的行政审批流程图。正是这纷繁复杂的审批'长征',令起步较早的泰豪动漫项目,实施进度缓慢,'动漫'变成了'动慢'"。

此外,导语的写法还有描写式、综合式等类型。

(三)主体

主体是消息的主干部分。它要用具体、典型的材料来开展导语,使导语的内容得到阐释、补充乃至深化,使导语中所提到的信息梗概更为详细确凿、丰满清晰。

主体部分由于内容较多,材料安排要层次分明、条理清晰,常用的结构形式有时间顺序、逻辑顺序、并列顺序三种。时间顺序即以时间先后为序来安排材料。逻辑顺序即以事物的内在联系为序来安排材料,它有递进式、因果式、主次式等。并列顺序即将时间顺序和逻辑顺序两种方法交叉运用,安排材料。主体部分在写作上要注意点面结合,既要有概括性的材料,也要有生动典型的具体事例。

(四)结尾

结尾是消息的最后一句或一段话,一般对报道内容进行概括式小结或指出事物的发展趋势,或提出希望等。好的结尾可以起到耐人寻味、发人深省、加深读者印象的作用。

对于采用倒金字塔结构的消息来说,由于重点在前,相比之下结尾就显得不那么重要,有些消息没有结尾,是否需要结尾要根据全篇的需要来定。

此外,还有背景材料。背景材料是指新闻事件发生的历史条件和环境。背景材料包括对比性材料、说明性材料和注释性材料。一般来说,消息写作往往用背景材料来烘托、深化主旨,帮助读者认识所报道的事实的性质和意义,但背景材料在消息文本中并非必要内容,也没有固定的结构位置,需根据所报道的内容和表现主旨的实际需要,穿插于标题、导语、主体和结尾之中。

四、写作注意事项

(一)材料精当,主旨集中

要写出有价值的经济新闻,首先要求作者广泛收集经济领域的各种数据资料,密切关注经济活动的发展态势和走向,同时要善于从众多的信息中提炼出最能体现本质特征和消息"个性"的材料。在掌握了充分的真实、典型的材料后,对其进行科学分析,确定明确的写作主旨。

(二)写清六要素

经济消息作为一种新闻文体,其写作要求与新闻完全相同,首先要写清六个基本要素

（5W1H），使人们明确知道何人在何时、何地、因何发生了何事、结果如何等。

（三）事实真实准确

真实、准确是经济消息的生命所在。经济消息是通过事实来说明问题、论述主张、为经济决策者提供决策依据的。因而必须用事实说话，报道需有根据，确有其事，人物、地点、时间、数据、引语、细节都要准确无误，客观真实。

（四）语言表达简明规范

经济消息在表达方式上以说明为主，即以客观、科学的说明，把经济消息的内容解说清楚，很少细叙与议论；在语言上，强调文字简洁、准确，表达明白无误，应力避芜杂或含糊其词的语言，努力达到文字的简约化和语言的规范化、程式化。

（五）保守经济秘密

经济消息写作经常需引用国家经济部门的一些情况、数据和动态，就需作者严守经济秘密，做到内外有别。有关外贸的新闻更要注意保密。对于物价、税收以及工业生产等有关国内经济的报道，同样要注意保密，以防止一些不法分子钻宣传报道的空子，哄抬物价、抢购、套款、偷税、漏税等。

思考与练习

一、填空题

1. 经济消息的个性特点是：_____、_____、_____。
2. 经济消息按性质可分为_____、_____、_____、_____四类。
3. 一篇经济消息通常由_____、_____、_____和结尾部分组成。
4. 经济消息导语的常见表达方式有：_____、_____、_____、_____。

二、判断改错题（请在题后的括号内打上√或者×，错误的请改正。）

1. 经济述评就是经济评论。（ ）
_____
2. 经济消息与通讯写法没有区别。（ ）
_____
3. 经济消息对时效性要求不高。（ ）
_____
4. 经济消息可以采用议论或抒情手段。（ ）
_____
5. 倒金字塔结构是以事实的重要程度或受众关心程度依次递增的次序安排材料。（ ）
_____

三、选择题

1. 选出下列各组中最好的标题（ ）
A. 科学院工作会议在京隆重召开
B. 中科院实施跨世纪发展战略

C. 中国投资20亿元建设新一代大科学装置

D. 中科院确定九五重大项目

E. 中科院确定跨世纪的四大任务

2. 比较以下两个标题，选出你认为更好的标题（　　）

A. 全市昨起开展统一灭蚊活动（引）将登革热拒之门外（主）

B. 登革热探头探脑防御战不打不行（引）要把蚊子全杀光（主）

3. 选出下面你认为最有新闻性的导语（　　）

A. 昨天，西南大学校长宣布，由于上一季度数以千计的球迷没有座位，学校的足球场将扩大50%，工程费用将靠增加学费解决。

B. 西南大学校长昨天宣布，由于上一季度数以千计的球迷没有座位，学校的足球场将扩大50%，工程费用将靠增加学费解决。

C. "西南大学将通过增加学费筹集资金，把足球场扩大50%，这是因为数以千计的球迷上季度没有座位。"该校校长昨天宣布说。

D. "西南大学学校的足球场将扩大50%，因为上一季度数以千计的球迷没有座位。"大学校长宣布说，"工程费用将靠增加学费解决。"

四、简答题

1. 简述经济消息的含义和作用。

2. 经济消息有哪些写作要求？

3. 经济消息导语写作的基本要求是什么？提出这些要求的理由是什么？

4. 写好经济消息主体需要注意哪些问题？

五、写作题

试对商场、市场或相关经济部门进行采访、调查，就采访调查到的材料，写一篇经济消息。

第四章

常用党政机关公文读写

第一节 党政机关公文概述

党政机关公文是指用于各级党政机关依法实施党政决策、进行常态管理的公文，即2012年4月16日，中共中央办公厅、国务院办公厅联合印发《党政机关公文处理工作条例》（以下简称《条例》）所规定的15种党政机关公文。它们常被制作成套红文件，因而也称"红头文件"或简称"文件"。

一、党政机关公文的含义

《条例》第三条指出："党政机关公文是党政机关实施领导、履行职能、处理公务的具有特定效力和规范体式的文书，是传达贯彻党和国家方针政策，公布法规和规章，指导、布置和商洽工作，请示和答复问题，报告、通报和交流情况等的重要工具。"这一定义，对公文的适用主体、效用效力、体式、性质等方面进行了明确的界定。

二、党政机关公文的特性

党政机关公文是党政系统用于现实党政管理与处理日常党政事务、讲究规范体式的公务文书。其特性体现在下面几个方面。

（一）域指性

党政机关公文是党政系统各级党政机关及其部门、基层组织用以管理和处理党政事务的公文，其域指性非常明确，既区别于人大、政协系统机关公文，也区别于军队系统机关公文。对于与这些相区别的机关和单位公文的处理要求，《条例》第四十条的规定是："其他机关和单位的公文处理工作，可以参照本条例执行。"

（二）权威性

党政机关公文须以法定的党政机关名义或其法人代表名义制发，体现着发文者的意志。在法定的时空内对受文者的行为产生强制性影响，具有法定权威性和约束力。

（三）政治性

党政机关公文是现代社会政治生活的产物，是发文者意志的表达。在我国，它是传达贯彻党和政府路线、方针、政策、处理机关公务的工具。在内容上，它必须与党和政府的政治、政策保持高度的一致性，始终代表着党、国家和人民的根本利益，为巩固和发展中国特色的社会主义事业服务。

（四）现实性

党政机关公文是为了解决现实党政管理中出现的问题和矛盾而制发的，或传达意图、联系事务、商洽事项、交流情况、传播经验、推动工作，或颁布法规规章制度，并且在现实执行过程中往往具有很强的时间性。即使有些是对历史问题作出结论，也往往是为了澄清人们当前对其在认识上的混乱。显然，党政机关公文始终面对现实，为现实服务。

（五）工具性

党政机关公文是党和国家意志的重要载体，是各级党政机关传达党的路线、方针、政策、政府法令法规和有效实施党政管理的重要工具。

（六）规范性

党政机关公文的规范性是就其体式规范而言的。这种规范来自《条例》的法定，行文时必须严格遵守。

三、党政机关公文的种类

（一）党政机关公文的文种及其适用职能

《条例》第八条规定，党政机关公文文种主要有15种，适用职能具体如下。

（1）决议，适用于会议讨论通过的重大决策事项。

（2）决定，适用于对重要事项作出决策和部署、奖惩有关单位和人员、变更或者撤销下级机关不适当的决定事项。

（3）命令（令），适用于公布行政法规和规章、宣布施行重大强制性措施、批准授予和晋升衔级、嘉奖有关单位和人员。

（4）公报，适用于公布重要决定或者重大事项。

（5）公告，适用于向国内外宣布重要事项或者法定事项。

（6）通告，适用于在一定范围内公布应当遵守或者周知的事项。

（7）意见，适用于对重要问题提出见解和处理办法。

（8）通知，适用于发布、传达要求下级机关执行和有关单位周知或者执行的事项，批转、转发公文。

（9）通报，适用于表彰先进、批评错误、传达重要精神和告知重要情况。

（10）报告，适用于向上级机关汇报工作、反映情况，回复上级机关的询问。

（11）请示，适用于向上级机关请求指示、批准。

（12）批复，适用于答复下级机关请示事项。

（13）议案，适用于各级人民政府按照法律程序向同级人民代表大会或者人民代表大会常务委员会提请审议事项。

（14）函，适用于不相隶属机关之间商洽工作、询问和答复问题、请求批准和答复审批事项。

（15）纪要，适用于记载会议主要情况和议定事项。

（二）党政机关公文分类

上述15种党政机关公文，从不同的视角划分，可得出不同的划分结果。

（1）根据使用系统划分，可分为党务机关公文和政务机关公文。党务机关公文是指由党的各级机关发出的公文，政务机关公文是指由各级行政机关发出的公文。

（2）根据行文关系或行文方向划分，可分为上行文、下行文、平行文。上行文是指下级机关向上级机关的行文，如报告、请示等；下行文是指上级机关向下级机关的行文，如决议、决定、命令（令）、批复、公报、公告、通告等；平行文是指不相隶属机关之间的相互行文，如函。

此外，议案是一种虽是行政机关公文，却是政府向同级人大提请审议事项的专用公文。目前其归类有异议，主要有平行文和上行文两种看法。我们比较认同上行文，理由是：第一，我国宪法规定人大是权力机构，行使审决职能，政府是其执行机关，行使执行职能；第二，议案的写法完全符合上行文的规定。

下行文也存在两种情形：一是行文者之间是直接的上下级关系，这是典型的下行文，如批复；二是行文者之间并非严格意义上的党政隶属关系，而是党政机关面向社会全体成员或有关方面人员的行文，称作泛行文，如公报、公告、通告。命令、决定既可作典型下行文，也可作泛行文。

值得注意的是，有些文种可以兼行，它们在不同情况下可充当不同的行文。如意见可兼用于上行文、下行文和平行文；通知常用于下行文，但用于知照信息、情况时，也可作平行文；通报作通报情况时，既可作下行文，也可作平行文；纪要也要视发文机关和发送对象的具体情况而定。不过，这些兼行文种，一旦与具体的内容、行文对象相联系，其行文关系就被确定了。

当然，党政机关公文还可以根据别的标准进行划分，在此不作赘述。

四、党政机关公文的作用

党政机关公文作为党和国家管理活动的重要工具，在体现党和政府意志的执行职能、依法对党政事务和社会公共事务进行管理上发挥着应尽的作用。其作用具体表现为以下几点。

（一）领导和指导作用

党政机关公文是传达政策政令的工具，各级党政机关通过制发各种公文来传达党和国家的方针政策，贯彻上级领导意图，有针对性地解决实际工作中的具体问题，有效地实施领导和指导。

（二）法规和准绳作用

党政管理需要有各种纪律、法令、法规与规章制度来规范党政管理的职责和全体党员、社会成员的行为，这些纪律、政令、法规等虽然不一定全是法律条文，但都要求党员或社会成员或下级机关遵守或执行，并产生强制性和准则性作用。

（三）宣传和教育作用

党政机关公文尤其上级机关制发的指挥性公文，其重点是阐明党和国家的政治路线、方针、政策和措施，以作为下级机关或者个人的规范，有的直接表彰奖励先进、批评惩处错误，具有鲜明的宣传教育作用。

（四）组织和协调作用

党政管理的实质就是使社会各方面有序化运行，而这种有序化运行则是通过有效的组织和协调来完成的。党政机关公文作为党政管理的重要工具，其中多数文书都有组织、协调作用。如通知、意见、决定等都有组织作用，而报告、通报、通告、通知、函等又都有协调作用。有些具有法规性的公文表面上是起规范行为的作用，但实质上发挥了协调社会、使社会变得和谐有序的作用。

（五）联系和知照作用

上级与下级之间，部门与部门之间，非隶属机关之间，因工作关系经常需要交流信息、互通情况、商洽工作、协调步伐等，这种联系沟通常常是依靠制发公文来实现的，因而党政机关公文具有联系和知照作用。

（六）依据与凭证作用

党政机关公文反映制发机关的意图，具有法定的效力，受文机关都要以此作为处理事务、开展工作、解决问题的凭证与依据，因而党政机关公文具有依据与凭证作用。

五、党政机关公文的行文规则与拟制

（一）党政机关公文的行文规则

掌握并遵守行文规则是写好党政机关公文的前提，《条例》规定的党政机关公文行文规则有以下几条。

1.行文应当确有必要，讲求实效，注重针对性和可操作性
2.行文关系根据隶属关系和职权范围确定

一般不得越级行文，特殊情况需要越级行文的，应当同时抄送被越过的机关。

3.上行文应当遵循的规则

（1）原则上主送一个上级机关，根据需要同时抄送相关上级机关和同级机关，不抄送下级机关。

（2）党委、政府的部门向上级主管部门请示、报告重大事项，应当经本级党委、政府同意或者授权；属于部门职权范围内的事项应当直接报送上级主管部门。

（3）下级机关的请示事项，如需以本机关名义向上级机关请示，应当提出倾向性意见后上报，不得原文转报上级机关。

（4）请示应当一文一事，不得在报告等非请示性公文中夹带请示事项。

（5）除上级机关负责人直接交办事项外，不得以本机关名义向上级机关负责人报送公文，不得以本机关负责人名义向上级机关报送公文。

（6）受双重领导的机关向一个上级机关行文，必要时抄送另一个上级机关。

4.下行文应当遵循的规则

（1）主送受理机关，根据需要抄送相关机关。重要行文应当同时抄送发文机关的直接上级机关。

（2）党委、政府的办公厅（室）根据本级党委、政府授权，可以向下级党委、政府行文，其他部门和单位不得向下级党委、政府发布指令性公文或者在公文中向下级党委、政府提出指令性要求。需经政府审批的具体事项，经政府同意后可以由政府职能部门行文，文中须注明已经政府同意。

（3）党委、政府的部门在各自职权范围内可以向下级党委、政府的相关部门行文。

（4）涉及多个部门职权范围内的事务，部门之间未协商一致的，不得向下行文；擅自行文的，上级机关应当责令其纠正或者撤销。

（5）上级机关向受双重领导的下级机关行文，必要时抄送该下级机关的另一个上级机关。

5.关于联合行文和相互行文

同级党政机关、党政机关与其他同级机关必要时可以联合行文。属于党委、政府各自职权范围内的工作，不得联合行文。党委、政府的部门依据职权可以相互行文。部门内设机构除办公厅（室）外不得对外正式行文。

（二）党政机关公文的拟制

党政机关公文拟制包括公文的起草、审核、签发等程序。《条例》第五章对各程序都作了具体要求。

1.公文起草原则

（1）符合国家法律法规和党的路线方针政策，完整准确体现发文机关意图，并同现行有关公文相衔接。

（2）一切从实际出发，分析问题实事求是，所提政策措施和办法切实可行。

（3）内容简洁，主题突出，观点鲜明，结构严谨，表述准确，文字精练。

（4）文种正确，格式规范。

（5）深入调查研究，充分进行论证，广泛听取意见。

（6）公文涉及其他地区或者部门职权范围内的事项，起草单位必须征求相关地区或者部门意见，力求达成一致。

（7）机关负责人应当主持、指导重要公文的起草工作。

2.公文签发前的审核

公文文稿签发前，应当由发文机关办公厅（室）进行审核。审核的重点包括以下几条。

（1）行文理由是否充分，行文依据是否准确。

（2）内容是否符合国家法律法规和党的路线方针政策，是否完整准确体现发文机关意图，是否同现行有关公文相衔接，所提政策措施和办法是否切实可行。

（3）涉及有关地区或者部门职权范围内的事项是否经过充分协商并达成一致意见。

（4）文种是否正确，格式是否规范；人名、地名、时间、数字、段落顺序、引文等是否准确；文字、数字、计量单位和标点符号等用法是否规范。

（5）其他内容是否符合公文起草的有关要求。

需要发文机关审议的重要公文文稿，审议前由发文机关办公厅（室）进行初核。

3.退回和修改

经审核不宜发文的公文文稿，应当退回起草单位并说明理由；符合发文条件但内容需作进一步研究和修改的，由起草单位修改后重新报送。

4.审批

公文应当经本机关负责人审批签发。重要公文和上行文由机关主要负责人签发；党委、政府的办公厅（室）根据党委、政府授权制发的公文，由受权机关主要负责人签发或者按照有关规定签发；签发人签发公文，应当签署意见、姓名和完整日期；圈阅或者签名的，视为同意；联合发文由所有联署机关的负责人会签。

六、党政机关公文办理与管理

（一）党政机关公文办理

党政机关公文办理包括收文办理、发文办理和整理归档。

1.收文办理

收文办理包括签收、登记、初审、承办、传阅、催办、答复等程序。

2.发文办理

发文办理包括复核、登记、印制、核发等程序。

3.整理归档

需要归档的公文及有关材料，应当根据有关档案法律法规以及机关档案管理规定，及时收集齐全、整理归档。联合办理的公文，原件由主办机关归档，相关机关保存复制件。机关负责人兼任其他机关职务的，在履行所兼职务过程中形成的公文，由其兼职机关归档。

（二）党政机关公文管理

（1）各级党政机关应当建立健全本机关公文管理制度，确保管理严格规范，充分发挥公文效用。

（2）党政机关公文由文秘部门或者专人统一管理。设立党委（党组）的县级以上单位应当建立机要保密室和机要阅文室，并按照有关保密规定配备工作人员和必要的安全保密设施设备。

（3）公文确定密级前，应当按照拟定的密级先行采取保密措施。确定密级后，应当按照所定密级严格管理；绝密级公文应当由专人管理；公文的密级需要变更或者解除的，由原确定密级的机关或者其上级机关决定。

（4）公文的印发传达范围应当按照发文机关的要求执行，需要变更的，应当经发文机关批准。涉密公文公开发布前应当履行解密程序。公开发布的时间、形式和渠道，由发文机关确定。经批准公开发布的公文，同发文机关正式印发的公文具有同等效力。

（5）复制、汇编机密级、秘密级公文，应当符合有关规定并经本机关负责人批准。绝密级公文一般不得复制、汇编，确有工作需要的，应当经发文机关或者其上级机关批准。复制、汇编的公文视同原件管理。复制件应当加盖复制机关戳记。翻印件应当注明翻印的机关名称、日期。汇编本的密级按照编入公文的最高密级标注。

（6）公文的撤销和废止，由发文机关、上级机关或者权力机关根据职权范围和有关法律法规决定。公文被撤销的，视为自始无效；公文被废止的，视为自废止之日起失效。

（7）涉密公文应当按照发文机关的要求和有关规定进行清退或者销毁。

（8）不具备归档和保存价值的公文，经批准后可以销毁。销毁涉密公文必须严格按照有关规定履行审批登记手续，确保不丢失、不漏销；个人不得私自销毁、留存涉密公文。

（9）机关合并时，全部公文应当随之合并管理；机关撤销时，需要归档的公文经整理后按照有关规定移交档案管理部门。工作人员离岗离职时，所在机关应当督促其将暂存、借用的公文按照有关规定移交、清退。

（10）新设立的机关应当向本级党委、政府的办公厅（室）提出发文立户申请。经审查符合条件的，列为发文单位，机关合并或者撤销时，相应进行调整。

思考与练习

一、填空题

1.对重要事项做出决策和部署时，所使用的文种是_____；记载会议主要情况和议定事项时，使用的文种是_____。

2.向上级机关请求指示、批准时，使用的文种是_____；向有关主管部门请求批准时，使用的文种是_____。

3.按照行文关系，下级机关送给上级机关的行文叫_____；非隶属机关之间的相互行文叫_____。

二、判断题

1.学校批评违纪学生可用公告行文。　　　　　　　　　　　　　　（　　）

2.《××学院关于黄××等235名学生退学的通告》。　　　　　　　（　　）

3.布置重要工作或重大的行动用"决定"行文，布置日常具体工作用"通知"行文。
　　　　　　　　　　　　　　　　　　　　　　　　　　　　　　（　　）

4.报告可以夹带请示事项。　　　　　　　　　　　　　　　　　　（　　）

5.《××供油站关于扩建油库的请示报告》。　　　　　　　　　　（　　）

三、简答题

1.党政机关公文有哪些文种？

2. 党政机关公文具有哪些特点、哪些功能？
3. 党政机关公文的写作和处理应遵循哪些文件的规定？
4. 党政机关公文的行文关系应依据什么来确定？按照行文关系，党政机关公文可分哪几类？

第二节 党政机关公文格式

党政机关公文格式是指党政机关公文的版面样式，包含构成其版面样式各部分区域的划分及各构成要素的排序与位置等，是党政机关公文合法性、规范性、有效性的重要手段与保障。

一、党政机关公文格式及样式

2012年6月29日，国家质量监督检验检疫总局、中国国家标准化管理委员会重新发布了党政统一的《党政机关公文格式》(GB/T 9704—2012，以下简称《格式》)。从《格式》可知，党政机关公文格式有上行文格式、下行文格式、信函格式、命令格式和纪要格式等。其中，上行文格式、下行文格式为一般格式，信函格式、命令格式和纪要格式为特定格式。

这些格式，根据发文者的构成情况，又都存在单独行文格式和联合行文格式。下面列举几种常用的行文格式样式，具体如图4-1~图4-9。

1. 单独行文文件格式样式

单独行文的文件格式样式如图4-1至图4-5所示。

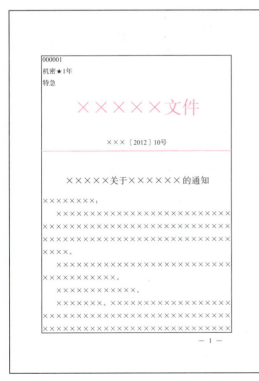

图4-1 单独行文下行文首页格式

图4-2 单独行文用印尾页格式

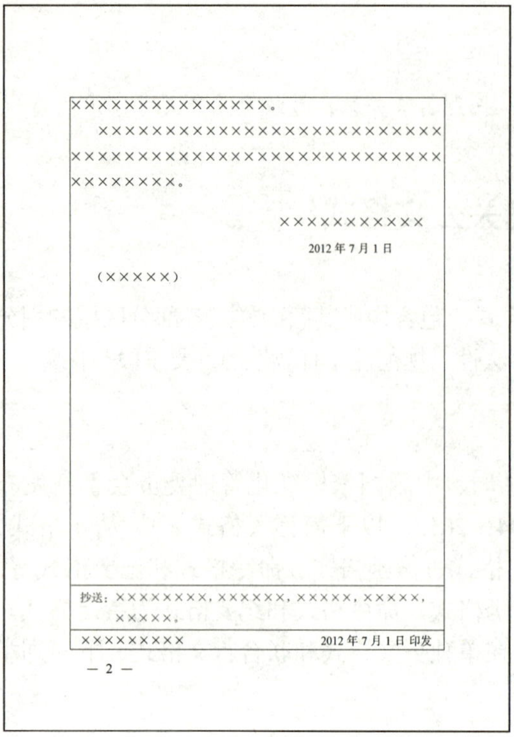

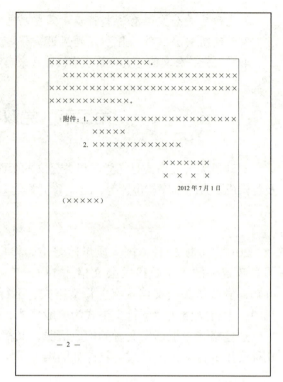

图4-3 单独行文不用印尾页格式

图4-4 附件说明页不用印无版记尾页格式

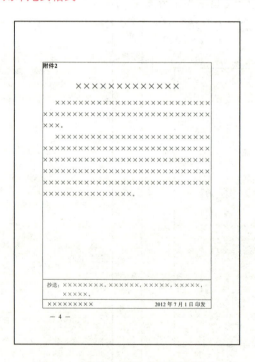

图4-5 附件、正件合订尾页格式

2.联合行文文件格式样式

联合行文的文件格式样式如图4-6至图4-9所示。

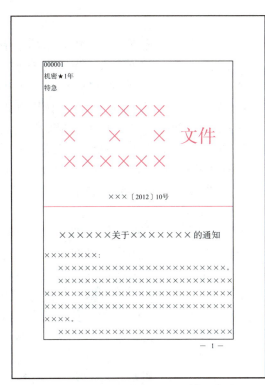

图4-6　三机关联合下行文首页格式

图4-7　三机关联合上行文首页格式

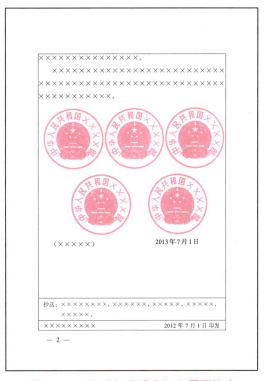

图4-8　党政两机关联合行文尾页格式

图4-9　五行政机关联合行文尾页格式

3. 信函格式

信函格式是特定格式之一，主要适用于平行文和处理日常事务的下行文。发文机关标志使用发文机关全称或者规范化简称，居中排布，上边缘至上页边为 30 mm，推荐使用红色小标宋体字。联合行文时，使用主办机关标志。发文机关标志下 4 mm 处印一条红色双线（上粗下细），距下页边 20 mm 处印一条红色双线（上细下粗），线长均为 170 mm，居中排布，具体样式如图 4—10 所示。

如需标注份号、密级和保密期限、紧急程度，应当顶行居版心左边缘编排在第一条红色双线下，按照份号、密级和保密期限、紧急程度的顺序自上而下分行排列，第一个要素与该线的距离为 3 号汉字高度的 7/8。发文字号顶行居版心右边缘编排在第一条红色双线下，与该线的距离为 3 号汉字高度的 7/8。标题居中编排，与其上最后一个要素相距二行。第二条红色双线上一行如有文字，与该线的距离为 3 号汉字高度的 7/8。版记不加印发机关和印发日期、分隔线，位于公文最后一面版心内最下方。首页不显示页码。

4. 命令（令）格式

命令格式也是特定格式之一，主要适用行政机关公布行政法规和规章、批准授予和晋升衔级等。

发文机关标志由发文机关全称加"命令"或"令"字组成，居中排布，上边缘至版心上边缘为 20 mm，推荐使用红色小标宋体字。发文机关标志下空二行居中编排令号，令号下空二行编排正文，具体样式如图 4—11 所示。

签发人职务、签名章和成文日期的编排格式为：单一机关制发的公文加盖签发人签名章时，在正文（或附件说明）下空二行右空四字加盖签发人签名章，签名章左空二字标注签发人职务，以签名章为准上下居中排布；在签发人签名章下空一行右空四字编排成文日期。联合行文时，应当先编排主办机关签发人职务、签名章，其余机关签发人职务、签名章依次向

图 4—11　命令（令）格式样式

下编排，与主办机关签发人职务、签名章上下对齐；每行只编排一个机关的签发人职务、签名章；签发人职务应当标注全称。签名章一般用红色。

5.纪要格式

纪要格式亦为特定格式之一，用于各种重要会议。

纪要标志由"×××××纪要"构成，居中排布，上边缘至版心上边缘为35 mm，推荐使用红色小标宋体字。标注出席人员名单，一般用3号黑体字，在正文或附件说明下空一行左空二字编排"出席"二字，后标全角冒号，冒号后用3号仿宋体字标注出席人单位、姓名，回行时与冒号后的首字对齐。标注请假和列席人员名单，除依次另起一行并将"出席"二字改为"请假"或"列席"外，编排方法同出席人员名单。纪要格式可以根据实际确定。

二、党政机关公文格式要素及标注要求

《条例》第九条规定："公文一般由份号、密级和保密期限、紧急程度、发文机关标志、发文字号、签发人、标题、主送机关、正文、附件说明、发文机关署名、成文日期、印章、附注、附件、抄送机关、印发机关和印发日期、页码等组成。"

《格式》则将版心内的公文格式各要素划分为版头、主体、版记三部分。公文首页红色分隔线以上的部分称为版头，公文首页红色分隔线（不含）以下、公文末页首条分隔线（不含）以上的部分称为主体，公文末页首条分隔线以下、末条分隔线以上的部分称为版记。下面据此对各要素及其标注要求加以阐述。

（一）版头

公文首页红色分隔线以上的部分称为版头，一般包括以下要素。

1.份号

份号是公文印制份数的顺序号。标注份号是便于公文的登记、管理、回收及丢失追查。涉密公文应当标注份号。公文如需标注份号，一般用6位3号阿拉伯数字，顶格编排在版心左上角第一行。编虚位号，即"1"编为"NO：000001"。

2.密级和保密期限

密级和保密期限是针对涉密公文而言的。密级是秘密等级的简称。根据国家保密法规定，密级分绝密、机密、秘密三级。保密期限是指保密的具体时间。公文若有具体保密期限而不注明，则按《国家秘密保密期限的规定》（国家保密局1990年第2号令）第九条"凡未标明或者未通知保密期限的国家秘密事项，其保密期限按照绝密级事项三十年、机密级事项二十年、秘密级事项十年认定"执行。涉密公文应当根据涉密程度和实际情形分别标注密级和保密期限。

公文若需同时标注密级和保密期限，用3号黑体字，顶格标注在版心左上角第二行，密级与保密期限之间用"★"隔开，保密期限中的数字用阿拉伯数字标注，如"机密★5年"。

3.紧急程度

紧急程度是针对紧急公文而言的，是对紧急公文送达和办理的时限要求。根据紧急程度，紧急公文应当分别标注"特急""加急"，电报应当分别标注"特提""特急""加急""平急"。

公文如需标注紧急程度，用3号黑体字，顶格编排在版心左上角；如需同时标注份号、密

级和保密期限、紧急程度，按照份号、密级和保密期限、紧急程度的顺序自上而下分行排列。

4.发文机关标志

发文机关标志是公文发出机关（作者）的名称标注。从《格式》提供的式样可知：下行文的发文机关标志由发文机关全称或者规范化简称加"文件"二字组成，上行文和信函的发文机关标志只用发文机关全称或者规范化简称，特定的命令格式和纪要格式的发文机关标志则用发文机关全称或者规范化简称加文种组成。联合行文时，发文机关标志可以并用联合发文机关名称，也可以单独用主办机关名称。如需同时标注联署发文机关名称，一般应当将主办机关名称排列在前；同级或相应的党、政、军、群机关联合发文时，应按党、政、军、群的先后排序。如有"文件"二字，应当置于发文机关名称右侧，以联署发文机关名称为准上下居中排布。如联合行文机关过多，必须保证公文首页至少显示一行正文。

《格式》对发文机关标志的位置提出了三种规定：一是文件格式与纪要格式发文机关标志上边缘至版心上边缘的距离均为35 mm，二是信函式格式发文机关名称上边缘距上页边的距离为30 mm，三是命令格式发文机关标志上边缘至版心上边缘为20 mm。

发文机关标志居中排布，推荐使用小标宋体字，颜色为红色，以醒目、美观、庄重为原则。

5.发文字号

发文字号是发文机关为便于登记、管理、引用所编制的公文序号。发文字号由发文机关代字、年份、发文顺序号组成。机关代字有习惯而规范的用法，不能随意编改，如"国发""国办发""粤府"等，位居三者之首；年份是公文发出当年的年份，用阿拉伯数字标识全称，不简写，也不加"年"字，且外用六角括号"〔 〕"括起来，位居三者之中；发文序号是按年度以发文先后为序从"1"开始编的流水号，不编虚位（即"1"不编为"01"），不加"第"字，位居三者之末。三者的位置不能随意交换。联合行文时，使用主办机关的发文字号。行政发布令、授衔晋升令，还有行政公告的文号则只使用序号，即"第×号"。

发文字号编排在发文机关标志下空二行位置，居中排布。上行文的发文字号居左空一字编排，与最后一个签发人姓名处在同一行。发文字号之下4 mm处印一条与版心等宽的红色分隔线；用信函格式行文的平行文或处理日常事务的下行文，发文字号顶格居版心右边缘，编排在第一条红色双线下，与该线的距离为3号汉字高度的7/8。若是报刊上刊发或在公众场所张贴的公文，发文字号一般位于标题下方偏右的位置。行政发布令、授衔晋升令、行政公告的文号则在标题下空2行，居中编排。

6.签发人

签发人是发文机关批准公文发出的领导人，即党政机关的正职或主持工作的负责人以及经授权的办公厅（室）秘书长（主任）。

签发人由"签发人"三字加全角冒号和签发人姓名组成，居右空一字，编排在发文机关标志下空二行位置。"签发人"三字用3号仿宋体字，签发人姓名用3号楷体字。如有多个签发人，签发人姓名按照发文机关的排列顺序从左到右、自上而下依次均匀编排，每行排两个姓名，回行时与上一行第一个签发人姓名对齐。

党政机关公文都需经领导签发或会签才能发出。但不是所有公文都需把签发人或会签人的姓名印在外发文件上，只有上行文才在发文机关标志右下方、红色分隔线右上方印出签发人或会签人姓名，以便上级查询。其余党政机关公文的签发人、会签人及签署意见只写在发文稿纸的相应栏目里，而不标注在外发文件上。联合行文的会签，一般由主办机关首先签署意见，协办机关依次会签。一般不使用复印件会签。

7. 版头分隔线

版头分隔线是指发文字号之下4 mm处居中的那条与版心等宽的红色分隔线。

（二）主体

公文首页红色分隔线（不含）以下、末页首条分隔线（不含）以上的部分称为主体，主要作用是承载文种文本，内容包括标题至附注的八个要素。

1. 标题

标题是指公文文本的题目，由发文机关名称、事由和文种组成，是公文内容的高度概括，要求准确而简明。

公文标题一般用2号小标宋体字，编排于红色分隔线下空二行位置，分一行或多行居中排布；回行时，要做到词意完整、排列对称、长短适宜、间距恰当，排列应当使用梯形或菱形。公文标题中除法规、规章名称加书名号外，一般不使用标点符号，但当可能影响表意时，也可以使用标点符号，如"教育部关于浙江大学毕（结）业证书、学位证书使用名章的批复"。

2. 主送机关

主送机关是公文的主要受理机关，用全称或规范化简称或者同类型机关统称。明确主送机关是为了明确办事的责任，这在公文中很重要。

主送机关在标题下空一行居左顶格，用3号仿宋字标识，回行时仍顶格；最后一个主送机关名称后标全角冒号。如主送机关名称过多而使公文首页不能显示正文时，需将主送机关移至版记时，除将"抄送"二字改为"主送"外，编排方法同抄送机关。既有主送机关又有抄送机关时，应当将主送机关置于抄送机关之上一行，之间不加分隔线。

3. 正文

正文是公文文本的主体和核心。不同文种在写法上有不同，但一般应体现开头、主体和结尾三个层次。

公文首页必须显示正文，一般用3号仿宋体字，编排于主送机关名称下一行，每个自然段左空二字，回行顶格。文中结构层次序数依次可用"一、""（一）""1.""（1）"标注，一般第一层用黑体字、第二层用楷体字、第三层和第四层用仿宋体字标注。

正文表达的总体要求是段落或层次所表达的内容要单纯，语言表意准确明了，文字精练简洁。

4. 附件说明

附件说明是对公文正文的说明、补充或者参考材料（即附件）的序号和名称的标识。附件是附于正文随文发送的文件、报表和有关材料等，是公文的组成部分，对正件具有说明、补充、印证和参考作用。

值得注意的是，转发、印发某一公文时，不能将被转发、印发的公文视作附件。因为转发、印发公文的主体内容就是被转发、印发的文件，转发、印发公文只起按语或说明、批准、发布的作用。

公文如有附件，在正文下空一行左空二字编排"附件"二字，后标全角冒号和附件名称。如有多个附件，使用阿拉伯数字标注附件顺序号（如"附件：1.×××××"）；附件名称后不加标点符号。附件名称较长需回行时，应当与上一行附件名称的首字对齐。

5. 发文机关署名

发文机关署名是发文机关在文尾署上自己全称或者规范化简称。署名的具体位置与要求分三种情况。

（1）加盖印章的公文。单一机关行文时，一般在成文日期之上、以成文日期为准居中编排发文机关署名，印章端正、居中下压发文机关署名和成文日期，使发文机关署名和成文日期居印章中心偏下位置，印章顶端应当上距正文或附件说明一行之内；联合行文时，一般将各发文机关署名按照发文机关顺序整齐排列在相应位置，并将印章一一对应、端正、居中下压发文机关署名，最后一个印章端正、居中下压发文机关署名和成文日期，印章之间排列整齐、互不相交或相切，每排印章两端不得超出版心，首排印章顶端应当上距正文或附件说明的一行之内。

（2）不加盖印章的公文。单一机关行文时，在正文或附件说明下空一行右空二字编排发文机关署名；联合行文时，应当先编排主办机关署名，其余发文机关署名依次向下编排。

（3）加盖签发人签名章的公文。单一机关制发的公文加盖签发人签名章时，在正文或附件说明下空二行右空四字加盖签发人签名章，签名章左空二字标注签发人职务，以签名章为准上下居中排布。联合行文时，应当先编排主办机关签发人职务、签名章，其余机关签发人职务、签名章依次向下编排，与主办机关签发人职务、签名章上下对齐；每行只编排一个机关的签发人职务、签名章；签发人职务应当标注全称。

6. 成文日期

成文日期是公文生效的具体时间。它以会议通过或者发文机关负责人签发的日期为准，联合行文则以最后签发机关负责人签发日期为准，电报以发出日期为准。成文日期用阿拉伯数字将年、月、日标全，年份应标全称，月、日不编虚位（即1不编为01）。

加盖印章和签名章时，成文日期从发文机关署名下一行右空四字的位置编排；不加盖印章时，成文日期在发文机关署名下一行编排，首字比发文机关署名首字右移二字，如成文日期长于发文机关署名，应当使成文日期右空二字编排，并相应增加发文机关署名右空字数。

7. 印章

印章即用印，是公文合法、有效、负责的标志，也是机关权威的象征。党政机关公文除纪要、电报公文和在报刊刊登的外，均应加盖印章，方能生效。

公文的用印有三种情况：一是单一机关发出的公文，盖发文机关的印章；二是联合上报的公文，盖主办机关的印章；三是联合下发的公文，盖各联合发文机关的印章。

单一机关行文时，印章端正、居中下压发文机关署名和成文日期，使发文机关署名和成文日期居印章中心偏下位置，且顶端应上距正文或附件说明一行之内；联合行文时，印章一一对应、端正、居中下压发文机关署名，最后一个印章端正、居中下压发文机关署名和成文日期，印章之间排列整齐、互不相交或相切，每排印章两端不得超出版心，首排印章顶端应当上距正文或附件说明一行之内。

印章用红色，不得出现空白印章。

当公文排版后所剩空白处不能容下印章时，应采取调整行距、字距的措施加以解决，务必使印章与正文同处一面，不得采取标识"此页无正文"的方法解决。

8. 附注

附注是对公文使用方法、传达范围、联系人姓名和电话等的说明和标识。公文如有附注，居左空二字加圆括号编排在成文日期下一行。

（三）版记

公文末页首条分隔线以下、末条分隔线以上的部分称为版记。版记属公文的尾部，其内容已不属文本范畴，而属格式范畴，主要用以标注与发文有关的事项，包括以下要素。

1. 版记分隔线

版记中的分隔线与版心等宽，首条分隔线和末条分隔线用粗线（推荐高度为0.35 mm），中间的分隔线用细线（推荐高度为0.25 mm）。首条分隔线位于版记中第一个要素之上，末条分隔线与公文最后一面的版心下边缘重合。

2. 抄送机关

抄送机关是指除主送机关以外需要执行或知晓公文内容的其他机关，应使用全称或规范化简称或者同类型机关统称。

需要抄送的具体情况包括以下五种：一是越级行文，须同时抄送被越级的机关；二是上行文原则上主送一个上级机关，根据需要同时抄送相关上级机关和同级机关，不抄送下级机关；三是受双重领导的机关向一个上级机关行文，必要时抄送另一个上级机关；四是下行文主送受理机关，根据需要抄送相关机关，重要行文应当同时抄送发文机关的直接上级机关；五是上级机关向受双重领导的下级机关行文，必要时抄送该下级机关的另一个上级机关。

公文如有抄送机关，一般用4号仿宋体字，在印发机关和印发日期之上一行、左右各空一字编排。"抄送"二字后加全角冒号和抄送机关名称，回行时与冒号后的首字对齐。若有多个抄送机关名称，应根据其性质分别用顿号和逗号隔开，最后一个抄送机关名称后标句号。如需把主送机关移至版记，除将"抄送"二字改为"主送"外，编排方法同抄送机关。既有主送机关又有抄送机关时，应当将主送机关置于抄送机关之上一行，之间不加分隔线。

3. 印发机关和印发日期

印发机关是指负责印制、发送公文的机关，通常是发文机关的办公厅或办公室。我国省、部级以上党政机关设置办公厅，省辖市、厅、局、区、县、乡镇和企事业单位设置办公室。印发日期指文件印制完成的时间。

印发机关和印发日期一般用4号仿宋体字，编排在末条分隔线之上。印发机关左空一字。印发日期右空一字，用阿拉伯数字将年、月、日标全，年份应标全称，月、日不编虚位（即1不编为01），后加"印发"二字。

版记中如有其他要素，应当将其与印发机关和印发日期用一条细分隔线隔开。

此外还有页码。页码是版记之外的要素，一般用4号半角宋体阿拉伯数字编排在公文版心下边缘之下，数字左右各放一条一字线；一字线上距版心下边缘7 mm。单页码居右空一字，双页码居左空一字。公文的版记页前有空白页的，空白页和版记页均不编排页码。公文的附件与正文一起装订时，页码应当连续编排。

三、与格式相关的其他规定

（一）公文用纸

《格式》规定，公文用纸采用国际标准A4型纸。它是国际标准化组织（International Organization for Standardization，ISO）在1975年制定的。ISO A4型纸幅面尺寸为210 mm×297 mm。

张贴公文的用纸大小，根据实际需要确定。

（二）排印

公文用纸天头（上白边）为37 mm±1 mm，订口（左白边）为28 mm±1 mm，版心尺寸为156 mm×225 mm（不含页码，如图4-12所示）。公文排印一律从左至右横排、横写。正文使用3号仿宋体字，一般每面排22行，每行排28字，特定情况可以作适当调整。使用少数民族文字印制的公文，其用纸、幅面尺寸及版面、印制等要求按照本标准执行，其余可以参照本标准并按照有关规定执行。横排的公文在左侧装订。

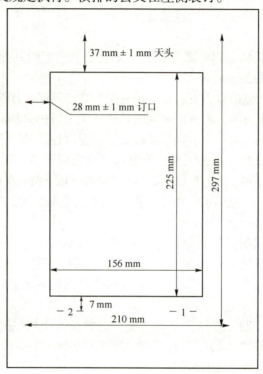

图4-12　A4型公文用纸页边及版心尺寸

（三）印刷字号

如无特殊说明，公文格式各要素一般用3号仿宋体字。发文机关标志推荐使用小标宋体字，红色；标题用2号小标宋体字；密级、紧急程度与正文中的第一级小标题用3号黑体字；发文字号、签发人、主送机关、正文、附件、附注均用3号仿宋体字；签发人姓名用3号楷体字；抄送机关、印发机关与印发日期用4号仿宋体字；页码用4号阿拉伯数字。

（四）横排表格

公文A4纸型的表格横排时，页码位置与公文其他页码保持一致，单页码表头在订口一边，双页码表头在切口一边。

思考与练习

1.公文格式由哪些部分构成？它们各有哪些要素？

2. 公文格式中，你认为哪些要素是必备要素、哪些要素是或备要素？

3. 公文写作中怎样确定和标注主送机关？

4. 公文写作中主送机关与抄送机关有何不同？

5. 请在题图1、题图2的公文格式的空框内填出相应的要素名称，并指出其属于哪种行文格式。

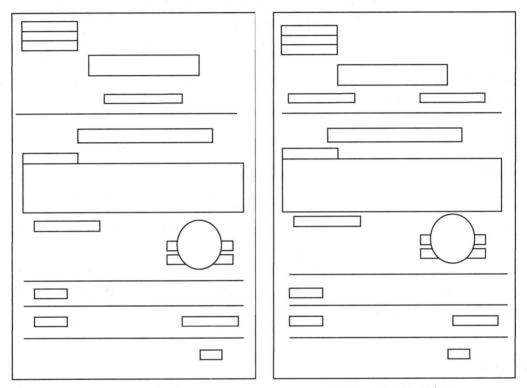

题图1　公文格式示例一　　　　　　题图2　公文格式示例二

第三节　通知与通报读写

通知是一种具有特定主送对象、用途广泛、职能丰富的党政机关公文文种，使用频率很高。通报主要用于内部宣传教育和传达情况或精神。

一、通知

通知是适用于发布、传达要求下级机关执行和有关单位周知或者执行的事项，批转、转发公文的公文，是一种知照性、指挥性下行文，用于传达"要求有关单位周知或者执行事项"时，也可用作平行文。通知的主要职能有：转发职能：一是上级批转下级机关公文；二是直转上级机关或者非隶属机关公文。发布职能：一是向下级发布本机关公文；二是向下级发布有关事项。传达职能：一是向下级传达需要执行的事项；二是向下级或者非隶属机关传达需要周知的信息。

（一）例文导读

【例文4-1】

国务院批转国家发展改革委关于2017年
深化经济体制改革重点工作意见的通知[1]

（国发〔2017〕27号）

各省、自治区、直辖市人民政府，国务院各部委、各直属机构：

　　国务院同意国家发展改革委《关于2017年深化经济体制改革重点工作的意见》，现转发给你们，请认真贯彻执行。

国务院
2017年4月13日

（此件公开发布）

【**导读**】批转通知是上级转发下级重要公文的通知，标题常用"批转"二字标明其性质。其文本写作通常较简单，但"麻雀虽小，五脏俱全"，标题、主送机关、正文、文尾照样齐全。标题仍需"三要素"。正文多用"句段文合一式"，但缘由、事项、要求三层次一般也都具备，如本文"国务院同意发展改革委《关于2017年深化经济体制改革重点工作的意见》"即批转缘由，"现转发给你们"即事项，"请认真贯彻执行"即要求。文尾写法与其他公文相同。

【**阅读思考**】

1. 在什么情况下用批转通知行文？写法上有何要求？
2. 谈谈公文附注的标注与作用。

【例文4-2】

国务院办公厅关于转发财政部、国务院扶贫办、
国家发展改革委
扶贫项目资金绩效管理办法的通知[2]

（国办发〔2018〕35号）

各省、自治区、直辖市人民政府，国务院各部委、各直属机构：

　　财政部、国务院扶贫办、国家发展改革委《扶贫项目资金绩效管理办法》已经国务

---

［1］ 引自中国政府网。
［2］ 引自中国政府网。

第四章 常用党政机关公文读写

> 院同意,现转发给你们,请认真贯彻执行。
>
> 国务院办公厅
2018年5月14日
>
> (此件公开发布)

【导读】 这是一份直转通知,适用于向下级转发上级公文或向下级转发不相隶属机关的公文。因转发机关是下级或不相隶属关系,无权批示,故这种转发是"直转"。其写法与批转通知完全相同,只是标题上改用"转发"二字。

【阅读思考】

1. 你认为该通知的标题是否符合有关行文规范的要求?
2. 按照行文规则,政府办公部门可向下一级政府发指令性公文吗?应怎样才可行文?本文中何处有体现?

【例文4-3】

> 教育部关于印发
《大中小学劳动教育指导纲要(试行)》的通知[1]
(教材〔2020〕4号)
>
> 各省、自治区、直辖市教育厅(教委),新疆生产建设兵团教育局,有关部门(单位)教育司(局),部属各高等学校、部省合建各高等学校:
>
> 　　为深入贯彻习近平总书记关于教育的重要论述,全面贯彻党的教育方针,落实《中共中央 国务院关于全面加强新时代大中小学劳动教育的意见》,加快构建德智体美劳全面培养的教育体系,我部组织研究制定了《大中小学劳动教育指导纲要(试行)》,现印发给你们,请认真贯彻落实。
>
> 教育部
2020年7月7日

【导读】 印发通知属发布通知的一种,其写法与转发通知基本相同。

本通知是教育部制定出了《大中小学劳动教育指导纲要(试行)》,印发给"各省、自治区、直辖市教育厅(教委),新疆生产建设兵团教育局,有关部门(单位)教育司(局),部属各高等学校、部省合建各高等学校",要求认真贯彻落实的通知。

此类通知标题事由中除用"印发"二字显示其性质外,还可用"下发""颁发"等词来显示;主送机关常用同类型机关统称;正文也显示出缘由(目的)、事项和要求三层意思;文尾与其他公文相同。办公部门也可被授权印发,如下例所示。

---

[1] 引自中国政府网。

【例文4-4】

国务院办公厅关于印发自然资源领域中央与地方
财政事权和支出责任划分改革方案的通知[1]

（国办发〔2020〕19号）

各省、自治区、直辖市人民政府，国务院各部委、各直属机构：

《自然资源领域中央与地方财政事权和支出责任划分改革方案》已经党中央、国务院同意，现印发给你们，请结合实际认真贯彻落实。

国务院办公厅

2020年6月30日

【导读】因国务院办公厅与"各省、自治区、直辖市人民政府，国务院各部委、各直属机构"是同级关系，按照《条例》的规定无权直接发布指令性公文，但经上级授权则可，所以本文是一份授权通知。

【阅读思考】

1. 上述教育部通知的主送机关中用了哪些称谓？
2. 从上述国务院办公厅通知中何处可看出是授权通知？

【例文4-5】

国务院关于公布第三批国家级抗战纪念设施、遗址名录的通知[2]

（国发〔2020〕11号）

各省、自治区、直辖市人民政府，国务院各部委、各直属机构：

为隆重纪念中国人民抗日战争暨世界反法西斯战争胜利75周年，经党中央、国务院批准，现将第三批80处国家级抗战纪念设施、遗址名录予以公布。

各地区、各有关部门要进一步加强抗战纪念设施、遗址的保护管理，做好抗战史料文物和英烈事迹的发掘整理、宣传陈展工作，广泛组织开展群众性拜谒、参观活动，教育引导广大群众特别是青少年充分认清日本法西斯侵略者犯下的罪行，牢记中华民族抵御侵略、奋勇抗争的历史以及中国人民为世界反法西斯战争胜利作出的巨大民族牺牲和重要历史贡献，学习宣传抗日英烈的英雄事迹，大力弘扬伟大的民族精神和抗战精神，进一步增强民族凝聚力、向心力，为实现中华民族伟大复兴的中国梦不懈奋斗。

国务院

2020年9月1日

（此件公开发布）

---

[1] 引自中国政府网。
[2] 引自中国政府网。

第四章 常用党政机关公文读写

【导读】这是发布通知的另一种情形——向下级机关公布有关事项。其写法与前述通知的写法相同,但正文则采用多段式行文。当发文机关需强调事项的重要性或具体执行要求时,正文常会采用多段行文。一般首段先集中概述缘由、事项两层意思,再另段强调事项的重要性和具体贯彻执行要求。

此种通知标题上除用"公布"显示其性质外,也可用"发布""宣布"等词来显示性质。

【阅读思考】

1.试给本例第一段划分层次。

2.本例第二段写了什么内容?

【例文4-6】

国务院办公厅关于开展国家脱贫攻坚普查的通知[1]

(国办发〔2020〕7号)

各省、自治区、直辖市人民政府,国务院各部委、各直属机构:

　　根据《中共中央 国务院关于打赢脱贫攻坚战三年行动的指导意见》部署,经国务院同意,定于2020年至2021年年初开展国家脱贫攻坚普查。现将有关事项通知如下:

　　一、普查目的和意义(略)

　　二、普查范围和对象(略)

　　三、普查内容和标准时点(略)

　　四、普查组织和实施(略)

　　五、普查经费保障(略)

　　六、普查工作要求(略)

国务院办公厅
2020年4月8日

(此件公开发布)

【导读】这是一份传达要求下级机关执行事项的通知,具有向下级部署工作的作用,因此,一般称其为部署通知,但本通知是被授权部署,是代表上级机关向自己的平级机关部署工作,因而仍需以上级口吻行文。这种通知写法除部署工作外,还需重点指示做法和明确要求。本文标题、主送机关、正文、文尾齐全,行文符合规范,可作写作借鉴。

【阅读思考】

1.本通知部署了什么工作?指示了哪些做法?

2.本通知正文的层次划分是什么?为何结构上会缺结尾部分?

---

[1] 引自中国政府网。

【例文4-7】

深圳市食品药品监管局关于召开
2016年药品生产监管工作会议的通知[1]

各药品（药包材）生产企业、相关药品经营企业、相关医疗机构，各有关单位：

为贯彻落实2016年全省食品药品监督管理工作会议精神，进一步加强我市药品生产质量管理，有效防控我市药品生产风险，部署2016年我市药品生产监管工作，我局决定召开2016年药品生产监管工作会议，现将有关事项通知如下：

一、会议时间

2016年4月13日（星期三）14点30分

二、会议地点

深圳市福田区深南大道7010号工商物价大厦4楼大礼堂

三、会议内容

（一）市食品药品监督管理局领导讲话；

（二）通报2015年药品生产监管情况及部署2016年药品生产监管工作；

（三）通报2015年药品生产企业药品不良反应监测情况；

（四）药品安全形势分析和监管思路；

（五）企业做药品生产质量管理经验介绍。

四、参加人员

（一）市食品药品监管局领导；

（二）药品生产处全体人员，各辖区局分管药品生产监管的领导以及科室负责人，市药检院领导、市药品监测中心分管领导；

（三）各药品生产企业的法定代表人或企业负责人、质量负责人（质量受权人）、生产负责人；

（四）各药包材生产企业负责人、质量负责人、生产负责人；

（五）各医疗机构制剂室分管领导、制剂室负责人；

（六）各麻醉药品、精神药品经营企业负责人、质量负责人。

五、有关要求

（一）会议重要，请各药品生产企业、药包材生产企业、相关药品经营企业和医疗机构制剂室按时派员参加，下午14时开始签到，14时30分准时开会。

（二）因会场停车位紧张，此次会议不提供停车位，请参会人员尽量搭乘公共交通工具，开车的人员请将车停放在周边停车场。

（三）请各企业、单位将参会人员回执于2016年4月11日（星期一）12：00前发送至安监处邮箱。联系人：刘××、邝××，电话：8307××××，8307××××。

特此通知。

---

[1] 引自深圳新闻网。

> 附件：2016年药品生产监管工作会议参会人员回执
>
> 深圳市食品药品监督管理局
2016年4月5日

【导读】 这是一份传达会议信息的通知。文本由标题、主送机关、正文、附件说明和文尾五部分组成，整体结构完整。正文写成开头、主体两部分。开头简述开会目的、由来，并引出主体内容（有关事项）；主体写会议有关事项，采用分项分点行文，写得项目明确、内容清楚、层次分明，使用层次序数规范，符合会议通知的规范写作，可作借鉴。

【阅读思考】

1. 本文主送机关中的"各"与"相关"的含义有何区别？
2. 本文行文使用层次序数是否正确？这样行文有何好处？

（二）基础知识认知

1. 特点

（1）应用的广泛性。通知可以用来指导工作、转发公文、传达有关事项、知照情况及任免人员等，其应用相当广泛。

（2）法定的权威性。通知的精神，往往是党的政策、国家法令的具体化，要求下级机关和有关人员贯彻执行和实施，因此具有较强的权威性。

（3）对象的专指性。通知是针对具体明确的机关或人员制发的，因此具有专指性特点，不像公报、公告、通告那样具有泛指性。

2. 种类

根据通知的功能，通知可分为转发通知、发布通知和传达通知三大类。

（1）转发通知。此类通知用于下发外来公文，又分为批转通知和直转通知两种。

1）批转通知。这是上级机关批转下级机关公文，要求有关部门或单位执行或参照执行的通知。这种通知是上级机关处理下级机关的公文，关键在于批后转发，也就是要对所转发公文做出"同意""原则同意""很好"或"很重要"等批示，并要求有关单位"认真贯彻执行""遵照执行""研究执行"或"参照执行"。有的不仅作出批示，还借机作出政策性规定或具体要求。

2）直转通知。这是将上级机关或不相隶属机关的公文直接转发给下级机关的通知。这种通知是下级机关转发上级机关或不相隶属机关的公文，转发机关无权对其作批示，但可在直转通知中要求所属下级机关执行或参考，也可以结合本机关、本系统的实际情况作出具体要求、指示或补充规定。

此外，领导机关的办公厅（室）经常代替领导机关处理下级机关的公文，但不得用"批转"，只能用"转发"，因为它们之间是不相隶属关系，《国务院办公厅转发商务部等部门关于扩大进口促进对外贸易平衡发展意见的通知》（国办发〔2018〕53号）就是这种情况。

（2）发布通知。此种通知用于将本机关的规章制度、会议文件、领导讲话、计划总结等发给下级机关，具有公开性。这种通知又分为印发通知和公布通知两种。

1）印发通知。这是将本机关公文发给下级机关执行的通知。单位规章制度用通知发布，是因为依法无权使用命令行文，故用通知印发，如《××学院关于印发〈教职工报到路费、行李费以及探亲路费报销标准规定〉的通知》。

2）公布通知。这是指向下级机关发布周知事项的通知，如《国务院办公厅关于公布山西太宽河等5处新建国家级自然保护区名单的通知》（国办发〔2018〕41号）。

（3）传达通知。这是指传达需要下级机关执行或有关单位周知事项的通知。这种通知可分为部署通知和知照通知。

1）部署通知。这是指传达要求下级机关执行或办理事项的通知。这种通知主要用于向下级机关部署工作、交办任务、处理问题和安排活动等，如《国务院关于开展第四次全国经济普查的通知》（国发〔2017〕53号）。

2）知照通知。这是指传达需要有关单位和人员周知事项的通知，如知照任免人员、设置或撤销机构、启用印章、迁址办公、更换作息时间、召开会议以及停电停水等。这种通知可作下行文，也可作平行文，事项（内容）性质一般是事务性的，而且也通常与信函格式匹配发出。

（三）文本写作

通知由标题、主送机关、正文和文尾构成。

1. 标题

标题由"发文机关名称+事由+文种"构成，但转发、发布类通知标题在"事由"中应根据实际用"批转""转发"或"印发""发布""公布"等词标明性质，并存在标题简化问题。

2. 主送机关

下行通知和平行通知的主送机关有所不同。下行通知一般有多个主送机关，且常为同类型统称，如国务院下发通知多用"各省、自治区、直辖市人民政府，国务院各部委、各直属机关"；平行通知则多写出具体的主送机关。

3. 正文

通知类别不同，正文写法不尽相同。

（1）批转通知：首先往往对被转公文作出批示，然后交代转发，再提出执行要求，作指示或政策性规定。

（2）转发通知、发布通知：写法相同，先指明转发、发布公文的目的、依据（有时省写），然后交代转发或发布什么，再向下级提出要求或作出具体执行规定。

（3）部署通知：先写部署工作、任务的依据、目的、意义等，再对具体工作、任务进行部署、指示做法，最后提出希望或执行要求。

（4）知照通知：先写缘由、依据等，再写知照事项，最后用"特此通知"结尾，或省略结尾。

（5）任免通知：先写任免原因、依据，再写清被任免人员的姓名、职务等，结尾用"特此通知"或省写。

4. 文尾

文尾署名和注明成文日期。

（四）写作注意事项

1. 正确区别批转、转发、印发三种通知的用法

批转通知用于批转下级公文，转发通知用于直转上级或不相隶属机关的公文，印发通知用于下发本机关公文。它们的写法基本相同，但用法不同。

2. 注意转发、发布类通知标题的规范、简化

（1）标题"事由"中要根据实际情况，注明"批转""转发"或"印发""颁发""下发"等显示性质的字样。

（2）当被转公文也是一个通知时，转发通知标题中只保留一个"关于"与一个"的通知"。一般做法是删除转发机关事由中的"关于"和转发机关的"的通知"，如"民政部关于转发国务院安委会办公室关于切实做好2017年国庆节期间安全生产工作的通知的通知"，则应处理为"民政部转发国务院安委会办公室关于切实做好2017年国庆节期间安全生产工作的通知"。

（3）若是多层转发，则省去所有中间桥梁单位的转发，直接写成本机关转发发文机关的公文，如"××市旅游事业管理局关于转发《××市财政局 税务局 人事局 总工会关于转发〈劳动部 财政部 全国总工会关于适当提高城镇职工生活困难补助费标准的通知〉的通知》的通知"，应简化为"××市旅游事业管理局转发《劳动部 财政部 全国总工会关于适当提高城镇职工生活困难补助费标准》的通知"。

（4）若被转发公文是几个单位（并列性质）联合行文，则保留主办单位名称，后再加"等单位""等部门"字样。因此，上述标题还可进一步简化为"××市旅游事业管理局转发《劳动部等部门关于适当提高城镇职工生活困难补助费标准》的通知"。

3. 注意勿将被转发、发布的公文当附件处理

转发、发布类通知的主体内容就是被转发、被发布的公文，而转发、发布通知仅起按语或说明、批准、发布的作用，因此被转发、发布的公文不可视为附件。

4. 注意知照通知与通告的使用区别

知照通知与通告同属知照性文种，但使用上有区别。

（1）知照对象的区别。通知知照的对象具体而明确，有特定的主送机关或个人；而通告知照的对象是与通告内容有关的散布在一定区域的人员，无法直接用通知送达，故向社会通告。

（2）行文要求的区别。通知的事项多需要办理和贯彻执行，而通告的事项只需知晓和遵守。

因此，写作时，一定要根据实际情况，准确地选用文种。例如，某铁路局为了加强安全管理，禁止旅客携带易燃、易爆危险物品上车，同时发出两份公文。一份发给所属各车站与各次列车，告知工作人员共同执行这一事项，另一份是告知乘客遵守这一事项。前者用通知，后者用通告。

二、通报

通报是适用于表彰先进、批评错误、传达重要精神和告知重要情况的公文。它属于机关或单位内部作宣传教育的下行文，但用于情况通报时，也可作平行文，如《红山区人民政府关于红山区政协七届四次会议提案办理情况的通报》，就是红山区人民政府向红山区政协汇报区政协七届四次会议提案办理情况的一份平行情况通报。

（一）例文导读

【例文4-8】

国家安全监管总局关于近年来电气焊动火作业引发事故情况的通报[1]
（安监总统计〔2017〕39号）

各省、自治区、直辖市及新疆生产建设兵团安全生产监督管理局，有关中央企业：

近年来，电气焊动火作业引发事故屡屡发生，危害严重，教训深刻。2010年以来有6起重特大事故、2015年以来有13起较大事故由电气焊动火作业引发，其中涉及危化品或罐体装置的占多数。今年以来比较典型的有3起：2月17日，吉林省松原市松原石化有限公司江南厂区在汽柴油改质联合装置酸性水罐动火作业过程中发生闪爆事故，造成3人死亡；2月25日，江西省南昌市唱天下KTV在装修拆除动火作业中引发火灾事故，造成10人死亡；3月20日，河南省济源市河南豫光金铅股份有限公司玉川冶炼厂在停产检修的阳极泥预处理车间亚硒酸塔槽顶部切割锈死阀门时发生爆炸，造成3人死亡。

这些事故暴露出部分企业存在安全生产责任不落实，安全意识、法律意识淡薄，安全管理混乱等问题，具体表现为：

一是违反安全规程，违规指挥……

二是不落实动火制度，不采取防护措施，违章作业……

三是企业无相关资质、聘用无特种作业资格证人员盲目蛮干……

四是现场应急处置不当，导致事故扩大……

为深刻吸取这些事故教训，举一反三，警钟长鸣，进一步落实各项安全生产措施，有效防范和坚决遏制各类事故发生，特提出以下要求：

一、牢固树立红线意识，铸牢安全防范基础……

二、严格依法生产经营，确保生产安全……

三、严格动火作业管理，把住安全防控制度关……

四、强化宣传教育，发挥事故警示教育作用……

国家安全监管总局
2017年4月18日

【导读】这是一份情况通报，其主旨是通报近年全国电气焊动火作业引发的重特大安全事故情况。本例文文本的标题、主送机关、正文和文尾结构要素齐备。正文采用纵式结构行文：首段，概述近年全国电气焊动火作业引发的几起重特大安全事故具体情况；第二段至第六段，分析事故屡屡频发存在的问题、原因与危害；第七段至第十一段，阐

---

[1] 引自中华人民共和国应急管理部网站。

述从事故教训中应做好的防范工作与要求。正文三层次内容集中，层层深入，结构严谨。

【阅读思考】

1. 主送机关中，使用了"、""，"和"："，它们的使用对不对？为什么？
2. 谈谈正文第二段和第七段在文中所起的作用。

【例文4-9】

广东省人民政府关于表彰2017年广东省专利奖获奖单位和个人的通报[1]

（粤府函〔2018〕78号）

各地级以上市人民政府，各县（市、区）人民政府，省政府各部门、各直属机构：

根据《广东省专利奖励办法》（粤府令第202号）规定，经广东专利奖评审委员会评审，省知识产权局审核，省政府决定授予"无弦杆桁元法与组合式节点桥梁"等15项专利第四届广东专利金奖，给予每项10万元奖励；授予"中成药和保健食品中掺杂褪黑素的快速测定方法"等55项专利第四届广东专利优秀奖，给予每项5万元奖励；授予杜忠达等10位发明人第四届广东发明人奖，给予每人2万元奖励。对我省获得第十九届中国专利金奖的"具有分化和抗增殖活性的苯甲酰胺类组蛋白去乙酰化酶抑制剂及其药用制剂"等4项专利、获得第十九届中国外观设计金奖的"用于手机的图形用户界面"等2项专利给予每项100万元奖励；对我省获得第十九届中国专利优秀奖的"利用网页进行动态寻址的方法和系统"等185项专利、获得第十九届中国外观设计优秀奖的"两轮摩托车"等23项专利给予每项50万元奖励。

希望受到表彰奖励的单位及个人珍惜荣誉、再接再厉，在新的起点上创造新的成绩。各地、各部门要全面贯彻党的十九大精神，以习近平新时代中国特色社会主义思想为指导，深入贯彻习近平总书记重要讲话精神，进一步增强知识产权意识，倡导创新文化，强化知识产权创造、保护、运用，推动知识产权事业实现新发展，为我省实现"四个走在全国前列"作出积极贡献。

广东省人民政府
2018年4月11日

【导读】 这是一份表彰通报，主旨是表彰2017年广东省专利奖获奖单位和个人。文本由标题、主送机关、正文和文尾构成。正文写成两段：首段简述受表彰者获奖依据与获奖具体情况，是交代通报缘由与事项；末段向受表彰者提希望和向各地、各部门提要求。开头、主体、结尾层次完备清晰。

---

[1] 引自广东省人民政府网。

【阅读思考】

1. 决定也可用来表彰先进，你认为它与用通报表彰先进有何区别？
2. 本文末段若只向受表彰者提希望行不行？为什么？

【例文4-10】

国家新闻出版广电总局关于给予新疆兵团卫视和四川卫视暂停商业广告播出处理的通报[1]

（新广电发〔2014〕4号）

各省、自治区、直辖市广播影视局，新疆生产建设兵团广播电视局，中央三台，电影频道节目中心，中国教育电视台：

总局《关于进一步加强卫视频道播出电视购物短片广告管理工作的通知》（广发〔2013〕70号）2014年1月1日正式实施后，全国各级卫视频道执行情况总体良好，电视购物短片广告播出秩序明显好转。但在总局三令五申和多次责令整改的情况下，新疆生产建设兵团广播电视台综合频道（新疆兵团卫视）和四川广播电视台综合频道（四川卫视）仍存在超时播出电视购物短片广告的违规问题。现通报如下：

经查，1月1日，新疆兵团卫视和四川卫视存在播出的电视购物短片广告超过3分钟等问题。经总局多次责令整改，两家卫视频道仍置若罔闻，截至1月6日凌晨仍然违规播出电视购物短片广告。其中，新疆兵团卫视播出的"鬼谷子下山大罐"和"香薰睡眠宝"，四川卫视播出的"中华玉兔登月紫砂壶"，时长均超过20分钟，在全系统和社会上造成了极坏影响，必须严肃处理。

为严肃纪律，根据《广播电视广告播出管理办法》《广播电视播出机构违规处理办法（试行）》及《关于进一步加强卫视频道播出电视购物短片广告管理工作的通知》等有关规定，总局决定：

（一）责令新疆兵团卫视自1月9日零时起至1月24日零时，暂停所有商业广告播出15日，并进行全面清理整顿。

（二）责令四川卫视自1月9日零时起至1月16日零时，暂停所有商业广告播出7日，并进行全面清理整顿。

（三）责成新疆生产建设兵团广播电视局和四川省广播电影电视局，分别对新疆兵团卫视和四川卫视的整改情况进行核查验收，验收结束后，向总局提出书面报告，经总局同意后方可恢复商业广告播放。

望各级广播影视行政部门和播出机构引以为戒，切实做好电视购物短片广告播出的日常监管和审查把关，杜绝此类问题再次发生。

国家新闻出版广电总局
2014年1月7日

---

[1] 引自中国政府网。

【导读】这是一份批评通报。通报正文七个自然段可分三层。首段为开头，概述自《关于进一步加强卫视频道播出电视购物短片广告管理工作的通知》正式实施后正反两方面的情况，这实际上是采用承转法交代制发本通报的缘起。中间五个自然段为主体，又可分两小层，第二段具体叙述批评对象经查证所犯错误事实，这是通报处理的缘由所在；第三段至第六段为第二小层，第三段先总述通报的目的、依据和做出的处理决定，第四段至第六段分点叙述处理决定的具体意见。末段为结尾，向各省级广播影视行政部门和播出机构提出希望。该文行文规范，结构完整，层次分明，脉络清晰，同时注意了让事实说话，有理有据，是一篇写得较好的批评通报。

【阅读思考】

1. 批评通报作出的处理或处分要以什么为依据？为什么？
2. 通报最后多会提希望、要求，你认为应该向当事者提，还是向受教育者提？哪一个必不可少？

（二）基础知识认知

1. 特点

（1）知照性。通报的知照性体现在"通"字上，不管是表彰先进还是批评错误或传达重要精神、情况，都是告知有关单位或人员，让人知晓，扩大影响。

（2）教育性。教育性是指通报具有鼓舞、激励、鞭策、教育的作用。

（3）典型性。典型性是指通报的事件、情况必须有现实针对性和代表性。只有这样，它才会产生重要影响。

（4）政策性。政策性是指表彰先进、批评错误的通报都必须以法律法规、政策或制度为依据和准绳，不得随心所欲、不讲原则。

（5）时效性。时效性是指通报必须要及时，只有及时才能有效地发挥宣传教育作用。"马后炮""时过境迁"都不能使通报发挥应有作用，产生应有效果。

2. 种类

通报根据内容性质和写作目的，可分为以下三类。

（1）情况通报，即传达重要精神或者情况的通报，如《国家安全监管总局关于近年来电气焊动火作业引发事故情况的通报》（安监总统计〔2017〕39号）。这种通报有时也可作平行文。

（2）表彰通报，即表彰先进典型的通报，如《广东省人民政府关于表彰2017年广东省专利奖获奖单位和个人的通报》（粤府函〔2018〕78号）。

（3）批评通报，即批评错误的通报，也包括事故通报，如《国家新闻出版广电总局关于给予新疆兵团卫视和四川卫视暂停商业广告播出处理的通报》（新广电发〔2014〕4号）。

3. 通报与决定用于奖惩的区别

通报与决定都有奖惩功能，都适用于表彰先进和批评错误，但它们在使用和写作上有区别。

（1）针对的对象、写作的目的不同。决定是针对典型自身作出决定，给予表彰或处分；通报则是借典型扩大影响，激励、教育受众或有关人员。因此，决定一般是对当事者（即典型自身）提希望和要求，有时根据实际情况也可不提；通报则是对受众（受教育者）提出明确的要求，甚而发出号召，而且不能不提。

（2）典型的意义不同。虽然，决定和通报的人或事都应具有典型性，但符合某种规定就可以决定进行表彰或处分，据其当事本体而定，而通报的人或事应更具有广泛的（现实的或潜在的）代表性，以此来激励和教育受众或有关人员，因此更应视客体而定。

因此，表彰先进或批评错误，是用决定行文还是用通报行文，就要从上述两点细加斟酌，同时还要注意它们在写作上的区别。

（三）文本写作

通报一般由标题、主送机关、正文和文尾构成。

1.标题

通报标题也是"发文机关名称+事由+文种"的形式，如"民政部关于实施惠民殡葬政策先行地区的通报"。

2.主送机关

通报的主送机关常是发文机关的下属单位，因为通报属机关内部宣传教育性公文。通报一般又带有普发性，受文的下级机关往往较多，且常用统称，因此，要特别注意排列的顺序和标点符号的使用。通报有时也不写主送机关。

3.正文

不同类型的通报，正文写法不尽相同。

（1）情况通报。正文一般分三层写：①交代情况来源和陈述具体情况；②分析情况产生原因；③提出希望和要求或处理意见等。

（2）表彰通报。正文一般分三层写：①叙述表彰对象的基本情况和典型事迹及事迹的本质意义和社会影响；②说明组织给予表彰的目的、依据和表彰的具体内容，包括物质和精神的奖励；③对受教育者提出希望或向大家发出学习号召。

（3）批评错误通报。正文一般分三层写：①叙述批评对象的基本情况、所犯错误事实及所犯错误的性质、影响与认错态度；②说明组织给予处理（处分）的目的、依据和处理的内容，包括精神和物质两方面；③向受教育者提出希望和要求。

（4）事故通报。正文内容一般应包括：①陈述事故经过和损失情况；②分析事故原因、责任及对有关责任人的处理；③总结事故应吸取的教训，并向相关单位和人员提出希望和要求。

4.文尾

署名和注明成文日期。

（四）写作注意事项

1.通报的内容必须具有典型意义

通报的内容须有代表性，能起到现实教育作用，否则就不能发挥通报应有的作用。如果典型意义不是很大，用决定即可，不必用通报。

2.通报内容必须真实准确

虚假内容是难以令人信服的，不仅不能发挥激励人、教育人的作用，相反还会产生负面影响，造成不良后果。

3.通报要注意政策性

通报无论是表彰先进还是批评错误，都必须以法律法规、规章制度、现行政策为依据，不能随心所欲。不能以理服人，也就达不到教育人的效果。

4.通报要及时、迅速

通报的时效性较强,写作要及时、迅速,以指导当前工作,时过境迁就不能起到很好的宣传教育作用。

思考与实训

1.通报与决定用于奖惩时,在用法与写法上有何区别?

2.谈谈以下标题应该怎样规范。

(1)关于转发《中国质量协会关于开展2018年全国质量标杆活动的通知》(浙江经济和信息化委员会)

(2)关于转发《关于2018年主题教育活动的通知》的通知(河海大学关心下一代工作委员会)

(3)关于转发《财政部关于开展2018年国有资产报告工作有关事项的通知》的通知(青岛市财政局)

(4)关于转发烟教办函〔2018〕1号文件的通知(烟台市牟平区教育体育局)

(5)转发《关于转发〈关于印发〈2018年群众安全感调查工作方案〉的通知〉的通知》的通知(钦州市钦北区司法局)

3.指出下面通知行文的不妥之处,并加以修改。

县人民政府关于批转《××省人民政府关于学习宣传
〈中华人民共和国森林法〉的通知》的通知

各乡、镇人民政府,县直各单位:

现将《××省人民政府关于学习宣传〈中华人民共和国森林法〉的通知》印发给你们,请认真贯彻执行。

今年以来,我县连续发生森林大火,是由于生产用火造成的,各乡、镇要从中吸取教训,严格管理生产用火。如果再发生类似事情,要追究主要负责人的责任。

××县人民政府
××××年×月×日

4.请以单位某一检查情况为主题写一份情况通报,或以单位某一典型事件为主题写一份表彰或批评通报。

第四节　请示与报告读写

请示与报告是党政机关公文中两种典型的上行文文种。

一、请示

请示是适用于向上级机关请求指示、批准的公文,属呈请性、期复性上行文。

（一）例文导读

【例文4-10】

××市工商分行××支行关于放贷进口长绒棉的请示[1]

市分行：

  我行客户单位市纺织原料公司3月底长绒棉库存量已达××万担，该产品需从国外进口，成本较高，主要用于轮胎以及棉门帘的制造。该公司今年二季度计划进口的长绒棉中，4月份到港的有埃及长绒棉××万担，金额××万元，现要求我行放贷支持。

  但是，目前因受"调整"影响，橡胶行业的轮胎生产减幅较大，按每年耗用×万担计算，市纺织原料公司现有库存量尚可供2年之用，若继续进货，库存量势必成倍增加。因此，该公司这笔贷款不符合我行放贷短期周转原则，我行拟不予考虑放贷。

  妥否，请指示。

××市工商分行××支行
20××年3月25日

（联系人：××× 电话：×××××××）

【导读】这是一份请求指示的请示，是下级银行单位在放贷中出现了两难情况，自己不能自作主张放贷，向上级请求明确指示的请示。本文主旨明确，结构完整，层次分明，详略得当，用语准确，行文规范，是一篇写得较好的请示。

【阅读思考】

1.你认为该支行在放贷问题上的两难情况何在？
2.请示为何要附注联系人姓名和联系电话？

【例文4-11】

××市盛达公司关于盛达制衣厂改建车库为两层楼房的请示[2]

××局：

  我公司所属盛达制衣厂，于20××年10月开始改建汽车库，工程进展顺利，现已扣完顶板。但由于改建汽车库拆除了共计510 m²的司机、装卸工宿舍和武装部、基建科办公室，他们无宿舍居住与无办公室办公。该厂原打算为其另建，但考虑到厂区用地状况紧张和结合工厂长远规划，现决定将原建一层的车库改建为两层的楼房。第一层仍为车库；第二层做宿舍和办公室，面积不变，资金自行解决。我们同意该厂的意见。

---

[1]　彭海河、谭春林：《当代行政机关公文读写理论与实训》，暨南大学出版社，2013。
[2]　彭海河、谭春林：《当代行政机关公文读写理论与实训》，暨南大学出版社，2013。

```
妥否，请批示。

                              ××市盛达公司
                              20××年5月10日

（联系人：×××    电话：×××××××）
```

【导读】这是一份以本机关名义替下属机关向上级机关请示的第二次请示。它是在第一次请示改建车库获得批准，并付诸实施，但在实施中又有了新想法、新情况，为反映新情况、解决新问题，再次向上级请示。这种请示的写法是，首先要主动汇报在第一次请示获得批准并付诸实施后的情况，以便上级领导了解前一请示事项的执行情况，然后再阐明新情况、新问题，在此基础上再提出请示事项。又因本请示是以本机关名义为下级向上级请示，根据行文规则，这种请示要表明本机关的倾向性意见。本文正是按这种要求写的，故本文写得既规范又符合事理。

【阅读思考】

1.本请示有哪些特殊性？这些特殊性在行文中又该如何处理？

2.请示是否可以省略结语？为什么？

（二）基础知识认知

1.特点

（1）现实性。发文机关在实际工作中遇到无力、无权或不知怎么解决的问题或事情时，便向上级机关请示，因此，请示的事项总是现实中存在的问题。向上级提出请示，就是为了解决现实问题。所以，请示的现实效用性表现得相当突出。

（2）请求性。下级在请示中必须提出明确的请示事项，这是请示文种的本质特性，没有请示事项就不是请示了。

（3）期复性。请示事项在获上级答复前不能实施，所以，下级都期望上级能及早批复。

（4）单一性。请示要求上级机关予以指示或批准，请示的主送机关要单一，以免互相推诿，请求的事项要集中，要求一文一事。

2.种类

根据对请求事项的不同要求，请示可分为两类。

（1）请求指示的请示。它用于解决认识问题，如下级机关对有些问题不知怎么处理，需要上级明确指示；有些新问题不知怎么解决，需要上级给予解决问题的对策；对上级的政策、文件不能准确理解，需要上级作出明确的解释说明等。向上级请求对这些情况的指示，都属此类。

（2）请求批准的请示。它用于解决认可问题，是下级对拟办的事项已有了明确的意见，但无权或无力解决，请求上级机关同意支持或帮助。请求批准设置机构和增加经费等的请示，都属此类。

（三）请示的写法

请示一般由标题、主送机关、正文和文尾构成。

1. 标题

请示标题用"发文机关名称+事由+文种"三要素形式。

2. 主送机关

请示只能有一个主送机关，不允许多头请示。这是为了避免几个主送机关之间相互推诿，影响下级工作效率。

3. 正文

请示的正文一般分开头、主体、结尾三层行文。开头写请示的缘由。缘由要写充分，是请示文本的重点部分。主体写请示的事项，它是缘由推导出的必然结果，要写具体明确。结尾通常用惯用语收尾，如"当否，请批示""妥否，请批复""以上请示，请审批""以上请示，请予批准"等，要根据写作意图选择最恰当的结语。请示不能省写结语，省写了结语就等于没提出明确的请求。

4. 文尾

文尾署名和标注成文日期。

（四）写作注意事项

（1）必须事前请示，不得"先斩后奏"或者"边斩边奏"。

（2）严格遵守"一文一事"，即一事一请示原则。

（3）注意文种的使用，不能将请示写成报告或请示报告。

（4）审准受文对象，即定准一个主送机关。不能多头、齐头主送，更不能将上级机关负责人列入主送。如需另一上级机关了解请示内容，应将其列入抄送机关，不得抄送下级机关。

（5）明确行文目的，即请示什么。

（6）以本机关名义代下级机关请示，应注意表明倾向性意见。

（7）请示不能省写结语。

（8）请示应标注签发人姓名，还要附注联系人姓名和联系电话。

二、报告

报告是适用于向上级机关汇报工作、反映情况，回复上级机关询问的公文，属呈阅性上行文。

（一）例文导读

【例文4-12】

海南省邮政局关于亚洲论坛首届年会邮政通信服务工作的报告[1]

海南省人民政府办公厅：

根据《海南省人民政府办公厅关于做好亚洲论坛年会工作的通知》（琼府办〔2002〕

---

[1] 长弓：《对一份报告的评析》，应用写作，2003年第2期。

第四章 常用党政机关公文读写

19号)精神,我局精心筹划,上下密切配合,较好地完成了年会的邮政通信服务任务。现将有关情况报告如下:

一、领导高度重视,把搞好年会邮政服务当作一项重要工作来抓。接省政府办公厅的通知后,我局专门召开会议,传达贯彻省政府的通知精神,就做好年会服务工作提出具体要求。同时成立由省局杨世忠副局长为组长的亚洲论坛首届年会邮政服务工作领导小组,明确了服务内容和各单位的协调分工,确定了服务工作方案,并向全省邮政部门发出《海南省邮政局关于做好亚洲论坛年会邮政通信服务工作的通知》(琼邮〔2002〕13号),要求各单位把搞好亚洲论坛年会的邮政服务工作作为当前头等大事来抓,确保邮政通信迅速、准确、保密、安全;我局先后两次召开办公室、公众服务处、网络处及海口、琼海、三亚、琼山等单位负责人会议,统一思想,周密部署年会的邮政服务工作,对邮政营业、邮件报刊投递、环境整治、安全保卫、宣传等工作进行具体部署,将各项工作落实到单位和个人,为年会邮政服务工作做了充分的准备。

二、认真按照省政府有关部门要求,准确及时将报纸投送到位。……

三、设立邮政服务点,提供方便快捷的现场服务。……

四、发行《博鳌亚洲论坛》等邮品,为扩大宣传海南作贡献。为迎接首届年会的召开,我局精心策划,成功开发了《博鳌亚洲论坛》邮册、《博鳌亚洲论坛》画轴邮品、《博鳌亚洲论坛首届年会纪念封》,受到年会代表以及有关部门的好评。全省各市县邮政局抓住年会的有利时机,开展年会邮品的营销活动,宣传海南,扩大海南在国内外的影响,特别是海口、三亚、琼山、琼海和洋浦五地的邮政局发挥各自优势,加大年会邮品和其他邮品的营销力度,仅琼海市邮政局就销售年会邮品1万余件,有效地宣传了年会、宣传了海南,取得了双赢效果。

特此报告。

海南省邮政局
2002年4月19日

【导读】这是一份专题工作报告。这种报告是完成某项工作或上级布置的任务后,向上级机关汇报工作或任务完成情况的报告,它的特点是涉及的内容单一集中。

本报告由标题、主送机关、正文和成文日期构成。其突出特点是行文简明有序。开头概述工作依据、做法、效果,言简意赅,体现了公文语言的精练利落。随后用过渡句"现将有关情况报告如下"引入主体,使开头与主体两部分联系紧密、过渡自然。主体写成四段,每段开头用段旨句总领本段内容,四个段旨句恰当、准确而凝练;每段均有典型例证,既体现以事实说话的特点,又充分支持段旨。并且在各段结尾均采用贴切、自然、精短的评议,如"为年会邮政服务工作做了充分的准备""对宣传年会发挥了积极作用,产生了良好的影响""为年会提供了优质服务,……展示了良好的邮政服务和海南形象""有效地宣传了年会,宣传了海南,取得了双赢效果"。这些简明、精要的议论,起到了很好的点题与深化主旨的作用。

本文为进行了重大国际会议服务工作后呈递的专题报告,在汇报完有关情况后即以"特此报告"结束全文,结语选择既准确,又意尽言止、干净利落。

> **【阅读思考】**
>
> 1.本文开头说"我局精心筹划，上下密切配合"，主体又是怎样照应和体现"精心筹划，上下密切配合"的呢？
>
> 2.本文是怎样采用叙议结合的？文中哪些地方属于议论？这种议论起到了怎样的作用？

【例文4-13】

××县教育局关于乡镇中小学校舍普查情况的报告

县政府：

根据《××县人民政府关于认真做好乡镇中小学校舍危房普查工作的通知》（×府〔201×〕17号）精神，我局会同各乡、镇政府对全县8个乡镇所属中小学校舍情况进行了全面检查。检查工作已于201×年1月28日结束。现将有关情况报告如下：

一、基本情况

我县乡镇现有中小学87所，校舍总面积××万平方米。其中达标校舍面积为××万平方米，占总面积的57%；未达标校舍面积为××万平方米，占总面积的33%。在未达标校舍中，经维修在今年秋季开学可正常使用的占18%；属严重危房已不能使用的占15%。目前全县共有13所乡镇中小学的校舍基本属于严重危房，需要规划重建。

二、存在问题

通过这次全县性乡镇中小学校舍普查，我们了解到，我县乡镇中小学目前正面临两大难题。

（一）正常教学得不到保障，学生流失率上升。目前全县共有13所乡镇中小学的校舍基本属于严重危房，不能继续使用。（略）

（二）教育投入不足，经费短缺，校舍重建实施无望。201×年，县财政拨给我局的只是校舍维护费××万元。因此，目前县财政所拨经费仅能保证一般可维修校舍的维修费用。而目前全县共有13所乡镇中小学的校舍均属严重危房，已不能继续使用，急需改造和重建。在普查过程中，我局与相关乡镇政府认真考察，详细测算，拟定改造和重建这些校舍需经费×××万元（见附件）。而这笔款项目前尚无着落。

三、几点建议

从检查情况来看，我县乡镇中小学的校舍问题已十分严重，到了不得不重视、不得不解决的时候。为了能尽快改变目前的状况，现提如下建议：

（一）各级政府和教育部门要引起高度重视。抓经济抓农业，但也不能忽视教育。教育是关系到子孙前途、国家未来的大问题，也关系到今后新一代农民的素质问题。因此必须高度重视，切实改变我县目前教育的落后状况。

（二）加大投入，尽快解决部分严重危险校舍的改造和重建。如果县政府能够在201×年财政中拨款×××万元，并在2月底一次到位，由我局统一调配，我局将很快敦促各相关乡镇政府做好准备，组织开工，估计8月底前新校舍就可以建好并交付使用，

201×年秋季新学年新生就能正常入学。

（三）动员社会力量，支持我县教育事业发展。因我县经济仍不发达，单靠政府投资来改变目前乡镇教育资金短缺的困境确实存在较大困难。但政府可以出面动员社会力量支持教育，也可寻求"希望工程"的支助。许多地方都有这方面的成功经验，我们可以借鉴。

以上报告，请予审阅。

附件：改造、重建校舍预算经费明细表

××县教育局
201×年2月3日

（编者注：因篇幅限制，有删减）

【导读】这是一篇反映问题的情况报告，主旨为反映××县乡镇中小学校舍现状，发现问题，引起关注。该报告由标题、主送机关、正文和文尾构成。标题采用规范的三要素标题。主送机关为报告者（县教育局）的行政主管上级机关——县政府。正文开头、主体、结尾三层齐全。开头交代普查工作缘起及工作状况，这是报告的缘由，并以过渡句引出主体内容。主体以小标题行文，分别写普查的结果（基本情况）、从中发现的问题和解决问题的建议。内容逐层深入，行文线索清晰。结尾以惯用语"以上报告，请予审阅"结束。最后提供附件与正文印证，使文中提出的拨款要求有理有据，具有说服力。文尾署明报告者和成文日期。本文主旨鲜明、结构完整、层次分明、思路清晰、行文规范，值得借鉴。

【阅读思考】

1.本文属于专题报告还是综合报告？它的主体行文属于哪种行文结构？
2.你认为报告中提出的建议须有哪些要求？请以本文为例具体说明。

【例文4-14】

××协作中心办公室关于军校大学生演讲比赛 ××协作区复赛结果有关情况的答复报告[1]

总参军训和兵种部院校教学局：

×月×日电函悉。现就我协作区军校大学生演讲比赛复赛结果的有关情况报告如下：

一、关于复赛活动的组织情况。此次复赛，我协作区按照本区院校的情况，结合总参核定给我区的决赛指标，给各参赛院校明确了复赛名额：各院校均派4名选手参加复赛。……因此，复赛的前期准备是充分的，现场的组织程序是合乎要求而且正规严密的。

二、关于对比赛名次的确认考虑。……对此提议，我中心在请示主管领导后，原则

---

[1] 资料来源：引自《应用写作》2004年第10期。

> 上同意在公开比赛的基础上，如出现优胜者过分集中于某院校，而其余院校未有选手胜出的情况，给予适当调整照顾，但被照顾者将在胜出选手中靠后排名。因此，我中心之所以采纳评委建议，完全是从有利于各兵种院校的长期协作、顾全大局的角度考虑的。
>
> 　　三、关于对复赛结果的确定情况。……从比赛的整体情况看，有必要将此结果进行一点小调整，即把××大学的第4名调整到第6名，原第5名调整为第4名，原第6名调整为第5名。故最终公布的结果为：在取得决赛资格的5名选手中，前3名为××大学选手，其余2名分别为××学院和××学院的选手。因此，我协作中心上报教学局的复赛结果，其中固然有从大局出发适当照顾××学院的因素，但同时也是充分尊重评委意见的结果，此外并无他因。
>
> 　　专此报告。
>
> ××协作中心办公室
200×年×月×日

【导读】这是一份答复报告。它是下级对上级垂询某事时进行答复所用的一种报告。本文是××协作中心办公室在接到上级主管部门电函询问演讲比赛复赛结果情况后所作的答复汇报。

××协作中心承办了一次部队院校大学生演讲比赛的××协作区复赛活动。赛后，有个别参赛院校和参赛学员对公布出来的比赛结果不认可，并将其三点存疑向总参军训和兵种部进行了反映。因此，总参军训和兵种部院校教学局就此向该单位进行询问，并要求就复赛的有关情况作出书面报告。故该单位作出了上述答复汇报。

答复报告的写法与批复、复函等回复性文本的写法是基本相同的。它们首先要引述来文，表明对对方来文已经了解，然后针对对方提出的问题或要求作出具体答复，最后用"专（特）此报告"等惯用语作结。

【阅读思考】

1. 答复询问的报告需怎样开头？
2. 答复报告在答复内容上有何要求？

【例文4-15】

> **广东××学院关于报送2020年学院工作计划的报告**
>
> 省教育厅：
>
> 　　现呈上《广东××学院2020年工作计划》一份，请审阅。
>
> 广东××学院
2019年12月25日

【导读】这是一份递送报告，写得非常简单但"五脏俱全"，公文的各项必要要素都具备。正文写明被呈材料的名称、数量，结尾用惯用语"请审阅"结束。

【阅读思考】

1.该报告的正文表达了几层意思？从公文正文结构构成审视，它们分别属于什么要素？其中省略了什么要素？

2.为什么报送的计划在标题中不用书名号，而在正文中又使用书名号呢？

（二）基础知识认知

1.特点

（1）汇报性。这是报告的本质特征。报告是下级机关向上级机关汇报情况的公文，其目的是使下情上达，让上级了解情况、掌握动态。

（2）沟通性。报告能使下情上达，向上级提供信息，使上级对下级有所了解，从而实现上下级沟通、密切上下级联系的作用。

（3）陈述性。报告汇报工作、反映情况或答复上级有关询问时所用的表达方式是叙述和说明，因而具有陈述性。

2.分类

报告按不同的依据划分，可分为不同的类别。

（1）按性质划分，有综合报告和专题报告。用于汇报全面或者几个方面工作或情况的报告是综合报告。用于汇报某项工作或者某一情况的报告是专题报告，或叫专项报告。

（2）按呈报的态度划分，有主动呈报报告和被动呈报报告。主动呈报报告是下级机关主动向上级机关或部门呈送的汇报工作、反映情况的报告。被动报告是上级机关或部门先有询问，下级机关针对上级的询问呈送的报告，如答复报告。

（3）按内容划分，有工作报告、情况报告、递送报告等。工作报告是下级机关向上级机关或部门汇报工作的报告。情况报告是下级机关向上级机关或部门反映情况的报告。递送报告是向上级机关或部门报送文件或物件时随文随物呈送的报告。

3.报告与请示的区别

报告与请示虽同属典型的上行文，却是两种用途不同的文种，应严格区分。二者的区别具体表现在四个方面。

（1）使用时间上，请示在事前，报告在事中或事后。

（2）内容上，请示带请示事项，报告不得夹带请示事项。

（3）写作上，请示的重点是正文的开头部分，开头阐述请示缘由必须充分；报告的重点则是正文的主体部分，是情况或工作的具体内容。

（4）处理上，请示必须批复或函复，报告不需批复或函复。

（三）文本写作

报告文本包括标题、主送机关、正文和文尾。

1.标题

报告的规范标题结构仍为"发文机关名称+事由+文种"形式，如"河北省人民政府关于工业生产情况的报告"。

2. 主送机关
报告是上行文，一般只有一个主送机关。

3. 正文
报告正文通常由开头、主体和结尾三部分构成。

（1）开头。开头主要交代报告的缘由、依据、目的、意义等，末句一般用惯用语"现将……报告（汇报）如下"作过渡，承上启下引出主体内容。

（2）主体。主体是报告的主要内容部分，一般包括基本情况、主要成绩或经验体会、存在的问题和下一步的工作打算等内容。这一部分内容要围绕主旨，突出重点，还要层次分明，条理清晰。综合报告一般采用横式并列结构，分点列项来写做法、体会、建议，习惯上还给它们标明序码，并在段首设置段旨句，有时也将它们写成小标题；专题报告一般采用纵式递进结构，常分成具有递进关系的几个部分或几个小标题行文。

（3）结尾。报告通常用惯用语结尾。报告的惯用结语有"特（专）此报告""以上报告，如有不妥，请指正""以上报告，请审阅"等。

4. 文尾
文尾署名和标注成文日期。

（四）写作注意事项

（1）不要错用文种，严格区分报告与请示的使用区别，同时还要区分报告与意见的使用区别，向上级提出建议或意见要用意见，不要用报告。

（2）陈述事实、情况要简明、有序、完整。

（3）分析要精要，观点要鲜明。一般使用精要的小标题和段旨句来使观点鲜明突出。

（4）语言要朴实，格式要规范，惯用语要中肯。

（5）报告不得夹带请示事项。《条例》第十五条（四）规定"不得在报告等非请示性公文中夹带请示事项"。

思考与实训

1."请示报告"这种说法为何不对？

2.报告为何不得夹带请示事项？

3.请示与报告同属上行文，在用法和写法上有哪些区别？

4.请从标题、主送机关、缘由、事项、结语、落款、成文日期以及语言表达等方面评改下面的请示。

××区公安分局关于申请增设××派出所的请示报告

××市局领导：

我分局下属的淮河派出所管辖战线长、地域广，近年来由于城市经济的快速发展，导致人口迅猛增多。该派出所所辖区又系城郊接合部，治安情况极为复杂。据此，我分局向市局请示，拟增设××派出所，管辖原淮河派出所管辖的部分地段。这样可以加大管理力度，缓解淮河派出所警员的工作压力，从而提高工作效率，确保一方平安。请领导尽快研究，早日答复。

当否？请批示。

××区公安分局（公章）

201×年5月10日

5.根据下面提供的材料，请以××市商业局的名义向××省商业厅草拟一份情况报告。

（1）201×年2月20日上午9点20分，××市××百货大楼发生重大火灾事故。

（2）事故未造成人员伤亡，但烧毁一栋三层楼房及大部分商品，直接经济损失792万元。

（3）施救情况：事故发生后，市消防队出动15辆消防车，经4个小时扑救，火被扑灭。

（4）事故原因：直接原因是电焊工××违章作业，在一楼铁窗架电焊火花溅到易燃货品上引起火灾，但也与××××百货公司管理局及员工安全思想模糊、公司安全制度不落实、许多安全隐患长期得不到解决有关。

（5）善后处理：市商业局副局长带领有关人员赶到现场调查处理，市人民政府召开紧急防火电话会议，市委、市政府对有关人员视情节轻重进行了相应处理。

第五节　批复与函读写

批复是用以答复请示的下行文种，函是不相隶属机关之间相互行文的平行文种，它们都用于处理日常事务，都与信函格式匹配发文，而且都可用来答复请示。

一、批复

批复是适用于答复下级机关请示事项的公文。它属回复性、指示性下行公文，与请示构成上下对应的行文关系。一般来说，下级有请示，上级就得及时予以批复。因此，批复也被认为是处理日常事务的下行文。

（一）例文导读

【例文4-16】

国务院关于同意郴州市建设国家可持续发展议程创新示范区的批复[1]

（国函〔2019〕44号）

湖南省人民政府、科技部：

你们《关于郴州市创建国家可持续发展议程创新示范区的请示》（湘政〔2019〕10号）收悉。现批复如下：

一、同意郴州市以水资源可持续利用与绿色发展为主题，建设国家可持续发展议程创新示范区。

二、郴州市建设国家可持续发展议程创新示范区，要以习近平新时代中国特色社会

---

[1] 引自中国政府网。

主义思想为指导，深入贯彻党的十九大和十九届二中、三中全会精神，坚持稳中求进工作总基调，坚持新发展理念，坚持推动高质量发展，统筹推进"五位一体"总体布局，协调推进"四个全面"战略布局，紧紧围绕联合国2030年可持续发展议程和《中国落实2030年可持续发展议程国别方案》，按照《中国落实2030年可持续发展议程创新示范区建设方案》要求，重点针对水资源利用效率低、重金属污染等问题，集成应用水污染源阻断、重金属污染修复与治理等技术，实施水源地生态环境保护、重金属污染及源头综合治理、城镇污水处理提质增效、生态产业发展、节水型社会和节水型城市建设、科技创新支撑等行动，统筹各类创新资源，深化体制机制改革，探索适用技术路线和系统解决方案，形成可操作、可复制、可推广的有效模式，对推动长江经济带生态优先、绿色发展发挥示范效应，为落实2030年可持续发展议程提供实践经验。

三、湖南省人民政府要建立健全相关工作协调机制，根据实际情况研究制定专门的支持政策，形成推进合力，支持郴州市全面落实和实施好各项行动和工程，实现国家可持续发展议程创新示范区建设的目标。

四、科技部要会同国家可持续发展实验区部际联席会议各成员单位，结合各自职责，在重大项目安排、政策先行先试、体制机制创新等方面支持郴州市建设国家可持续发展议程创新示范区，及时研究解决建设中的重大问题。

五、示范区发展规划、建设方案等事宜，请湖南省人民政府、科技部会同相关方面按照有关规定另行办理。

国务院
2019年5月6日

（此件公开发布）

【导读】批复正文开头引述来文，其中"收悉"二字是"收到、知悉"的意思，这是惯用说法，其实这是在间接交代批复缘由，并引出批复事项。主体写批复意见，分点行文，本例文的批复意见分成五点：第一点对请示事项作出表态，第二点指示做法，第三点至第五点分别对有关单位提出实施要求。该批复写得意见明确，指示具体，便于执行。

【阅读思考】

1. 批复为什么首先要引叙来文？怎样引叙？
2. 试指出本批复主体部分中的表态条文、指示条文、要求条文。

【例文4-17】

国务院关于同意设立"中国农民丰收节"的批复[1]
（国函〔2018〕80号）

农业农村部：

关于申请设立"中国农民丰收节"的请示收悉。同意自2018年起，将每年农历秋分

---

[1] 引自中国政府网。

> 设立为"中国农民丰收节"。具体工作由你部同有关部门组织实施。
>
> 国务院
2018年6月7日
>
> （此件公开发布）

【导读】这是一份审批性批复。因事件较简单，因而正文也采用较简单的段文合一式行文。

【阅读思考】

1. 批复标题事由中在什么情况下注明"同意"二字？
2. "关于申请设立'中国农民丰收节'的请示"这个标题你觉得有问题吗？

（二）基础知识认知

1. 特点

（1）行文的被动性。批复以下级请示为行文前提，先有请示后有批复，有请示就得批复。

（2）及时性。对下级的请示，上级须及时予以批复。有些政府及部门为提高办事效率，改变机关作风，还明文规定批复时限，在限期内，上级机关若未及时批复，下级机关可视作默认而实施，上级机关则应对此负责。

（3）针对性。批复答复的问题或事项必须有针对性，即下级请示什么，就批复什么，不得随意批复。

（4）效用的权威性。上级的批复就是指示，应遵照执行，即使执行有错，也由上级负责。

2. 种类

批复以请示为存在前提，没有请示，也就无所谓批复。因此，与请示相对应，批复也有两种类型。

（1）指示性批复。指示性批复指对下级请求指示事项的批复。

（2）审批性批复。审批性批复指对下级请求批准事项的批复。

（三）文本写作

批复文本也由标题、主送机关、正文和文尾组成。

1. 标题

批复标题的结构为"发文机关名称+事由+文种"。审批性批复，若是同意的，一般在事由中显示意见，如"国务院关于同意郴州市建设国家可持续发展议程创新示范区的批复"。

2. 主送机关

批复与请示是对应关系，原则上主送机关就是请示机关，谁请示，就批复给谁，但有时也一同主送其他相关执行机关或部门。

3. 正文

批复正文一般由引叙（开头）、批复意见（主体）和结语（结尾）组成。

（1）引叙是正文开头的第一句话或第一个自然段。常用"你×（机关行政级称）《关于……的请示》（××〔201×〕×号）收悉"来引叙，然后针对请示事项或问题作批复。

（2）批复意见是上级机关或部门针对请示事项或问题经研究后所作出的具体而明确的答复。这部分的写法大体分三种情况：①完全同意，这种情况批复时，不仅要给出肯定意见，还要同时复述原请示事项的要点，不能笼统地说"同意"或"完全同意"；②部分同意与部分不同意，这种情况批复时，除了叙述同意部分的内容外，还要说明不同意部分的理由；③完全不同意，这种情况批复时，要委婉提出研究后的否定意见并说明理由。

（3）结语。批复常用对下级提出的执行要求作结语，没有具体要求时，也可用惯用语"此复"作结语，甚至省写结语。

4. 文尾

（1）署名。署批复机关的全称或规范化简称。

（2）成文日期。成文日期要用阿拉伯数字完整地书写年、月、日。

（四）写作注意事项

1. 表态要明朗

是同意还是不同意，或是部分同意，都必须表态明朗，不能含糊，否则下级就无法执行或无所适从。

2. 要有理有据

同意或不同意的原因和依据都要说清楚，这样才能让下级信服。

3. 批复对象（即受文单位）要明确

批复原则上是谁请示，就批复谁。如果所请示的问题带普遍性，或要告知其他机关，处理办法是：①具有普遍性的问题，可将有关意见，另用"通知"行文；②需要告知其他机关的，可采用一同主送有关单位或抄送有关单位的方式。

4. 批复务必及时

因为下级上呈请示后等待上级批复，然后按上级批复意见行事，因此，上级对下级请示绝不可随便怠慢，而要及时批复。

二、函

函适用于不相隶属机关之间商洽工作、询问和答复问题、请求批准和答复审批事项，是一种事务性平行公文。函主要适用于两种情况：一是不相隶属机关之间商洽工作、询问和答复问题；二是不相隶属的有关主管部门请求批准和答复审批事项。

（一）例文导读

【例文4-18】

广东××学院办公室关于联系秘书学专业教育教学调研的函
（×院办函〔2019〕15号）

××区人民政府办公室：

我院人文系2019年申办秘书学专业已获教育部批准，9月将正式首次招生。为了办好该专业，为社会输送应用型、高质量的合格人才，我们需在办学之前广泛深入地做一些人才培养（教育、教学、需求）方面的社会调研。贵室是我区文秘人才的权威部门，专业性强、经验丰富，对秘书学专业人才的培养最有话语权。故拟派人文系主任×××、秘书学专业负责人×××两同志于4月16日（星期二）上午9:00许前来拜访、取经（约90分钟）。恳望支持，予以接待。不知方便与否，请商后及时函复。

广东××学院办公室
2019年4月10日

【导读】这是一份商洽函。标题已明确主旨：联系秘书学专业教育教学调研。因学院与区府办公室为非隶属关系，故用函行文。函有明确的行文对象，本文是与××区人民政府办公室商洽联系秘书学专业教育教学调研事宜，故主送机关为××区人民政府办公室。正文先简要说明来函调研缘由；然后提出派员于何时前来调研，恳望接待；最后以商洽口吻向对方提出函复要求。文章主旨鲜明，内容具体简明，层次清晰，表达有礼有节，值得借鉴。

【阅读思考】

1. 函为何总是由办公部门发出？
2. 请给本文正文划分层次，并概括层意。

【例文4-19】

××区人民政府办公室关于联系秘书学专业教育教学调研的复函
（×府办函〔2019〕18号）

广东××学院办公室：

　　贵室《关于联系秘书学专业教育教学调研的函》（×院办〔2019〕15号）收悉。欣悉贵院人文系今年申办秘书学专业已获教育部批准，这是我区教育事业发展的又一喜事。为了办好该专业，为社会共同培养高质量的合格人才，我们本当大力支持，欢迎前来调研。4月16日（星期二）上午9:00，我室将安排秘书科赵××科长、李××秘书两同志在区政府503会议室恭候二位莅临。

　　专此函复。

××区人民政府办公室
2019年4月11日

【导读】这是一份商洽复函。其发文主旨是针对［例文5.6.4］来函作出答复。复函的写法首先应引述来文，本文"贵室《关于联系秘书学专业教育教学调研的函》（×院办〔2019〕15号）收悉"便是；然后针对来函事项作出答复。若答复的事项复杂，则通常用惯用语作过渡，引出答复的具体内容，并将其内容作为正文的主体部分，为使行文清晰明了，便于阅读，也通常把主体内容条理化分点另段行文。本文因答复事项单一，答复内容未另段行文，而是紧接开头一起行文，结尾用惯用语"专此函复"结束。文尾署明发文部门与发文日期。本文行文针对性强，行文规范，表达简明、雅致，可供借鉴。

【阅读思考】

1. 复函为表达对对方的尊重，常以"贵"相称，批复也可用"贵"相称对方吗？为什么？

2. 复函与批复、答复报告在写法上有哪些异同？

【例文4-20】

<h3 style="text-align:center;">国务院办公厅关于同意成立
2022年第4届亚残运会组委会的函</h3>

（国办函〔2019〕98号）

浙江省人民政府：

你省《关于2022年第4届亚残运会组委会人员名单的请示》（浙政〔2019〕52号）收悉。经国务院领导同志批准，现函复如下：

一、同意成立2022年第4届亚残运会组委会（以下简称组委会）及其组成。组委会主席由中国残联主席张海迪、体育总局局长苟仲文、浙江省人民政府省长袁家军担任，执行主席由中国残联理事长周长奎、体育总局副局长李建明、浙江省人民政府副省长冯飞担任。

二、组委会内设机构由组委会根据工作需要自行确定。

国务院办公厅
2019年9月30日

（此件公开发布）

【导读】这是一份答复请示的函。其主旨是回复国务院对浙江省人民政府的请示，同意成立2022年第4届亚残运会组委会。按理，下级向上级呈送请示，上级应用批复作直接答复。但有时上级机关批示意见后却交由其办公部门去答复，而其办公部门与请示机关又同属非隶属关系，所以不可用批复而只能用函答复。但答复的意见则是上级机关的，而非其办公部门的，办公部门仅是授权答复。按照《条例》行文规则规定，这种函必须在正文中注明答复的意见是经上级同意的，故本文中首先明确了"经国务院领导同志批准"。在写作上，本文有以下特点。

第一，回复缘由依据清楚。引叙来文，是答复缘由；"经国务院领导同志批准"，是答复依据。

第二，回复意见具体明确。"同意成立2022年第4届亚残运会组委会及其组成"。

第三，行文规范。注意行文关系，选用恰当的文种。正文写成开头和主体两部分，开头明确答复缘由和依据，主体分二点行文，第一点表明答复意见，第二点指示有关事项。

【阅读思考】

1.以本函为例，说说公文附注与作注在内容与形式上各有何区别？
2.用批复答复请示与用函答复请示的区别是什么？

（二）基础知识认知

1.特点

（1）适用面广。函在不相隶属机关之间发挥重要的桥梁作用。它适用面很广，可以知照说明情况，可以商洽讨论问题，可以咨询答疑，可以请求批准有关事项，也可以答复审批事项。

（2）事务性强。函多用于解决具体事务，内容实在，语言平和亲切。

2.种类

（1）根据适用范围，函大致可以分为以下六类。

1）商洽函，用于不相隶属机关之间商洽工作、讨论问题的函。

2）询问函，向受函者提出询问，并要求对方予以答复的函。

3）答复函，答复来函询问和上级机关的公文办理部门用来答复请示的函。

4）请批函，请求不相隶属的有关机关或主管部门批准事项的函。

5）审批函，机关或有关主管部门审批不相隶属单位有关请求批准事项的函。

6）知照函，告知受函者有关情况的函。

（2）根据行文程序，可分为去函和复函。去函，也叫致函或发函，主要指询问函、请批函、知照函；复函主要指答复函、审批函；商洽函既可为去函，又可为复函。

3.批复、函用于答复请示职能时的区别

批复是专用于答复下级机关请示事项的文种。通常情况下，下级上呈请示，上级就需及时批复。但有时上级并不直接批复，而是做出批示后，授权将答复任务交由其办公部门（厅或室）来完成。由于办公厅（室）也是上级机关的下设部门，与请示机关同属一级，故用函行文。但在写作这种函时，正文中必须明确交代所答复的意见是"经上级领导同意"的。值得注意的是，无论批复还是函，在制作成文件时，都应与信函格式匹配。函与信函格式匹配好理解，但批复是典型的下行文，为何与信函格式匹配？这是因为下级有请示，上级就得批复，属处理日常事务性质，故也与信函格式匹配。

（三）文本写作

函虽是处理公务的信件，但毕竟是一种法定的公文，须按公文规范来行文，故其文本结构同样由标题、主送机关、正文和文尾构成。

1.标题

函的标题用"发文机关名称+事由+文种"的规范形式。过去复函标题也曾有用"发文机关名称+事由+行文对象+文种"四要素形式的，如"国务院办公厅关于悬挂国徽问题给湖北省人民政府办公厅的复函"，这实际上是将主送机关移至标题中了，它虽凸显了主送机关，但增长了标题，也打破了文本的常态结构，故现在不再使用这种形式。

2.主送机关

函的主送机关是具体明确的，有确定的主送机关。因此，函与通知一样，不能不写主送

机关。

3.正文

正文一般包括缘由、事项和结语三层。写法上，致函与复函略有区别。

（1）致函正文开头扼要交代发函的缘由，再具体讲明要办什么事，最后针对内容和要求选择恰当的结语作结，如"请函复""请同意""请批准""是否同意，请研究后及时函复""特此函达"等。

（2）复函正文开头引叙来文，常用"《××××关于……的函（请示）》（××〔201×〕×号）收悉"作引语；接下来针对来函询问或请批的事项作出具体答复，若答复的事项较复杂，则应分点另段行文，同时在缘由部分的末句使用过渡语，使之上下衔接缜密，过渡自然；最后有针对性地选用"此复""特此函复""专此函复"等结语作结。

4.文尾

文尾写明署名和成文日期两个内容。

（四）写作注意事项

函的写作必须注意以下三点。

1.行文规范

函要符合法定公文的行文规范，要体现标题、主送机关、正文和文尾四大板块，且各板块又由规范要素构成，一定要完整而规范地体现，不能因其多为事务性和书信性质而随意为之。

2.直陈其事、言简意明

函的行文不能像个人书信那样问候、寒暄，搞情感投资，而要开门见山，直陈其事，力戒套话、空话。

3.用语得体

函是平行文，用语既要表现出对对方的诚意和尊重，如一般称对方为"贵"，与对方商量事情，须用商量口吻，不能强加于人，但又不能不讲分寸，用一些过分谦卑的虚假之辞。总之，语言要符合行文关系，既亲切自然，又有礼有节、不卑不亢。

思考与实训

1.批复应怎样写批复意见？

2.致函与复函在写法上有哪些不同？

3.请示与函同用于请求批准时有何区别？

4.根据下面提供的材料，起草一份批复，不明要素可虚拟。

××区规划局最近就城市违章建筑没收问题请示市规划局。市规划局拟作答复，对五种情况应予没收：①以土地使用者或业主名义报建，进行非法交易或变相买卖的；②擅自兴建，对近期城市规划影响比较小的；③擅自缩小建筑间距或加层增加建筑面积的；④不按规划管理部门的审批规定，拒不提供给有关部门统一安排生活配套设施及其他指定用途的建筑部分的；⑤未经市规划局批准，擅自改变建筑物使用性质的。

5.根据下列事项的需要，遵循隶属关系和职权范围原则，选用合适文种和合理材料，草拟公文。

××中学的大门面对繁华街市，学校为了利用这一有利条件经商创收，决定把它改建为商店，并将大门移建至面向弄堂的一侧。此事要得到主管上级区教育局的认同，还要得到主管规划建设的区城建办同意，然后才能进行其他一系列的筹建工作，付诸实施。

6. 分析下文存在的问题并进行修改。

××学校办公室关于解决进修教师住宿的函

××大学办公室：

　　首先，我们以校方的名义向贵校致以亲切的问候。在此，我们冒昧地请求贵校帮助解决我校面临的一个难题。

　　事情是这样的。最近，我校为了培养师资，选派了五名教师到贵校××学院进修。因该院基建工程尚未完工，学校住宿紧张，我校几位进修教师的住宿问题几经协商仍得不到解决。在进退维谷的情况下，我们情急生智，深晓贵校府高庭阔、物实人济，且有乐于助人之美德。因此，我们抱一线希望，冒昧地向贵校求援，请求贵校救人之危，伸出援助之手，为我校进修教师的住宿提供方便。为此，我们将不胜感激。有关住宿费用等事宜，统按贵校的有关规定办理。

　　以上区区小事，不值得惊扰贵校，实为无奈，望能谅解。最后，再次恳请予以关照！

××学校办公室

××××年×月×日

第五章

党政法制性文书读写

党的十八届四中全会审议通过的《中共中央关于全面推进依法治国若干重大问题的决定》指出，全面推进依法治国，总目标是建设中国特色社会主义法治体系，建设社会主义法治国家。全面推进依法治国，事关我们党执政兴国、人民幸福安康、党和国家长治久安。党的十九大又提出，到2035年基本建成法治国家、法治政府、法治社会。为此，党中央组建了中央全面依法治国委员会，从全局和战略高度对全面依法治国作出了一系列重大决策部署，推动我国社会主义法治建设发生了历史性变革、取得了历史性成就，全面依法治国实践取得了重大进展。

建设中国特色社会主义法治体系，必须坚持立法先行，发挥立法的引领和推动作用。深入推进科学立法、民主立法，完善立法项目征集和论证制度，健全立法机关主导、社会各方有序参与立法的途径和方式，拓宽公民有序参与立法途径。作为当代大学生，学习党政法制性文书，对于参与国家法制建设和依法治国都是必需的、有益的。

第一节 党政法制性文书概述

一、党政法制性文书的概念

党政法制性文书指党政法律制度性文书。根据宪法和有关法律的规定，我国只有全国人大及人大常委会才有立法权。除授权外，党政系统无权立法，但可以制定法规、规章和规范性文件、内部管理制度。

本章所讲的党政法制性文书，指各级党政机关制定的，用以调整或规定国家、党政组织和个人社会关系和行为规范，实现有序化、强制性管理，具有相对稳定性、约束性和规范体式的文书。其内涵包括党政法规和规章以及各级党政机关、单位、社会组织制定的规范性文件和内部管理制度。

二、党政法制性文书的作用

党政法制性文书的适用范围广泛,大到党和国家机关、社会团体、企事业单位,小到班组,它都适用。它是宪法、法律、法令和党的方针、政策的具体化,是人们行为的准则和规约,作用显而易见。

(一)执行依据作用

党和国家的方针、政策和法律、法令往往只从宏观角度制定,是一种原则性的规定。为了便于领导、管理和实施相关规定,党政机关、军事机关、社会团体、企事业单位须制定相应的法制性文书分解方针、政策和法律、法令,使之具体化。所以,党政法制性文书体现了方针、政策和法律、法令的原则和要求,具有执行依据作用。

(二)制约和规范作用

党政法制性文书在一定范围内要求人们共同遵守,是人们办事的准则和行动的规约。由于它约束了人们的行为,规范了人们的行动,因而具有制约和规范作用。

(三)科学管理作用

党政法制性文书能够明确相关人员的责任,协调人们的工作,严肃组织的纪律,从而提高工作效率和管理水平,因而具有科学管理作用。

三、党政法制性文书的特点

党政法制性文书有些是国家法律系统的一部分,如行政法规、规章,有些即便未进入国家法律系统,也是国家法律、法规的有益补充,体现法律精神,所以它们具有法律文书的特点,也有自身的特点。

(一)效力的稳定性

党政法制性文书效力的稳定性表现在:一方面其以宪法、法律和党章为制定依据,是所依据的法律、条例的具体说明和辅助规定,不能超越所依据的法律、条例的相关规定,因而具有相对稳定性;另一方面,党政法制性文书适用的对象和时间相对稳定,其修订和更新的周期较长,所以具有相对稳定的效力。

(二)实施的强制性

党政法制性文书是为了维护党的组织和社会秩序、加强管理、推进工作而制定的。它是党政机关意志的体现,一经公布实施,在其所管辖的范围内具有约束力和强制力,有关机构和人员必须遵守和执行,若违反将受到相应的处罚。

(三)制发的程序性

党政法制性文书的制发有严格的程序,即通过严格法定程序后才能获得法定效力。一般而言,党政法制性文书的制发都需经过立项、起草、审查、决定与公布的程序,而且,不同级别的党政法制性文书的制定机关与发布机关不同。

（四）内容表述的周密性

党政法制性文书表述的周密性表现在三个方面：一是党政法制性文书的内容与外部法律系统保持一致与协调，具体表现为下位的党政法制性文书必须服从上位的党政法制性文书，不得与上位法、法规等相抵触；二是党政法制性文书自身内容表述上逻辑严密、条理清晰、具体明确，不得存在考虑不周或自相矛盾的问题；三是党内法规必须与党章的精神保持高度一致。

（五）格式的规范性

党政法制性文书的行文格式大致有章条式、条款式和序条式三种，但都是逐章逐条列出的写法。条款层级由大到小依次分为：章、条、款、项、目。在具体的党政法制性文书中，可根据内容的繁简程度决定条款的层级，多则用五级，少则用"条""项"或"目"一级。一般"章"都标有章题。正文整体上体现"总则""分则""附则"三大内容层次，"分则"可以根据内容性质分列成若干章。"章""条"一般用汉字小写序数词标注，如"第二章""第一条"；"项"和"目"分别用汉字小写数字和阿拉伯数字，如用"一""二""三"和"1""2""3"等标注；"款"不冠数字，以自然段的形式列出，有几款，就写成几个自然段。党政规范性文件中的规定、规则、办法、细则等，可根据内容的复杂程度选用上述三种方式行文，而决议、决定、命令、意见、通知等则采用党政机关公文写作方式行文。

（六）发布的公开性

党政法制性文书须在相应范围内公开发布才能生效和实施。党内法制性文书经批准后，根据各级各类党的组织分别采用中共中央文件、中共中央办公厅文件、中央纪律检查委员会文件、中央各部门文件，以及省、自治区、直辖市党委文件、党委办公厅文件的形式公开发布，其文种使用印发通知。行政法制性文书的发布有两种情况：一是行政法规和行政规章由国务院总理和国务院各部门、各省市自治区政府行政首长签署政府或部门令公开发布；二是内部管理制度由制发机关用印发通知发布。

四、党政法制性文书的种类

党政法制性文书大致包括以下几类。

（一）党政法规

党政法规是中央党内法规与行政法规的合称。党的中央组织制定的党内法规称中央党内法规。中央党内法规主要有党章、准则和条例三类。党章对党的性质和宗旨、路线和纲领、指导思想和奋斗目标、组织原则和组织机构、党员义务和权利以及党的纪律等作出根本规定，党章在党内法规中具有最高效力，由党的全国代表大会制定、修改并发布。准则对全党政治生活、组织生活和全体党员行为作出基本规定，由中央委员会全体会议或者中央政治局会议审议批准，以中共中央名义发布。条例对党的某一领域重要关系或者某一方面重要工作作出全面规定，由党的中央组织制定，以中共中央名义发布。

行政法规是国务院为了领导和管理国家各项行政工作，根据宪法和法律，按照《行政法规制定程序条例》制定的有关政治、经济、教育、文化、外事等各方面有强制执行力的各类法规的总称。行政法规是国家法律系统的重要组成部分，其制定主体是国家最高行政机关——国务院及其授权机构。行政法规的文种有条例、规定、办法和决定。

（二）党政规章

党内规章是由中央纪律检查委员会、中央各部门，以及省、自治区、直辖市党委制定的党内法规，主要有规则、规定、办法、细则四类。

行政规章是国务院各部门和省、自治区、直辖市及设区的市、自治州人民政府按照《规章制定程序条例》制定发布的，在全国或者相应的行政区域内具有法定效力的法制性文书。行政规章主要有规定、办法、细则、决定等。

（三）党政规范性文件

党的规范性文件指党组织在履行职责过程中形成的具有普遍约束力、在一定时期内可以反复适用的文件，如《中共中央关于加强党内法规制度建设的意见》《中共中央办公厅关于开展党内法规和规范性文件清理工作的意见》《关于党政机关停止新建楼堂馆所和清理办公用房的通知》等。

行政规范性文件指地方县（市、区）级人民政府和县级及以上政府部门，根据法律、法规、规章授权以及上级政府的决定和命令，依照法定权限和程序制定，在本地区、本部门或所辖区域内普遍适用的规范性文件。

（四）党政内部管理制度

党政内部管理制度是党政机关、社会团体、企事业单位等为建立、维持各种正常秩序或为完成某项特定的任务和目标而制定的，要求所辖成员或相关人员共同遵守的行为准则或办事规程。它适用于党政机关、团体、企事业单位等的内部管理，其文种有制度、规则、规范、守则、规程、须知和规定、办法、细则、决定。

第二节 党政法规读写

党政法规是党的中央党内法规与国务院制定的行政法规的合称。中央党内法规对全体党组织的工作、活动和全体党员行为起规范作用，如《中国共产党章程》《中国共产党纪律处分条例》。

行政法规是国家法律系统的重要组成部分，其法定效力虽低于宪法和法律，但高于部门规章和地方规章，在全国范围内普遍适用。行政法规是国家各项方针、政策、法律和法令的具体化，在全国范围内起依据、制约、规范和管理的重要作用。

一、例文导读

【例文5-1】

中国共产党廉洁自律准则[1]

中国共产党全体党员和各级党员领导干部必须坚定共产主义理想和中国特色社会主义信念,必须坚持全心全意为人民服务根本宗旨,必须继承发扬党的优良传统和作风,必须自觉培养高尚道德情操,努力弘扬中华民族传统美德,廉洁自律,接受监督,永葆党的先进性和纯洁性。

党员廉洁自律规范

第一条　坚持公私分明,先公后私,克己奉公。
第二条　坚持崇廉拒腐,清白做人,干净做事。
第三条　坚持尚俭戒奢,艰苦朴素,勤俭节约。
第四条　坚持吃苦在前,享受在后,甘于奉献。

党员领导干部廉洁自律规范

第五条　廉洁从政,自觉保持人民公仆本色。
第六条　廉洁用权,自觉维护人民根本利益。
第七条　廉洁修身,自觉提升思想道德境界。
第八条　廉洁齐家,自觉带头树立良好家风。

【导读】党的十八大以来,随着全面从严治党实践的不断深化,2010年1月中共中央印发的《中国共产党党员领导干部廉洁从政若干准则》已不能完全适应新的实践需要,党中央决定予以修订,并更名为《中国共产党廉洁自律准则》重新印发。《中国共产党廉洁自律准则》充分体现了坚持依规治党与以德治党相结合、全面从严治党的新要求,为党员和党员领导干部树立了一个追求高尚道德高标准,对于深入推进党风廉政建设和反腐败斗争、加强党内监督、永葆党的先进性和纯洁性具有十分重要的意义。

该准则采用序条式行文,简明上口,利于记忆。

【阅读思考】

1.例文序言表达的是什么内容?
2.分析本准则条文表达的特点。

---

[1] 引自共产党员网。

【例文5-2】

行政法规制定程序条例[1]

（2001年11月16日中华人民共和国国务院令第321号公布
根据2017年12月22日《国务院关于修改〈行政法规制定程序条例〉的决定》修订）

第一章 总 则

第一条 为了规范行政法规制定程序，保证行政法规质量，根据宪法、立法法和国务院组织法的有关规定，制定本条例。

第二条 行政法规的立项、起草、审查、决定、公布、解释，适用本条例。

第三条 制定行政法规，应当贯彻落实党的路线方针政策和决策部署，符合宪法和法律的规定，遵循立法法确定的立法原则。

第四条 制定政治方面法律的配套行政法规，应当按照有关规定及时报告党中央。

制定经济、文化、社会、生态文明等方面重大体制和重大政策调整的重要行政法规，应当将行政法规草案或者行政法规草案涉及的重大问题按照有关规定及时报告党中央。

第五条 行政法规的名称一般称"条例"，也可以称"规定""办法"等。国务院根据全国人民代表大会及其常务委员会的授权决定制定的行政法规，称"暂行条例"或者"暂行规定"。

国务院各部门和地方人民政府制定的规章不得称"条例"。

第六条 行政法规应当备而不繁，逻辑严密，条文明确、具体，用语准确、简洁，具有可操作性。

行政法规根据内容需要，可以分章、节、条、款、项、目。章、节、条的序号用中文数字依次表述，款不编序号，项的序号用中文数字加括号依次表述，目的序号用阿拉伯数字依次表述。

第二章 立 项

第七条 国务院于每年年初编制本年度的立法工作计划。

第八条 国务院有关部门认为需要制定行政法规的，应当于国务院编制年度立法工作计划前，向国务院报请立项。

国务院有关部门报送的行政法规立项申请，应当说明立法项目所要解决的主要问题、依据的党的路线方针政策和决策部署，以及拟确立的主要制度。

国务院法制机构应当向社会公开征集行政法规制定项目建议。

第三章 起 草

第十一条 行政法规由国务院组织起草。国务院年度立法工作计划确定行政法规由国务院的一个部门或者几个部门具体负责起草工作，也可以确定由国务院法制机构起草

---

[1] 引自中国政府网。

或者组织起草。

第十二条 起草行政法规，应当符合本条例第三条、第四条的规定，并符合下列要求：

（一）弘扬社会主义核心价值观；

（二）体现全面深化改革精神，科学规范行政行为，促进政府职能向宏观调控、市场监管、社会管理、公共服务、环境保护等方面转变；

（三）符合精简、统一、效能的原则，相同或者相近的职能规定由一个行政机关承担，简化行政管理手续；

（四）切实保障公民、法人和其他组织的合法权益，在规定其应当履行的义务的同时，应当规定其相应的权利和保障权利实现的途径；

（五）体现行政机关的职权与责任相统一的原则，在赋予有关行政机关必要的职权的同时，应当规定其行使职权的条件、程序和应承担的责任。

第四章 审　　查

第十八条 报送国务院的行政法规送审稿，由国务院法制机构负责审查。

国务院法制机构主要从以下方面对行政法规送审稿进行审查：

（一）是否严格贯彻落实党的路线方针政策和决策部署，是否符合宪法和法律的规定，是否遵循立法法确定的立法原则；

（二）是否符合本条例第十二条的要求；

（三）是否与有关行政法规协调、衔接；

（四）是否正确处理有关机关、组织和公民对送审稿主要问题的意见；

（五）其他需要审查的内容。

第五章 决定与公布

第二十六条 行政法规草案由国务院常务会议审议，或者由国务院审批。

国务院常务会议审议行政法规草案时，由国务院法制机构或者起草部门作说明。

第二十七条 国务院法制机构应当根据国务院对行政法规草案的审议意见，对行政法规草案进行修改，形成草案修改稿，报请总理签署国务院令公布施行。

签署公布行政法规的国务院令载明该行政法规的施行日期。

第二十八条 行政法规签署公布后，及时在国务院公报和中国政府法制信息网以及在全国范围内发行的报纸上刊载。国务院法制机构应当及时汇编出版行政法规的国家正式版本。

在国务院公报上刊登的行政法规文本为标准文本。

第二十九条 行政法规应当自公布之日起30日后施行；但是，涉及国家安全、外汇汇率、货币政策的确定以及公布后不立即施行将有碍行政法规施行的，可以自公布之日起施行。

第三十条 行政法规在公布后的30日内由国务院办公厅报全国人民代表大会常务委员会备案。

第六章 行政法规解释

第三十一条 行政法规有下列情形之一的，由国务院解释：

（一）行政法规的规定需要进一步明确具体含义的；

（二）行政法规制定后出现新的情况，需要明确适用行政法规依据的。

国务院法制机构研究拟订行政法规解释草案，报国务院同意后，由国务院公布或者由国务院授权国务院有关部门公布。

行政法规的解释与行政法规具有同等效力。

第三十二条 国务院各部门和省、自治区、直辖市人民政府可以向国务院提出行政法规解释要求。

第三十三条 对属于行政工作中具体应用行政法规的问题，省、自治区、直辖市人民政府法制机构以及国务院有关部门法制机构请求国务院法制机构解释的，国务院法制机构可以研究答复；其中涉及重大问题的，由国务院法制机构提出意见，报国务院同意后答复。

第七章 附 则

第三十四条 拟订国务院提请全国人民代表大会或者全国人民代表大会常务委员会审议的法律草案，参照本条例的有关规定办理。

第三十五条 国务院可以根据全面深化改革、经济社会发展需要，就行政管理等领域的特定事项，决定在一定期限内在部分地方暂时调整或者暂时停止适用行政法规的部分规定。

第三十六条 国务院法制机构或者国务院有关部门应当根据全面深化改革、经济社会发展需要以及上位法规定，及时组织开展行政法规清理工作。对不适应全面深化改革和经济社会发展要求、不符合上位法规定的行政法规，应当及时修改或者废止。

第三十七条 国务院法制机构或者国务院有关部门可以组织对有关行政法规或者行政法规中的有关规定进行立法后评估，并把评估结果作为修改、废止有关行政法规的重要参考。

第三十八条 行政法规的修改、废止程序适用本条例的有关规定。

行政法规修改、废止后，应当及时公布。

第三十九条 行政法规的外文正式译本和民族语言文本，由国务院法制机构审定。

第四十条 本条例自2002年1月1日起施行。1987年4月21日国务院批准、国务院办公厅发布的《行政法规制定程序暂行条例》同时废止。

（编者注：限于版面篇幅，删减了部分条款）

【导读】这份《行政法规制定条例》文本由标题、题注和正文构成。标题由内容和文种构成，题注对其发布、修订情况作了有关说明，正文对行政法规制定的立项、起草、审查、决定、公布、解释等程序作了全面系统的规定，因内容较复杂而采用章条式行文。章条式行文是根据内容的性质和逻辑联系，分章设项，各章又根据内容需要分设若干条，各条以整个正文统一排序，章断条连。这样，既体现每章内容在性质上的相对独立性，又体现全部内容的整体性。这是内容复杂的法制性文书的通用行文方式之一。

【阅读思考】

1.该条例第一章和第七章的条文分别明确了哪些具体内容？

2.该条例的行文用到了哪些层级？最高的层级是什么？最低的层级是什么？请分别举例说明。

【例文5-3】

> **国务院关于修改《建设工程勘察设计管理条例》的决定**[1]
>
> 国务院决定对《建设工程勘察设计管理条例》作如下修改：
>
> 增加一条，作为第四十条："违反本条例规定，勘察、设计单位未依据项目批准文件、城乡规划及专业规划，国家规定的建设工程勘察、设计深度要求编制建设工程勘察、设计文件的，责令限期改正；逾期不改正的，处10万元以上30万元以下的罚款；造成工程质量事故或者环境污染和生态破坏的，责令停业整顿，降低资质等级；情节严重的，吊销资质证书；造成损失的，依法承担赔偿责任。"
>
> 此外，将第二十五条第一款中的"城市规划"修改为"城乡规划"，并对条文顺序作相应调整。
>
> 本决定自公布之日起施行。
>
> 《建设工程勘察设计管理条例》根据本决定作相应修改，重新公布。

【导读】本决定是国务院对原《建设工程勘察设计管理条例》进行的补充和修订。补充的第四十条和修订的第二十五条是为适应新形势的发展和新情况的出现。因其内容具有与行政法规同等的性质和效力，故仍需用命令发布，写法上则与党政机关公文决定基本相同。

【阅读思考】

1.本决定是补充性行政法规，从中我们可以看出补充性行政法规应写明哪些内容？

2.本决定与党政机关公文中的决定在写法上有哪些异同？

二、基础知识认知

（一）特点

1.制定机关的唯一性

中央党内法规由党的中央组织依据党章，按照《中国共产党党内法规制定条例》制定，其他党组织不能制定中央党内法规。行政法规由国务院根据宪法和法律，按照《行政法规制定程序条例》制定。这是宪法赋予国务院的权利，其他任何行政机关都无权制定行政法规。

---

[1] 引自中国政府网。

2. 制定的程序性

党政法规的制定均有法定程序。党内法规制定要经过规划与计划、起草、审批与发布。行政法规的制定要经过立项、起草、审查、决定与公布，当条文需要进一步明确界限或者作出补充规定时，还须由国务院解释。

3. 行文的规范性

党政法规行文使用文种高度规范。党内法规的文种有党章、准则、条例、规则、规定、办法、细则，行政法规的文种有条例、规定、办法和决定。此外，党政法规行文体现法律文书行文的高度规范性，它们往往根据内容需要，严格按照章、条、款、项、目的层次行文，逻辑严密，不可随意发挥或创新。

4. 实施同具法律效力

党政法规是国家法律系统的重要组成部分，其法定效力仅次于宪法和法律，高于党内规章或者部门规章和地方规章，在全党或全国范围内普遍适用，违者将受党纪或法律的严惩。

（二）分类

（1）按系统分，有党内法规和行政法规。

（2）按法规性质分，有法规、补充法规、实施法规和特别法规。

（3）按管理权限分，有授权性法规、直发性法规和批准性法规。

（4）按内容分，有事项性法规和职权性法规。

（5）按文种分，党内法规的文种有党章、准则、条例、规则、规定、办法、细则；行政法规的文种有条例、规定、办法和决定。

三、党政法规的写法

党政法规文本由标题、题注和正文三部分构成。

（一）标题

党政法规的标题有三项式和两项式两种。

1. 三项式

（1）由"适用范围/对象+事项+文种"构成，如"中国共产党党内法规制定条例""中华人民共和国政府采购条例"。

（2）由"制定机关名称+事由+文种"构成，如"国务院关于修改《建设工程勘察设计管理条例》的决定"。

2. 两项式

（1）由"组织+文种"构成，如"人民调解委员会组织条例"。

（2）由"事项+文种"构成，如"存款保险条例"。

根据《行政法规制定程序条例》的规定，国务院根据全国人民代表大会及其常务委员会的授权决定制定的行政法规，标题称"暂行条例"或者"暂行规定"。如果是试行、补充、特别的法规，也应在文种前表明其性质，或在文种后面用括号注明其性质。

（二）题注

题注是对党政法规有关情况的说明，包括制定、发布、批准机关（或会议）名称，批准（或通过）日期，修订和补充的情况，等等。题注写在标题下方，有的用括号，有的不用括号。如《建设工程勘察设计管理条例》的题注为："（2000年9月25日中华人民共和国国务院令第293号公布　根据2015年6月12日《国务院关于修改〈建设工程勘察设计管理条例〉的决定》修订）。"

该题注对公布的机关、公布的日期以及修订的情况作了说明。

新制定的行政法规伴有发布令，新制定的党内法规伴有通知，所以都不需要写题注。

（三）正文

在内容上，正文部分往往对制定的目的、依据、适用范围、主管部门、具体规定、法律责任、奖惩办法、解释权、施行日期等作出详尽的规定。

（1）内容复杂的党政法规一般采用章条式行文，如《行政法规制定程序条例》。其一般包括总则、分则和附则三部分。第一章为总则；中间部分为分则，且根据不同性质分章行文，各章以小标题形式明确其具体内容；最后一章为附则，对制定机关名称、解释权、施行日期等作出说明。

（2）内容相对简单的党政法规可采用条文式。条文式行文虽然没有写明"总则""分则"和"附则"，但是在行文上还是按照"总则""分则"和"附则"的内容逻辑排序，只不过不分章行文，而是按照条序行文。如果有需要，"条"下可以按"款""项""目"的层序依次行文。内容层级简单的党政法规，一般不采用"项"或"目"的层次。

四、写作注意事项

（一）合乎立法原则

制定党政法规，必须符合宪法、法律和党章的规定，并遵循立法法确定的立法原则。任何违反立法原则的党政法规都是无效的。

（二）合乎行文规范

党政法规行文要根据实际需要采用章条式或条文式，在结构层次上，要注意章、节、条、款、项、目的规范使用；条文要具体明确，用语简洁规范，逻辑严密，备而不繁，具有很强的可操作性。

（三）正确使用文种

党政法规文种的针对性与适用性是不同的，必须根据实际情况准确使用。另外，修订党内法规用决议，修订行政法规用决定，不可使用其他文种。

思考与练习

1. 何谓党政法规？它有什么作用？
2. 党政法规主要有哪些文种？

3.党政法规有什么特点?
4.怎样写党政法规的标题?
5.党政法规正文部分行文有哪两种方式?它们各自适用于哪种情况?

第三节 党政规章读写

党政规章是指由中央纪律检查委员会、中央各部门和省、自治区、直辖市党委就其职权范围内有关事项制定的党内法规和国务院各部门,以及各省、直辖市、自治区及设区的市、自治州人民政府按照《规章制定程序条例》制定发布的,在全党或全国或者相应的行政区域内具有法定效力的法制规章文书。

党政规章是实现党的方针、政策和国家法律法规规定的得力工具,同样具有依据、制约、规范和科学管理的作用。

一、例文导读

【例文5-4】

广西壮族自治区党内规范性文件制定办法[1]

第一章 总 则

第一条 为规范我区党内规范性文件制定工作,推进党的建设制度化、规范化、程序化,提高我区党内规范性文件制定科学化水平,根据《中国共产党党内法规制定条例》《中共广西壮族自治区委员会党内法规制定细则》,结合我区实际,制定本办法。

第二条 党内规范性文件,是指自治区、市、县(市、区)党委及纪委、党委各部门在履行职责过程中形成的具有普遍约束力、可以反复适用的文件,包括贯彻执行上级和本级党委决策部署、指导推动经济社会发展、涉及人民群众切身利益、加强和改进党的建设等方面的重要文件。

第三条 党内规范性文件的名称一般为决议、决定、意见、通知等。自治区纪委、自治区党委各部门和市、县(市、区)级党内规范性文件的名称可以使用规则、规定、办法、细则等。

决议用于对自治区、市、县(市、区)党代表大会、党委全委会会议、纪委全会等会议讨论通过的重大决策事项作出规定。

决定用于对贯彻执行中央决策部署和涉及自治区、市、县(市、区)全局性工作的重要事项作出决策和部署。

意见用于对自治区、市、县(市、区)经济、政治、文化、社会、生态文明和党的建设的重要问题提出见解和处理办法。

通知用于发布、传达要求自治区、市、县(市、区)各级党组织周知或者执行的事项。

---

[1] 引自广西县域经济网。

规则、规定、办法、细则对党的某一方面重要工作或者事项作出具体规定。

第四条 采用决议、决定、意见、通知作为名称的党内规范性文件的内容一般不用条款形式表述。

第五条 制定自治区党内规范性文件由自治区党委统一领导，自治区党委办公厅承担党内规范性文件制定的统筹协调工作，自治区党委办公厅法规工作机构承办具体事务。

各市、县（市、区）党委及纪委、党委各部门负责职权范围内的党内规范性文件制定工作，其所属负责法规工作的机构承办具体事务。

第六条 制定党内规范性文件应当遵循党规与国法相衔接、相协调，职权与职责相一致，精简与效能相适应的原则。

第二章 起草与报送（略）
第三章 审批与发布（略）
第四章 适用与解释（略）
第五章 备案、清理与评估（略）
第六章 附　　则（略）

第三十条 乡（镇）党委党内规范性文件制定、备案等工作参照本办法执行。

第三十一条 本办法由自治区党委办公厅负责解释。

第三十二条 本办法自发布之日起施行。

【导读】这是一份地方党内规章，其文种是办法。办法适用于对某项工作做具体、详细规定，操作性、实施性很强。该办法只适用于广西壮族自治区各级党组织，内容上只涉及广西壮族自治区各级党组织党内规范性文件的制定，事项单一；行文采用章条式，表述具体、详细、周全，规定性、操作性很强。

【阅读思考】

1. 本办法与党内法规中的办法有何区别？
2. 本办法对规范性文件文种的使用有哪些规定？

【例文5-5】

不可靠实体清单规定[1]

（中华人民共和国商务部2020年第4号令公布）

第一条 为了维护国家主权、安全、发展利益，维护公平、自由的国际经贸秩序，保护中国企业、其他组织或者个人的合法权益，根据《中华人民共和国对外贸易法》《中华人民共和国国家安全法》等有关法律，制定本规定。

第二条 国家建立不可靠实体清单制度，对外国实体在国际经贸及相关活动中的下

---

[1] 引自中国政府网。

列行为采取相应措施：

（一）危害中国国家主权、安全、发展利益；

（二）违反正常的市场交易原则，中断与中国企业、其他组织或者个人的正常交易，或者对中国企业、其他组织或者个人采取歧视性措施，严重损害中国企业、其他组织或者个人合法权益。

本规定所称外国实体，包括外国企业、其他组织或者个人。

第三条 中国政府坚持独立自主的对外政策，坚持互相尊重主权、互不干涉内政和平等互利等国际关系基本准则，反对单边主义和保护主义，坚决维护国家核心利益，维护多边贸易体制，推动建设开放型世界经济。

第四条 国家建立中央国家机关有关部门参加的工作机制（以下简称工作机制），负责不可靠实体清单制度的组织实施。工作机制办公室设在国务院商务主管部门。

第五条 工作机制依职权或者根据有关方面的建议、举报，决定是否对有关外国实体的行为进行调查；决定进行调查的，予以公告。

第六条 工作机制对有关外国实体的行为进行调查，可以采取询问有关当事人，查阅或者复制相关文件、资料以及其他必要的方式。调查期间，有关外国实体可以陈述、申辩。

工作机制可以根据实际情况决定中止或者终止调查；中止调查决定所依据的事实发生重大变化的，可以恢复调查。

第七条 工作机制根据调查结果，综合考虑以下因素，作出是否将有关外国实体列入不可靠实体清单的决定，并予以公告：

（一）对中国国家主权、安全、发展利益的危害程度；

（二）对中国企业、其他组织或者个人合法权益的损害程度；

（三）是否符合国际通行经贸规则；

（四）其他应当考虑的因素。

第八条 有关外国实体的行为事实清楚的，工作机制可以直接综合考虑本规定第七条规定的因素，作出是否将其列入不可靠实体清单的决定；决定列入的，予以公告。

第九条 将有关外国实体列入不可靠实体清单的公告中可以提示与该外国实体进行交易的风险，并可以根据实际情况，明确该外国实体改正其行为的期限。

第十条 对列入不可靠实体清单的外国实体，工作机制根据实际情况，可以决定采取下列一项或者多项措施（以下称处理措施），并予以公告：

（一）限制或者禁止其从事与中国有关的进出口活动；

（二）限制或者禁止其在中国境内投资；

（三）限制或者禁止其相关人员、交通运输工具等入境；

（四）限制或者取消其相关人员在中国境内工作许可、停留或者居留资格；

（五）根据情节轻重给予相应数额的罚款；

（六）其他必要的措施。

前款规定的处理措施，由有关部门按照职责分工依法实施，其他有关单位和个人应当配合实施。

第十一条　将有关外国实体列入不可靠实体清单的公告中明确有关外国实体改正期限的，在期限内不对其采取本规定第十条规定的处理措施；有关外国实体逾期不改正其行为的，依照本规定第十条的规定对其采取处理措施。

第十二条　有关外国实体被限制或者禁止从事与中国有关的进出口活动，中国企业、其他组织或者个人在特殊情况下确需与该外国实体进行交易的，应当向工作机制办公室提出申请，经同意可以与该外国实体进行相应的交易。

第十三条　工作机制根据实际情况，可以决定将有关外国实体移出不可靠实体清单；有关外国实体在公告明确的改正期限内改正其行为并采取措施消除行为后果的，工作机制应当作出决定，将其移出不可靠实体清单。

有关外国实体可以申请将其移出不可靠实体清单，工作机制根据实际情况决定是否将其移出。

将有关外国实体移出不可靠实体清单的决定应当公告；自公告发布之日起，依照本规定第十条规定采取的处理措施停止实施。

第十四条　本规定自公布之日起施行。

【导读】这是一份部门规章，文种为规定。规定是适用于对某一党政工作做部分规定的法制文书。该规章对国家建立不可靠实体清单制度做出规定。正文采用条款式行文，表述具体明晰，有利于执行操作。这是法制性公文中相对章条式行文的又一典型行文方式，可作借鉴。

【阅读思考】

1.本规定哪些条文属于"总则"性质内容，哪些条文属于"附则"性质内容？
2.怎样理解规定的适用性？

二、基础知识认知

（一）特点

因制发机关级别不同，党政规章与党政法规的适用范围和法定效力不同，但两者制定机关的法定性、制定的程序性、行文的高度规范性是一致的。在规章中，细则相对其他规章具有一定的特殊性，下面谈谈党政规章细则的特点。

1.诠释性

为便于法规的实施与执行，往往使用细则对法规的全部或部分内容作权威性的具体诠释与说明，因而具有诠释性。如《〈深圳经济特区欠薪保障条例〉实施细则》就是对《深圳经济特区欠薪保障条例》如何实施作出详细的诠释，使其意思表达更明确具体，以利于执行。

2.依附性

细则往往依附某一法律、法规而制定。细则依附的法律、法规是其制定的基础，没有原有法律或法规，就没有实施细则。所以，细则的内容不能超越原有法律、法规的范围，更不能违背原有法律、法规的精神。如《〈珠海经济特区预防腐败条例〉实施细则》的第一条规定："根据《珠海经济特区预防腐败条例》（以下简称条例），制定本细则。"由此可见，细则具有依附性。

3.可操作性

细则常常对有关法律、法规的概念进行界定，并规定具体适用的范围和执行的程序，从而使实施主体便于操作和执行。

4.补充性

法律和法规往往是比较精要的条文，在实施中具有伸缩性。因而，为了更切合实际，往往需要通过细则作出补充规定和辅助性的说明。《个人外汇管理实施细则》就是对《个人外汇管理办法》的补充规定和说明。

（二）分类

1.按系统分，有党内规章和行政规章

党内规章虽然也统称党内法规，但实际上它与党内中央法规是有适用范围、权威性与法定效力的区别的，因此只可当作党内规章看待。行政规章是指国务院各部门、地方各省、自治区、直辖市或者设区的市、自治州人民政府依法或被授权制定的规章。

2.按制定机关性质分，有部门规章和地方规章

由国务院各部门依法或被授权制定的规章称为部门规章。由地方各省、自治区、直辖市或者设区的市、自治州人民政府依法或被授权制定的规章称为地方规章。另外，依法不具有规章制定权的县（市、区）人民政府制定、发布具有普遍约束力的法制性公文，一般称为规章性公文。

3.按规章性质分，有正式规章、暂行规章、实施规章、补充规章

正式规章即比较成熟的规章，由暂行规章上升而来。暂行规章是指从制定开始就被认定为不成熟，需要实践检验，只作暂用、试用或急用的规章。实施规章是指为实施某一法规而制定的具体细化便于执行的规章。补充规章是根据新情况与新形势，对正在生效实施的规章的部分内容进行补充的规章。

4.按文种分，有八种文种

党内规章有规则、规定、办法、细则四个文种，行政规章有规定、办法、细则、决定四个文种。

三、党政规章的写法

党政规章的写法与党政法规的写法几乎一致，仍由标题、题注和正文构成。标题也有三项式和两项式的写法，新发布的党政规章往往没有题注。在行文方式上，党政规章也有章条式和条文式两种写法，正文部分亦由总则、分则与附则构成。拟写党政规章时，我们可以参照上一节党政法规的写法，此处不再赘述。

需要注意的是，补充性规定由于内容简易单一，宜采用序条式行文——开头以自然段形式写序，接着主体以"条"的形式行文，或者开头以自然段的形式写序，然后主体以"项"或"目"的形式行文。

四、写作注意事项

（一）合乎立法原则

制定党政规章时，制定机关须遵循立法法确定的立法原则，条文内容须符合宪法、法

律、党政法规和其他上位法的规定。

（二）符合规范

党政规章用语要准确简明，内容要明确、具体，具有可操作性。另外，法律、法规已明确规定的内容，党政规章原则上不作重复规定。

（三）正确使用文种

首先，《中国共产党党内法规制定条例》第四条规定"党内法规的名称为党章、准则、条例、规则、规定、办法、细则"，但该条同时规定"中央纪律检查委员会、中央各部门和省、自治区、直辖市党委制定的党内法规，称为规则、规定、办法、细则"，可见党内规章不得用党章、准则、条例。《规章制定程序条例》第六条规定"规章的名称一般称'规定''办法'，但不得称'条例'"，可见行政规章不得使用条例文种。

其次，要正确使用规定与办法。规定强调对特定范围内的工作和事务制定相应措施，办法是为了贯彻法令或者做好某方面的党政工作而制定具体详细的规定，两者有显著区别。

再次，细则是依附性公文，若无原法律、法规可依附，不得使用细则文种。

（四）注意标题拟写

党政规章标题的结构一般为"制发机关+规范内容+文种"或"适用范围+事项+文种"，也可以为"内容（或事项）+文种"。但是，特定党政规章还应在文种前或者文种后用括号注明其性质，如"暂行""试行""特别"等字样。

（五）选用恰当行文方式

党政规章视内容复杂程度选用不同的行文方式。一般而言，内容较复杂的党政规章采用章条式行文，内容相对简单的采用条款式行文。

思考与练习

1. 何谓党政规章？它有什么作用？
2. 党政规章中的规定、办法、细则和决定分别适用于哪种情况？
3. 细则有哪些特点？
4. 制定党政规章须注意哪些事项？

第四节　党政规范性文件读写

党政规范性文件是指各级党政机关发布的，对某一领域范围内法律范畴以外的具有普遍约束力的准法（或非立法）性文件。目前，我国法律法规对于党政规范性文件的含义、制发主体、制发程序和权限以及审查机制等，尚未作全面统一的规定。这类非立法性规范性文件的制定主体也比较多，如各级党组织、各级人民政府及其所属工作部门、人民团体、社团组织、企事业单位、法院、检察院等都可制发。

党政规范性文件的作用主要体现在三个方面。第一，执行法律、法规和规章。实现上位法授权和立法目的，细化上位法有关程序，解释、使用上位法。第二，履行法定职责，发挥党政管理效力，弥补法律不足。在现实管理中，对某一部门、某一领域出现的问题，法律上出现空缺，或虽有法规、规章的原则规定但缺乏更细致的操作细则或办法，难以从根本上得到解决时，就可以用党政规范性文件来解决。第三，规范党政行为，约束党政机关自由裁量权，促进依法治党依法行政。自由裁量权的合法、合理、适当，需要通过规范性文件加以固定。

一、例文导读

【例文5-6】

中共中央关于加强党的政治建设的意见[1]
（2019年1月31日）

为深入贯彻落实习近平新时代中国特色社会主义思想和党的十九大精神，切实加强党的政治建设，坚持和加强党的全面领导，推进全面从严治党向纵深发展，不断提高党的执政能力和领导水平，确保全党统一意志、统一行动、步调一致向前进，现提出如下意见。

一、加强党的政治建设的总体要求

旗帜鲜明讲政治是我们党作为马克思主义政党的根本要求。党的政治建设是党的根本性建设，决定党的建设方向和效果，事关统揽推进伟大斗争、伟大工程、伟大事业、伟大梦想。

二、坚定政治信仰

加强党的政治建设，必须坚持马克思主义指导地位，坚持用习近平新时代中国特色社会主义思想武装全党、教育人民，夯实思想根基，牢记初心使命，凝聚同心共筑中国梦的磅礴力量。

三、坚持党的政治领导

党是最高政治领导力量，党的领导是中国特色社会主义最本质的特征，是中国特色社会主义制度的最大优势。加强党的政治建设，必须坚持和加强党的全面领导，完善党的领导体制，改进党的领导方式，承担起执政兴国的政治责任。

四、提高政治能力

加强党的政治建设，关键是要提高各级各类组织和党员干部的政治能力。必须进一步增强党组织政治功能，彰显国家机关政治属性，发挥群团组织政治作用，强化国有企事业单位政治导向，不断提高党员干部特别是领导干部政治本领。

五、净化政治生态

加强党的政治建设，必须把营造风清气正的政治生态作为基础性、经常性工作，浚其源、涵其林，养正气、固根本，锲而不舍、久久为功，实现正气充盈、政治清明。

---

[1] 引自中国政府网。

六、强化组织实施

　　加强党的政治建设是一项重大艰巨的政治任务。各地区各部门要进一步增强推进党的政治建设的自觉性、坚定性,把思想和行动统一到党中央部署要求上来,加强组织领导、强化责任担当,确保本意见提出的各项举措落到实处,确保党的政治建设取得成效。

　　各地区各部门要紧密结合自身实际制定贯彻实施本意见的具体措施。中央军委可以根据本意见提出加强军队党的政治建设的具体意见。

　　（编者注,因版面限制,有删减）

【导读】这是一份中央党内规范性文件。它为加强党的政治建设提出了规范性、指导性意见,具有规范全党政治建设的指导作用。意见由标题、题注和正文构成。标题由发文机关名称、事由和文种构成;题注注明发文时间;正文开头、主体和结尾三部分齐全。开头述明制发该意见的目的;主体首先阐明加强党的政治建设的总体要求,然后围绕总体要求,从坚定政治信仰、坚持党的政治领导、提高政治能力、净化政治生态、强化组织实施五个方面阐明实现总体要求的二十条具体措施;结尾分别向各地区各部门、中央军委提出贯彻落实本意见的要求。

【阅读思考】

1. 该意见"加强党的政治建设的总体要求"部分具体阐述了哪些方面的内容?
2. 试分析该意见行文的特点。

【例文5-7】

东莞市新型冠状病毒肺炎疫情防控指挥部办公室关于做好新冠肺炎疫情常态化防控工作的通告[1]

（第25号）

　　当前,我市新冠肺炎疫情总体平稳可控,已进入疫情防控常态化阶段,但受全球疫情大流行影响,境外输入、境内反弹的风险依然存在,必须做好长期防控准备,落实常态化防控措施。为保障人民群众生命安全和身体健康,保障经济社会秩序全面恢复,现就有关事项通告如下:

　　一、科学做好个人防护。"每个人是自己健康第一责任人"。广大市民群众要增强自身防护意识,从自我做起、从家人做起,养成勤洗手、常通风、多运动、用公筷的良好卫生习惯;养成不接触、不食用野生动物,咳嗽、打喷嚏时注意遮挡,保持1米以上的社交距离,减少非必要的人群聚集,在人员密集的封闭场所、与他人小于1米距离接触时佩戴口罩的健康生活方式。医疗机构工作人员,在密闭、半密闭公共场所工作的营业

---

[1] 引自东莞市人民政府网。

员、保安员、保洁员、司乘人员、客运场站服务人员、警察人员以及就医人员要佩戴口罩。出现身体发热等不适时，应佩戴口罩前往正规医院发热门诊就诊，如实告知医生近14天内旅居史，与可疑发热咳嗽患者、疫情高发地区和入境人士接触暴露史。市民有新冠病毒核酸检测需求的，可到便民服务点进行采样。故意隐瞒涉疫旅居史和接触史的，将依法严肃追究法律责任。

二、保持环境卫生整洁。深入开展"爱卫月"和"爱卫突击周"活动，把环境治理措施落实到社区、村居、单位和家庭中。大力推进城乡环境治理，落实公共场所、公共设施、公共交通工具、小区楼道电梯和密闭、半密闭场所等的日常清洁、通风消毒措施，加强对农贸市场、城中村、城乡接合部、厂区、出租屋、铁路与高速公路沿线、站场码头等部位的环境卫生整治，消灭卫生死角，营造干净整洁环境，防止传染病滋生蔓延。

三、配合健康服务管理。从口岸入境的人员（含港澳台地区，含中转旅客）应主动如实申报健康码，全部集中医学观察14天，实施免费核酸检测，集中隔离食宿费用自理。符合居家医学观察条件的，按相关规定执行。各单位可根据疫情防控需要，采取体温检测、健康码查验等措施，在莞人员应积极配合。在各公共场所入口处进行体温检测和健康码查验，无法出示健康码的人员，若体温检测正常，可凭7日内新冠病毒核酸检测结果阴性证明或7日内解除隔离医学观察通知书，持有效身份证明并做好个人信息登记后进入。一旦出现疫情，各级各部门可划定一定范围的重点防控区域和重点防控人群，有关场所和人员应按规定配合做好流行病学调查、核酸检测、隔离医学观察等健康服务管理措施。

四、稳妥开放公共场所。在落实疫情防控措施的前提下，全面开放商场、超市、宾馆、餐馆等生活场所；采取预约、错峰、限流等方式，开放公园、旅游景点、运动场所和图书馆、博物馆、美术馆等室内场馆，以及影剧院、歌舞娱乐场所、游艺厅、网吧、酒吧、美容美发、洗浴、室内健身等密闭、半密闭的娱乐休闲场所，可举办各类必要的会议、会展等活动。落实公共场所、场站码头、公共交通工具等进出人员和工作人员的健康监测。各公共场所开放期间，应优先打开门窗，采用自然通风；需要使用集中空调通风系统时，应按照《新冠肺炎疫情期间办公场所和公共场所空调通风系统运行管理指引（第二版）》规范使用。

五、落实单位防控责任。各用人单位要履行主体责任，优化日常防控管理，做好厂房、食堂、宿舍等公共区域通风、清洁、消毒等防疫措施，完善防控预案并组织演练。建立员工健康申报、体温检测和人员出入登记管理制度，为员工配备必要的防护用品，指导员工做好个人防护。加强对密闭、半密闭空间从业人员新入职核酸排查与日常健康监测。控制会议频次和规模，落实分区作业、分散错峰就餐等制度，做好活动轨迹、工位、餐位、床位"四固定"，尽量减少人员聚集。

本通告自发布之日起施行，此前通告与本通告不一致的，以本通告为准。

东莞市新型冠状病毒肺炎
疫情防控指挥部办公室
2020年5月22日

【导读】这是一份地方性行政规范性文件。它对东莞全市做好新冠肺炎疫情常态化防控工作进行了指导性布置和规范。在新冠肺炎疫情尚未解除期间必须按此规范防控。该文由标题、文号、正文和文尾构成。标题由发文机关名称、事由和文种构成。文号使用单一的序号（第×号）形式，但不需加括号；单用序号形式似乎也欠妥，行政公文中通常只有命令和公告单用序号作文号，而通告则使用"机关代字+〔年份〕+序号"的发文字号。正文开头、主体和结尾三层齐全。开头阐明做好新冠肺炎疫情常态化防控的缘由与目的，主体集中阐述做好新冠肺炎疫情常态化防控工作的五条规范化措施（做法），结尾对该规范性文件的生效和效用作出说明。文尾署明发文机关和发文时间。

【阅读思考】

1. 上述两例文为何可归类为规范性文件？
2. 上述意见与通告的写法与党政机关公文的意见与通告的写法是否相同？

二、基础知识认知

（一）特点

党政规范性文件是抽象的党政管理行文，与具体的党政管理行为相比，具有如下特点。

1. 规范性

党政规范性文件的精神实质与法律、法规和规章一脉相承，是对法律、法规和规章的贯彻执行的一种延伸或进一步具体化、细化，它同样对相关组织和个人的行为起规范和约束作用。

2. 外部性

党政规范性文件的内容直接关系到公共利益、社会秩序和管理相对人的权利义务，具有普遍（不针对特定对象）适用性作用。

3. 反复适用性

党政规范性文件在一定时期内的效用保持相对稳定，可以被同类事项反复适用，不像有些文件只针对某一特定对象或特定现实问题，问题解决了，效用就消失了。

（二）分类

1. 按适用系统分，有党内规范性文件和行政规范性文件

党内规范性文件是各级党组织制发的规范性文件，行政规范性文件是各级行政机构制发的规范性文件。

2. 按中央和地方分，有中央规范性文件和地方规范性文件

中央规范性文件包括党中央及其部门制发的规范性文件和国务院及其部门制发的规范性文件，地方规范性文件是指地方县级（含县级）以上的各级政府及其部门制发的规范性文件。

3. 按制发主体性质分，有四种类型的文件

党内规范性文件可分为中央党内规范性文件和部门党内规范性文件，行政规范性文件可分为政府规范性文件和部门规范性文件。

三、党政规范性文件文本的写法

党政规范性文件的写法可分两种情况：一种是以决议、决定、命令、通知、意见、公告、通告、批复等文种行文的，一般不分条款行文，而是基本按照党政机关公文的写作要求行文；另一种是以规则、规定、办法、细则等文种行文的，基本按照法律、法规和规章的章条式或条款式或序条式行文。

四、写作注意事项

（一）内容合法合规

根据有关法律法规规定，行政规范性文件不得设定以下内容。

（1）行政许可以及面向社会实施的非行政许可审批。
（2）行政处罚。
（3）行政强制。
（4）行政事业性收费。
（5）行政征用。
（6）依法应当由法律、法规、规章或者上级机关设定的其他内容。
（7）没有法律、法规、规章为依据的限制公民、法人和其他组织的权利或者增加公民、法人和其他组织的义务的内容。

（二）正确识别党政规范性文件

由于党政规范性文件制发主体多，文种复杂，很容易造成对党政规范性文件的模糊认识。因此，不能光从文种上去识别是否是规范性文件，而要从文件内容特点去判断。《中国共产党党内法规和规范性文件备案审查规定》第二条第三款明确将下列文件排除在党内规范性文件备案审查之列。

（1）印发领导讲话、年度工作要点、工作总结等内容的文件。
（2）关于人事调整、表彰奖励、处分处理以及机关内部日常管理等事项的文件。
（3）请示、报告、会议活动通知、会议纪要、情况通报等文件。
（4）其他按照规定不需要备案审查的文件。
同理，这些类型的行政文件也不能成为行政规范性文件。

（三）正确选用文种与行文体例

采用党政机关公文文种的应采用党政机关公文的规范行文，采取党政法规、规章性公文的应采取章条式、条款式、序条式行文。《广西壮族自治区党内规范性文件制定办法》第三条规定："党内规范性文件的名称一般为决议、决定、意见、通知等。自治区纪委、自治区党委各部门和市、县（市、区）级党内规范性文件的名称可以使用规则、规定、办法、细则等。"《安徽省行政机关规范性文件制定程序规定》第六条规定："规范性文件的名称一般称'规定''办法''细则'等。"我们可以从这两份地方规章中获得启迪：具有制发法规和规章权限的党政机关与部门，根据法律、法规和其上位法的规定，在其法定权限内制发非法规和规章之外，具有规范党政管理事务，公开发布并反复适用的，具有普遍约束力的文件，就用决议、决定、意见、通知等文种，其行文体例也与党政机关公文写法相同；无制发法规和规章的党政机关及其部门，依法在其权限内制发具有规范党政管理事务，公开发布并反复适用的，具有普遍约束力的文件，就要用规则、规定、办法、细则等文种，其行文体例也如同法规、规章。

思考与练习

1. 什么是党政规范性文件？
2. 党政规范性文件有哪些特征？
3. 写作党政规范性文件文本要注意哪些事项？
4. 怎样正确选择党政规范性文件的文本文种？
5. 怎样撰写党政规范性文件文本？

第五节 党政内部管理制度读写

党政内部管理制度是适用于党政机关、社会团体、企事业单位内部管理的规则、规程、办法、制度、须知等文书的总称。制度一经制定发布，就对所辖成员或从事某项工作的相关人员具有指导和约束作用。在管理中，制度是管理科学化、职责具体化与程序规范化的有力保证。

一、例文导读

【例文5-8】

中共广东××学院委员会讲座、论坛、报告会等活动管理办法
（2020年6月19日××党〔2020〕12号通知印发）

　　第一条　为进一步规范和加强校内举办的各级各类讲座、论坛、报告会等活动的管理，落实高校政治安全工作的主体责任，根据中央和省委有关文件要求，结合我校实际，制定本办法。

　　第二条　本办法适用于学校各部门、二级学院、群团组织单独或与校外单位（个人）联合举办或线上举办，以及校外单位（个人）租借学校场地举办的各类讲座、论坛、报告会等活动。

　　第三条　组织开展讲座、论坛、报告会等活动，必须遵守宪法和相关法律法规，符合党和国家的教育方针政策，有利于引导师生树立社会主义核心价值观，不得涉及以下内容：

　　（一）违反宪法所确定的基本原则；

　　（二）危害国家安全，泄露国家秘密，煽动颠覆国家政权，破坏国家统一；

（三）损害国家的荣誉和利益；
（四）煽动民族仇恨、民族歧视，破坏民族团结；
（五）破坏国家宗教政策，宣扬邪教、封建迷信；
（六）散布谣言，编造和传播假新闻，扰乱社会秩序，破坏社会稳定；
（七）散布淫秽、色情、赌博、暴力、恐怖信息或教唆犯罪；
（八）侮辱或诽谤他人，侵害他人合法权益；
（九）法律、法规禁止的其他内容。

第四条 校内组织开展的各类讲座、论坛、报告会等活动，主办者至少提前5个工作日通过OA系统提交《广东××学院讲座、论坛、报告会等活动审批备案表》，严格履行事前审批及备案手续。

（一）以学校名义面向全校师生举办的各类讲座、论坛、报告会等活动，由主办者申报，主管校领导审批，校党委办公室政治核准；特别重要的由党委办提交校党委会讨论决定。

（二）各二级学院面向本学院师生举办的各类讲座、论坛、报告会等活动，由主办者申报，所在单位的党政主要负责人审核，主管校领导审批，并报学校党委办公室备案。

（三）学校学生团、学组织主办的，由主办者申报，分别由校团委、学工部审核，主管校领导审批，并报学校党委办公室备案。

（四）凡邀请境外（含港、澳、台地区）人员担任主讲人的各级各类讲座、论坛、报告会等活动，一般由主办者申报，国际交流合作处审核，主管校领导审批，校党委办公室政治核准；特别重要的由党委办提交校党委会讨论决定。

第五条 校内外联合承办的各类讲座、论坛、报告会等活动，由校内承办者通过OA系统填写《审批备案表》，并按第四条规定程序上报审批。

第六条 校外单位或个人仅租借校内场地举办的各类讲座、论坛、报告会等活动，由校外单位或个人提出申请，经场地主管部门审核后报主管校领导审批，并报学校党委办公室备案。

第七条 利用互联网举办的各类讲座、论坛、报告会等活动，由主办者按上述第四、第五条规定办理。

第八条 讲座、论坛、报告会等活动的最终审批部门，要及时通知校保卫处，做好相关的安全保卫工作。

第九条 组织开展讲座、论坛、报告会等活动，严格按照"谁主办、谁负责、谁监管"的原则，严把意识形态属性审核关。各审批部门应对讲座、论坛、报告会等活动主讲人的思想政治倾向，以及内容的健康性和政治观点的正确性负责。发现主讲人有思想政治倾向问题、所讲内容有违国家法规政策的或存在错误观点、不实言论的，一律不予批准；对申请理由不充分、材料不全面、步骤不规范的，坚决予以退回。

未经审批或不符合要求的讲座、论坛、报告会等，一律不得举办。

第十条 活动的具体负责人必须全程跟听，如发现主讲人的内容有政治性错误观点，主办者要及时制止，消除不良影响，必要时应终止此次活动，同时要第一时间向审批部门和学校党政主要领导汇报情况。

第十一条 讲座、论坛、报告会等活动申请被批准后，主办单位要落实党政主要负责人是第一责任人的主体责任，必须严格按照申请内容组织实施，不得擅自更改活动内容、时间、地点、对象。

主讲人、讲座主题或主办单位有变化的，须重新申办。

第十二条 经批准举办的活动，主办者凭《审批备案表》可在校园网、学校公众号等进行信息发布和新闻宣传，并可在校内指定位置张贴海报等；未经审批备案的，校内新闻媒体一律不作报道。

第十三条 各类讲座、论坛、报告会等宣传阵地管控情况，纳入学校各部门的意识形态工作责任制落实情况的监督考核内容。

第十四条 学校各部门各单位应安排专人负责本单位各类讲座、论坛、报告会等活动的申报审批、信息发布等工作。

第十五条 党委办公室负责统筹学校讲座、论坛、报告会等宣传阵地的管理，并对各级各类讲座、论坛、报告会等宣传阵地的管控情况进行检查。

第十六条 学校各部门各单位要牢固树立政治安全、意识形态安全意识和责任意识，对因审查不严、疏于管理造成不良社会政治影响的、发生群体性事件或人身伤亡事故的、不按审批备案程序擅自举办活动的、擅自租借学校场地影响安全稳定的或造成其他严重后果的，将依据有关规定，严厉追责，严肃处理。违反国家法律法规的，移送司法机关依法处理。

第十七条 本办法由学校党委办公室负责解释。

第十八条 本办法自印发之日起实施。

【导读】这是一份院党委制发的院内讲座、论坛、报告会等活动管理办法，因其制发主体级别较低，且规范对象为院内，内容为讲座、论坛、报告会等活动，仅对单位内部的政治把关，保障意识形态领域安全问题，因此，它属于单位内部管理的制度性办法。该办法由标题、题注和正文构成。正文用条款式行文，内容涉及制定办法的目的、适用范围、活动内容要求、活动申请要求、活动审批与备案、申请者和审批者的责任、失责处理，以及办法解释的权属和时效。内容具体明确，操作性强，行文遵循总则、分则和附则的顺序，线索清晰，逻辑性较强，符合办法的写作要求。

【阅读思考】

1. 试指出该办法的总则条文与附则条文。
2. 厘清分则条文的具体内容以及它们之间的逻辑关系。

【例文5-9】

中国银行股份有限公司长城借记卡章程（2017年版）[1]

（编者注，因版面限制，正文被省略，详见中国银行网站：https://www.boc.cn/bcservice/bc3/bc31/201706/t20170628_9844351.html）

【导读】本章程属于业务章程，是围绕中国银行股份有限公司长城借记卡的规范化运作而制定的，应属于制度范畴，其实该章程改用"规程"可能更合适。该文由标题和正文两部分构成。标题采用"制定机关＋业务事项＋文种"的结构，正文部分条文内容详尽，逻辑严密，事项规定具体，对持卡人熟悉长城借记卡的使用有很大的帮助作用。

【阅读思考】

1. 本章程哪些地方体现了它是依法制定的？
2. 本章程正文部分采用何种方式行文？

【例文5-10】

盐田区发展和改革局（区统计局）固定资产管理制度[2]

为推进精细化管理，加强我局固定资产管理，维护资产的安全和完整，提高资产使用效益，根据党政机关固定资产管理有关规定，并结合我局实际情况，特制定本管理制度。

一、固定资产管理内容

本制度所指的固定资产是指使用年限在一年以上，单位价值在1 000元以上，并在使用过程中基本保持原来的实物形态，由我局财政资金购置或者接受赠送、奖励等途径获得的各项资产，单位价值虽然未到规定标准，但是办公室认为有必要作为固定资产管理的物品，也视同固定资产管理。包括专用设备、一般设备、文物和陈列品、其他固定资产等。

二、固定资产管理主体

局机关及下属事业单位的固定资产统一由办公室管理，办公室负责固定资产的采购、使用分配、转移、报废和清查，同时做好固定资产台账的建立，指定专人负责管理固定资产。区前期办固定资产管理相对独立，区前期办需参照局固定资产管理办法制定前期办固定资产管理制度，并指定专人负责管理。

三、固定资产购置（略）

---

[1] 引自中国银行网站，此为2017年修改版。
[2] 引自深圳盐田政府在线。

新编经济应用文读写教程

四、固定资产的使用、保管、转移（略）

五、固定资产的维修（略）

六、固定资产的报废（略）

七、固定资产的清查（略）

八、本制度由办公室负责解释。

九、本制度自印发之日起执行。

（编者注：因篇幅限制，有删减）

【导读】这是盐田区发改局为加强固定资产的管理，严肃组织纪律而制定的办事程序和行为准则的制度。该制度标题部分明确了其适用范围、规范内容，正文部分对固定资产管理涉及的内容、主体和固定资产的购置使用、保管、转移、清查作了详尽的规定，既有实操性，也有强制性。该文写作规范，表述清晰，值得借鉴。

【阅读思考】

1. 结合本制度，谈谈部门管理制度一般包括哪些内容。
2. 本制度正文部分采用何种方式行文？

【例文5-11】

国务院工作规则[1]

（根据第十三届全国人民代表大会第一次会议批准的《国务院机构改革方案》，国务院各部门机构和职能调整陆续到位。为更好指导和规范国务院及各部门的工作，国务院决定对《国务院工作规则》予以修订，并公布实施。国发〔2018〕21号通知印发。）

第一章　总　　则

一、第十三届全国人民代表大会第一次会议产生的新一届中央人民政府，根据《中华人民共和国宪法》和《中华人民共和国国务院组织法》，制定本规则。

二、国务院工作的指导思想是，在以习近平同志为核心的党中央坚强领导下，高举中国特色社会主义伟大旗帜，以马克思列宁主义、毛泽东思想、邓小平理论、"三个代表"重要思想、科学发展观、习近平新时代中国特色社会主义思想为指导，认真贯彻党的基本理论、基本路线、基本方略，坚持和加强党的全面领导，严格遵守宪法和法律，全面正确履行政府职能，建设人民满意的法治政府、创新政府、廉洁政府和服务型政府。

三、国务院工作的准则是，执政为民，依法行政，实事求是，民主公开，务实清廉。

第二章　组成人员职责（略）
第三章　全面正确履行政府职能（略）

---

[1] 引自中央政府门户网站。

> 第四章　坚持依法行政（略）
> 第五章　实行科学民主决策（略）
> 第六章　推进政务公开（略）
> 第七章　健全监督制度（略）
> 第八章　会议制度（略）
> 第九章　公文审批（略）
> 第十章　工作纪律（略）
> 第十一章　廉政和作风建设（略）
>
> ……
> 六十四、国务院直属特设机构、直属机构、办事机构、直属事业单位适用本规则。
> （编者注，因版面限制，详见中国政府网）

【导读】这是国务院为实现内部工作规范化而制定的一份制度性工作规则。其适用范围仅为国务院及其直属机关单位（即国务院及其直属特设机构、直属机构、办事机构、直属事业单位），而非国务院所有下辖行政机关（如省、市、区政府）。从其性质看，制发的行政机关级别虽高，但只对其内部机关产生约束力，而非对外产生普遍约束力，因而它只能是国务院的内部管理制度，而非全国性行政法规，故其发布用"通知"，而非"命令"。

该文因只对机关内务工作的各有关方面的管理作出规定，故用规则行文。全文由标题、题注和正文构成。标题明示适用范围、规范内容（对象）和文种。题注注明规则修订依据、缘由、目的和发布文号。正文分章列项行文，与规范的章条式比较，这里的第二个层级没用"条"，而是用"项"，即不是用"第×条"，而是用序数表示，但实际作用是相同的。因此，我们可将其看作章条式的一种变异。由此可见，法规、规章的制定在形式上的统一性和严肃性是被高度强调的，而制度则可根据实际情形允许有灵活性，这是由它们的性质不同决定的。从内容上看，该规则涉及国务院组成人员职责、政府职能、依法行政、科学民主决策、政务公开、监督制度、会议制度、公文审批、工作纪律和作风等相关方面的规范，并重点突出工作方面的内容规范。该文内容全面系统、重点突出，规定明确具体，集规定性与操作性于一体，具有很强的可行性。

【阅读思考】

1.所有行政机关都可以制定制度，所有行政机关都可以制定法规和规章，这种说法对吗？为什么？

2.不管行政机关级别多高，凡发布制度类公文都应使用通知，这种说法对吗？为什么？

二、基础知识认知

（一）特点

1.内部性与事务性

党政管理制度是党政机关、社会团体、企事业单位内部管理文书。它的制发旨在规范所辖内部成员或相关工作人员从事某项职业、某个岗位或完成某项工作的行为，而不像规范性文件具有外部性；其内容大多偏向于业务、事务，而非偏向于政治。

2. 针对性与指导性

党政管理制度针对党政机关、社会团体、企事业单位的内部管理，往往需要对所辖人员或某一具体事项作出详尽的规定，因而其适用对象与适用范围具有针对性。而制度的指导性体现为提示与指导相关人员如何开展工作和怎样遵守事项的细则。

3. 规定性与制约性

制定党政管理制度的目的与制定党政法规、党政规章的目的是相类似的，都是为了加强管理，规范有关人员的行为，只不过制定的主体、适用的范围和产生的约束力不同而已。规定性是法制性文书的基本属性，所以制度具有规定性。另外，制度一经制定颁布，有关人员就必须严格遵守，否则将受到相应的处罚，因而具有制约性。

4. 程序性与规范性

党政制度主要是为规范某项党政工作而制定的，而许多工作的操作讲究程序性，相关操作者只有遵循其程序性才能办好，特别是技术性强与高危性工作强调一定要按规程进行，因而制度具有程序性的特点。此外，制度还具有规范性，体现在它规范化了工作的职责，使岗位职责明晰化，管理方法科学化。

5. 灵活性与鞭策性

制度的灵活性是指其行文不仅可以采用章条式，也可以采用条款式，还有其他变通的行文方式。有些制度往往会悬挂或张贴在工作场所，时刻鞭策相关人员遵守纪律，努力工作。

（二）分类

（1）按照其用途划分，有两大类：一类侧重约束行为、明确职责与规范道德，如守则、准则、规范、须知等；另一类侧重对工作的要求与规范，如规则、规程、制度等。

（2）按内容划分，有工作制度、学习制度、生产制度、财务管理制度等。

（3）按效用划分，有正式制度和非正式制度。

（4）按制定的主体划分，有社会团体制度、事业单位制度、企业制度、国家机关制度等。

三、党政内部管理制度的写法

制度一般由标题、正文和文尾三部分构成。

（一）标题

（1）适用范围+规范内容+文种。如"国务院工作规则"。
（2）规范内容+文种。如"固定资产管理制度"。
除了以上两种写法，制度的标题还有仿公文式。

（二）正文

制度的正文可根据其适用范围、具体内容与使用的特定场所决定行文方式。内容复杂的多用章条式、条款式，内容简易的，多用条款式、序条式。序条式制度的正文可以分两层表述。

（1）序言：交代制定制度的依据、指导思想以及适用范围、目的与要求。
（2）主体：具体说明所辖成员或相关人员共同遵守的行为准则、办事规程或工作程序，一般分条项写。

（三）文尾

制度文尾一般包括两个内容：一是制定者，二是制发的日期。日期应写明具体的年、月、日。

四、写作注意事项

（一）合法求实

合法是指制度要依照国家的法律、法规与政策制定。求实则是指切合实情，实事求是，符合实际需要，行之有效。

（二）规范严谨

制度行文要符合规范，用语得体，同时，内容要彼此连贯、逻辑严密、结构严谨，避免前后重复或相互矛盾。

（三）简明清晰

制度的表述要简洁明了、准确通俗，便于理解和执行；不能深奥难懂、含糊不清，不利于遵守。

（四）与时俱进

社会在发展，新形势与新情况不断出现，因而制度也必须与时俱进，针对实际情况及时修订与补充，以适应时代的发展需要。

思考与练习

1. 什么是制度？它有什么作用？
2. 制度有什么特点？写作制度时需要注意什么？
3. 制度如何写作？
4. 请根据你所在单位的实际情况，撰写一份《××××固定资产管理制度》。

第六章

常用经济纠纷法律文书读写

随着人们法制观念的增强,在经济活动中,当发生纠纷时,为了维护自身的合法权益,人们往往通过两种合法的方式解决:一是向双方选定的仲裁机构申请仲裁,由仲裁机构解决;二是向人民法院提起民事诉讼,请求人民法院裁判。向仲裁机构申请仲裁,仲裁当事人及其委托代理人须提交仲裁申请书,答辩方须出具仲裁答辩书。请求人民法院做出裁判,公民、法人或其他非法人组织须提交法院要求的诉讼法律文书。本章重点介绍发生经济纠纷时常用到的法律文书——仲裁申请书、民事起诉状、民事上诉状、民事答辩状的读写。

第一节 仲裁申请书读写

仲裁申请书是指平等主体的公民、法人或其他非法人组织之间发生合同纠纷和其他财产权益纠纷时,当事人根据双方事先达成的仲裁协议,向选定的仲裁委员会提出申请,请求仲裁机构通过仲裁公平合理地解决纠纷的法律文书。

《中华人民共和国仲裁法》(以下简称《仲裁法》)第二十一条规定,当事人申请仲裁应当符合下列条件:有仲裁协议;有具体的仲裁请求和事实、理由;属于仲裁委员会的受理范围。《仲裁法》第二十二条还规定:"当事人申请仲裁,应当向仲裁委员会递交仲裁协议、仲裁申请书及副本。"

仲裁申请书是当事人申请仲裁的书面请求,也是仲裁机构处理当事人之间的争议和进行仲裁的主要依据。只有当事人向双方选定的仲裁机构提交仲裁申请书,才能启动仲裁程序。首先提交仲裁申请书的一方为申请人,相对的一方为被申请人。被申请人也可以提出反请求,提出反请求也要提交仲裁申请书。仲裁委员会在收到仲裁申请书之日起5日内,作出受理或不受理的决定,并通知当事人。当事人可以委托律师进行仲裁活动,但必须向仲裁委员会提交授权委托书。

一、例文导读

【例文6-1】

仲裁申请书

申请人：×××，男，××××年××月××日出生，广州××公司销售部经理，住址：广州市××区××路××号，电话：020-××××××××。

被申请人：××房地产（集团）股份有限公司，地址：广州市××区××路××号××国际广场29-33层，法定代表人：×××，职务：董事长，电话：020-××××××××。

案由：

1.双方当事人签订的编号为20200202××××的《限价商品住宅买卖合同》第五十条："在本合同期内，双方如发生争议，应及时协商解决。若协商不成，按双方约定向广州仲裁委员会提请仲裁解决，并以广州仲裁委员会的决定为最终决定。"

2.《中华人民共和国民法典》第五百零七条："合同无效，被撤销或者终止的，不影响合同中独立存在的有关解决争议方法的条款的效力。"

仲裁请求：

1.请求裁决被申请人支付从2020年12月16日起至实际交房之日止的逾期交房违约金（暂计算至2021年2月1日，共47天）人民币14 102元；

2.请求裁决被申请人赔偿申请人律师代理费损失人民币300元；

3.本案仲裁费用由被申请人承担。

事实与理由：

20××年×月×日，申请人与被申请人签订编号为20200202××××的《限价商品住宅买卖合同》，由申请人购买被申请人开发的×××楼盘第××号楼××层××号商品房一套，房屋总价款人民币600 080元。《限价商品住宅买卖合同》及附件约定：甲方（被申请人）应当在2020年12月15日前将作为本合同标的物的房屋交付给乙方（申请人）使用；甲方交付的房屋应通过质量监督部门的验收，装饰、设备标准符合合同附件的要求等。

截至交房最后期限，申请人在验房时发现房屋存在严重渗水，墙体多处开裂，墙壁发霉、起泡、脱灰等诸多质量问题，导致申请人无法正常入住使用；且该商品房尚无永久性水、电、煤气、通信、通邮等生活必需的基础设施，房屋尚处于临水临电状态，完全不符合交付条件；此外，被申请人准备交付给申请人的商品房的装饰、设备标准与合同附件的约定相差甚远。

《中华人民共和国民法典》第五百零九条第一款规定，当事人应当按照约定全面履行自己的义务；第五百七十七条规定，当事人一方不履行合同义务或者履行合同义务不符合约定的，应当承担继续履行、采取补救措施或者赔偿损失等违约责任。

申请人认为：被申请人准备交付的房屋既没有达到合同约定的交房条件，且房屋存在诸多质量问题，导致延期交付的责任在被申请人。因此，申请人有权拒绝收房，要求被申请人交付具备正常使用条件的房屋并承担逾期交房的违约责任。

根据上述事实和法律，为维护申请人的合法权益不受侵犯，现诉请贵委，请依法裁决。
　　此致
广州仲裁委员会

申请人：×××
2021年2月×日

　　　附：1.本申请书副本×份；
　　　　　2.《限价商品住宅买卖合同》复印件×份；
　　　　　3.其他证明×份。

　　【导读】这是一份关于商品住宅买卖纠纷的仲裁申请书。申请人之所以向广州仲裁委员会申请裁决，是因为被申请人没有按期交付合格的房屋。

　　本文当事人基本情况完整，申请裁决的案由明晰，仲裁请求清楚明了，事实和理由部分以事实为基础，以双方签订的《限价商品住宅买卖合同》和《中华人民共和国民法典》有关法律条文规定为依据，阐明仲裁请求的正当性，重点指出××房地产（集团）股份有限公司的行为给自己造成的损失，强调被申请人应承担的责任。全文结构严谨，思路清晰，内容简明，重点突出，是一份格式规范、逻辑严密的仲裁申请书。

【阅读思考】

1.本例文"案由"部分，为何要写出《民法典》第五百零七条的条文内容？
2.本例文事实和理由部分如何做到逻辑严密、层次分明的？

二、基础知识认知

（一）特点

仲裁申请书有如下三个特点。

1.自愿性

当事人双方采用仲裁方式解决纠纷，应当秉持双方自愿原则，达成仲裁协议。若没有仲裁协议，一方申请仲裁的，仲裁委员会是不会受理的。

2.独立性

仲裁申请书提交后，仲裁依法独立进行，不受行政机关、社会团体的干涉。

3.实事求是

仲裁申请书应当以事实为根据，符合法律规定，以求公平合理解决纠纷。

（二）分类

根据不同的分类标准，仲裁可以划分为不同的类型。

1.国内仲裁和涉外仲裁

根据仲裁当事人就所发生纠纷提交仲裁的法律关系等要素是否具有涉外因素，可分为国内仲裁和涉外仲裁。国内仲裁是指不具有涉外因素的国内民商事纠纷的仲裁；涉外仲裁则是指涉及外国或外法域的民商事纠纷的仲裁。

2.机构仲裁和临时仲裁

根据是否在常设的专门仲裁机构进行仲裁，可分为机构仲裁和临时仲裁。机构仲裁是指根据双方当事人达成的仲裁协议，将纠纷提交给约定的某一常设仲裁机构所进行的仲裁；临时仲裁是指根据双方当事人达成的仲裁协议，将纠纷提交给由双方当事人选择的仲裁员临时组成的仲裁庭所进行的仲裁。

3.依法仲裁和友好仲裁

根据仲裁裁决所依据的实体规范，可分为依法仲裁和友好仲裁。依法仲裁是指仲裁庭依据一定的实体法律规范对当事人之间所发生的纠纷进行审理和裁决；友好仲裁亦称友谊仲裁、依原则仲裁，是指依据当事人的授权，仲裁庭放弃严格的法律规范，而以公平的标准和商业惯例作出对当事人有约束力的裁决。

三、仲裁申请书的写法

《中华人民共和国仲裁法》第二十三条规定仲裁申请书的内容应当载明下列事项："当事人的姓名、性别、年龄、职业、工作单位和住所，法人或者其他组织的名称、住所和法定代表人或者主要负责人的姓名、职务；仲裁请求和所根据的事实、理由；证据和证据来源、证人姓名和住所。"

依据上述规定，仲裁申请书分为首部、正文和尾部三部分的内容。

（一）首部

首部应写明标题、当事人基本情况两项内容。

1.标题

文书首页第三行居中写明"仲裁申请书"。

2.当事人基本情况

当事人包括申请人与被申请人，先写申请人及其委托代理人基本情况，再写被申请人及其委托代理人基本情况。当事人为公民个人的，应依次写明其姓名、性别、年龄、职业、工作单位和住所；当事人为法人或其他组织的，应写明其名称、住所，还要写明法定代表人或者负责人的姓名、职务。如果当事人有委托代理人的，应另起一行写明委托代理人的姓名和其他基本情况。

（二）正文

正文包括仲裁案由、仲裁请求、事实和理由。

1.仲裁案由

案由要写明申请人提请仲裁申请的依据，即申请仲裁所依据的仲裁协议的内容。

2.仲裁请求

仲裁请求要简明扼要地写明申请人请求仲裁机构解决的具体事项以及申请人通过仲裁所要达到的目的和要求，包括确认某种法律关系、变更某种法律关系，或者请求被申请人返还某种权益或财物。仲裁请求须合法合理，请求内容应明确、具体、可行。如果请求事项达两项以上，应分别列项写明。

3.事实和理由

此部分是仲裁申请书的核心内容。事实部分要扼要地写明申请人与被申请人之间的法律关系，详细具体地写明双方发生纠纷的时间、地点、起因、经过和结果，清晰地写明双方之间争议的焦点或主要分歧，要与仲裁请求事项相呼应，还要详细写明被申请人应负的责任。其后，理由部分要以上述事实为依据，援引具体的法律条款，紧扣仲裁请求，阐明仲裁请求的正当与合法，要阐明被申请人的行为给自己造成的损失，说明对方应承担的责任。此部分要求运用法律术语规范性地阐明申请人的观点和主张，论证说理要逻辑严密、层次分明。

4.证据和证据来源、证人姓名及住址

该部分须写明提请仲裁所依据的证据名称、来源或线索，提供证人的，应写明证人的姓名和住所。

（三）尾部

尾部要依次写明致送仲裁机关的名称，申请人署名，制作文书的年、月、日，附项。

1.致送仲裁机关名称

第一行空两字位置写"此致"，第二行顶行写"×××仲裁委员会"。

2.申请人署名

在致送仲裁机关名称的右下方写明"申请人：×××"，申请人为法人或其他组织的，除注明单位名称加盖公章外，还应由法定代表人或主要负责人签章。

3.制作文书的年、月、日

在申请人下方写明制作仲裁申请书的年、月、日。

4.附项

按照编号顺序依次写明下列内容。

（1）"本申请书副本×份"，申请书副本的份数由申请人按对方当事人的人数和仲裁庭组成人员的数量提供。

（2）提交的仲裁协议书或包含仲裁条款的合同副本的份数。

（3）申请人提交的其他证据清单，即提请仲裁所依据的证据名称、来源或线索，以及证人的姓名及住所。

四、写作注意事项

（一）事前须有仲裁协议

制作仲裁申请书之前须了解当事人双方是否在合同中立有仲裁条款或者争议发生后是否订有书面仲裁协议。另外，在仲裁申请书中一定要写明将纠纷提交仲裁所依据的仲裁协议并随交该仲裁协议书。这些是仲裁机构受理的前提条件，否则只能向法院起诉。

（二）在仲裁时效内提出

仲裁申请书必须在法律规定的仲裁时效届满前提出，也就是当事人知道或者应当知道其权利被侵害之日起法律规定的时限内提出。

（三）明确请求的范围

申请人的仲裁请求只能在仲裁协议所约定的范围内提出，不能超出仲裁委员会有权裁决事项的范围。

（四）注意不能仲裁的纠纷

《中华人民共和国仲裁法》第三条规定，下列纠纷不能仲裁：①婚姻、收养、监护、抚养、继承纠纷；②依法应当由行政机关处理的行政争议。

思考与练习

1. 什么叫仲裁申请书？它有什么作用？
2. 当事人申请仲裁应当具备哪些条件？
3. 写仲裁申请书应注意哪些事项？
4. 仲裁申请书中当事人的基本情况包括哪些内容？
5. 如何写仲裁申请书中的事实与理由？
6. 根据下面的材料，拟写一份仲裁申请书。

2013年3月8日××市××纺织有限公司和××投资有限公司经过协商签订了《投资建立××服装厂协议书》。协议书约定：双方共同投资800万元在××纺织有限公司驻地建立服装厂，双方均出资400万元各占50%的股份；投产后按投资比例共享利润、共担风险；第一批投资各200万元于2013年3月底到位，第二批投资各200万元于2013年7月底到位；服装厂厂房由××纺织有限公司组织施工建设，2013年4月初开始施工，计划2013年12月底建成投产。协议书还规定："本协议签订后，任何一方不得无故单方终止协议，否则，将由违约方赔偿守约方的一切损失。"双方在协议书中同时约定，如在协议履行中产生纠纷，双方不能协商解决时交由××市仲裁委员会裁决。

第一批投资各200万元双方均履行了出资义务，××纺织有限公司按时施工。2013年7月28日××投资有限公司突然致函××纺织有限公司称"经我方研究决定，不再给服装厂投资"。为此，××纺织有限公司多次与××投资有限公司协商，要求其履行先前所签协议。但是，××投资有限公司不仅不予理会，而且故意给施工工作设置重重障碍，致使××纺织有限公司损失160.6万元。

为了维护自身的合法权益，××纺织有限公司向双方选定的××市仲裁委员会提交了仲裁申请书，请求依法裁决。

第二节 民事起诉状读写

民事起诉状是指公民、法人或其他组织，在其民事权益受到侵害或与他人发生民事争议时，为维护自身的合法权益，依据事实与法律，向有管辖权的人民法院提起诉讼，请求人民法院进行公正裁决的诉讼文书。

《中华人民共和国民事诉讼法》第一百二十条规定："起诉应当向人民法院递交起

诉状，并按照被告人数提出副本。书写起诉状确有困难的，可以口头起诉，由人民法院记入笔录，并告知对方当事人。"并且该法第一百一十九条规定了起诉必须符合的条件："（一）原告是与本案有直接利害关系的公民、法人和其他组织；（二）有明确的被告；（三）有具体的诉讼请求和事实、理由；（四）属于人民法院受理民事诉讼的范围和受诉人民法院管辖。"

民事起诉状的作用有四个方面：①它是当事人行使起诉权的表现，是其维护自身合法权益、请求司法救济的途径；②它是人民法院受理第一审民事案件，启动民事诉讼程序的依据；③它是人民法院行使审判权的前提，是人民法院进行审理和裁判的依据；④它是民事诉讼的被告应诉和答辩的依据。

一、例文导读

【例文6-2】

民事起诉状

原告：×××，男，汉族，农民，1973年6月21日出生，住所：广东省××市××镇××村委会××组，电话：0763-×××××××。

被告：××市××镇中心卫生院，住所地：广东省××市××镇，法定代表人：×××，院长，电话：0763-×××××××。

诉讼请求：

1.判令被告赔偿原告以下经济损失共计人民币935 804.25元：

（1）医疗费人民币11 000元；（2）误工费人民币97 148元；（3）护理费人民币437 820元；（4）交通费人民币4 500元；（5）住宿费人民币2 500元；（6）住院伙食补助费人民币1 000元；（7）必要的营养费人民币2 500元；（8）残疾赔偿金人民币233 386元；（9）残疾辅助器具费人民币50 000元；（10）被扶养人生活费人民币95 950.25元；

2.判令被告赔偿原告精神损害抚慰金人民币50 000元；

3.判令被告承担本案的全部诉讼费用。

事实和理由：

2019年3月19日1时许，原告不慎跌倒摔伤，到被告处就诊。被告诊断为右股骨颈骨折并建议做手术。当时原告对被告的医疗水平表示担忧，并在3月20日要求转院。然而，被告显得信心满满，明确表示这只不过是一个小手术。于是，原告同意在被告处住院治疗。

2019年3月20日，被告给原告做了右股骨颈骨折闭合复位空心钉内固定术。2019年3月25日出院。然而，出院后，原告伤情不仅未见好转，反而疼痛有增无减。于是，原告从2019年4月7日至2019年4月10日又在被告处住院治疗。可是，出院后原告的患处同样没有好转，且有继续恶化的迹象。原告曾多次到被告处向被告反映病情，但是被告以神经末梢问题、术后正常现象以及神经损伤等理由敷衍原告。更加令人发指的是，2019年7月14日原告到被告处复查，被告竟然说原告的骨头已经在生长了。当2019年11月20日原告再次到被告处复查的时候，被告又说原告骨质疏松，补钙即可。2020年6

第六章　常用经济纠纷法律文书读写

月，手术一年后，原告依医嘱到被告处要求取出手术时钉在骨头里的钢钉，反映病情并要求复查。被告建议原告到秋天才来复查和取钢钉，至于疼痛问题，到时候弄一下神经就可以解决。

然而，原告的病情并不因为被告的建议而好转，而是疼痛日趋严重。原告不得不在2020年9月22日到××市中医院就诊，诊断结果是未除侧骨头缺血性坏死。原告希望××市中医院的诊断结果不是真的，于2020年9月25日和2020年12月10日又分别到广东省中医院和佛山市中医院就诊，他们诊断结果惊人的相同：骨头缺血性坏死且已经到了晚期。

综上所述，被告对原告的残疾依法应当承担全部责任。为了维护自己的合法权益，原告特向贵院提起诉讼，请依法支持原告的诉讼请求。

此致
广东省××市人民法院

具状人：×××
2021年×月××日

附：1.本状副本（打印件）×份；
　　2.诊断书（复印件）×份；
　　3.其他证明×份。

【导读】这是一份格式规范、内容具体的民事起诉状。原告向××市人民法院起诉被告，原告因为被告的误诊而导致骨头缺血性坏死。

本文首部标题明确起诉状的性质为民事，当事人的基本情况依次写明原告与被告的基本情况，并注意区分公民个人与法人的不同写法。正文部分诉讼请求分项列出，数额具体翔实、清晰明了；事实和理由部分，客观全面地阐明被告对原告造成的伤害，有理有据；尾部具体写明致送法院的名称、具状人、起诉日期和附项。全文结构完整、层次分明、思路清晰、表述概括简明。

【阅读思考】

1.民事起诉状中的请求事项若为多项，应该怎么处理？为什么？
2.本例文是如何写事实和理由的？

【例文6-3】

民事起诉状

原告：×××，男，汉族，××××年1月30日出生，广州市××公司策划部经理，住址：广州市××区××大道南××号××房，电话：18922××××××。
被告：×××，男，汉族，××××年10月1日出生，广州市××保险公司职员，住址：广州市××区××巷××号，电话：13688××××××。

诉讼请求：

1.判令被告返还原告现金人民币××××××元。

2.判令被告支付自2021年2月约定还款期限届满之日起至清偿之日止（现暂计至起诉之日）期间的逾期利息××××元。

3.本案诉讼费用由被告承担。

事实和理由：

2019年10月，被告×××以能帮助原告×××办理社会保险为由，从原告处借得用于购买社会保险的现金××××××元，但被告迟迟没有办妥，双方为此产生矛盾。2020年6月30日在××街派出所民警调解后达成还款协议，被告在协议中确认其无法帮办社会保险，承认从原告处取得的现金人民币××××××元，承诺先还款×××××元，剩下×××××元分期还清，按每月28日还款××××元，至2021年2月全部还清。然而被告在2020年7月28日还款××××元后，拒不继续履行调解协议，虽经原告多次催要，至今尚欠原告××××××元。

《中华人民共和国民法典》第五百六十一条规定："债务人在履行主债务外还应当支付利息和实现债权的有关费用。"第六百七十六条规定："借款人未按照约定的期限返还借款的，应当按照约定或国家有关规定支付逾期利息。"《最高人民法院关于审理民间借贷案件适用法律若干问题的规定》（法释〔2015〕18号）第二十九条第二款规定："既未约定借期内的利率，也未约定逾期利率，出借人主张借款人自逾期还款之日起按照年利率6%支付资金占用期间利息的，人民法院应予支持。"

根据上述规定，原告有权要求被告归还欠款××××××元和支付借款人自逾期还款之日起年6%利率计算的逾期利息××××元。

基于上述事实与理由，原告依据《中华人民共和国民事诉讼法》第十七条、第二十一条、第二十三条之规定向贵院提起诉讼，请求贵院判令被告支付欠款××××××元及逾期利息××××元，并承担全部诉讼费用。

此致

广州市××区人民法院

具状人：×××

2021年×月×日

附：1.本状副本×份；

2.相关证据材料见证据清单目录及附件。

【导读】这是一份因购买社会保险而导致借款纠纷的民事起诉状。双方当事人均为公民个人，因而分别写明了他们的姓名、性别、年龄、民族、职业、工作单位、住所和联系方式。诉讼请求明确具体，涉及的款项数额及利息的计算依据都说得非常清楚。事实和理由部分首先详细陈述原告与被告产生借款纠纷的起因、经过和结果，接着引用相关的法律条文，论证诉讼请求的合法性，事实清晰，理由合法。尾部具体写明了致送的法院名称、具状人、起诉日期和附项。全文结构层次分明、内容具体、说理透彻，通过摆事实、讲道理的方式很好地维护了原告的合法权益。

【阅读思考】

1.阅读本文，想一想写作民事起诉状的诉讼请求需要注意什么。
2.本文是如何处理事实和理由的？这样写有什么好处？

二、基础知识认知

（一）特点

1.提出诉讼的主动性

从诉讼程序看，民事起诉状是当事人或其法定代理人主动向人民法院递交的。任何公民、法人或其他组织在其民事权益受到侵害或与他人发生民事争议时，都有依据事实与法律，向有管辖权的人民法院提起诉讼的权利。

2.适用范围的特定性

从适用范围看，民事起诉状主要涉及民事权益纠纷，如人格权纠纷、婚姻家庭纠纷、继承纠纷、物权纠纷、合同纠纷、不当得利纠纷、无因管理纠纷、知识产权与竞争纠纷等。

3.写作内容的法定性

从内容看，《中华人民共和国民事诉讼法》第一百二十一条明确规定了起诉状的内容。民事起诉状在写作时必须遵守这一规定，这体现了其内容的法定性。

（二）分类

民事起诉状又称民事自诉状，属于自诉法律文书。自诉法律文书包括民事起诉状、刑事自诉状和行政起诉状三类。民事起诉状是公民、法人或者其他组织直接向人民法院提起民事诉讼时所使用的诉讼文书。

（三）民事起诉状与民事反诉状的异同

民事反诉状是民事诉讼中的被告及其代理人在诉讼过程中，为维护自己的合法权益，以民事起诉状中的原告作为被告，就同一事实向人民法院提交的请求适用同一诉讼程序与原告的起诉合并审理，并请求原告承担相应民事责任或履行相应民事义务的诉讼文书。

民事起诉状与民事反诉状的相同处在于：①两状属于同一案件的诉状，行文格式相同；②原告起诉和被告反诉适用同一诉讼程序合并审理。

二者的相异处在于：①两状当事人的角色地位发生逆转，即原起诉的原告成了反诉的被告，原起诉的被告成了反诉的原告；②内容上，反诉状是以否定原起诉状中所述事实和证据为基础来证明反诉请求的诉讼，因而其内容既有反驳又有证明，且以反驳为基础，以证明为目的。

三、民事起诉状的写法

《中华人民共和国民事诉讼法》第一百二十一条规定起诉状应当记明下列事项："（一）原告的姓名、性别、年龄、民族、职业、工作单位、住所、联系方式，法人或者其他组织的名称、住所和法定代表人或者主要负责人的姓名、职务、联系方式；（二）被告的姓名、性别、工作单位、住所等信息，法人或者其他组织的名称、住所等消息；（三）诉讼请求和所根据的事实与理由;(四)证据和证据来源,证人姓名和住所。"

依据上述规定,民事起诉状包括首部、正文、尾部三部分内容。

(一)首部

首部包括标题与当事人的基本情况。

1.标题

文书首页第三行居中写明"民事起诉状",不可写成"民事诉状"或者"起诉状"。

2.当事人基本情况

当事人应分原告、被告、第三人,依次写清楚,若有数个原告、被告、第三人,那么则要按其在案件中的地位和作用,分别依次写明。

当事人是公民个人的,应写明其姓名、性别、年龄、民族、职业、工作单位、住所、联系方式。书写出生年月日时,要用阿拉伯数字。少数民族应写明全称。住所应当写明其住所地,住所地与经常居住地不一致的,写经常居住地。当事人若为外国人,要在中文译名之后用括号标明其外文原名、国籍和护照号码。

当事人是法人或者其他组织的,要分项写明法人或其他组织的名称、住所,法定代表人或者主要负责人的姓名、职务、联系方式。根据最高人民法院颁布的《法院诉讼文书样式(试行)》规定,除上述内容外还要写明企业性质、工商登记核准号、经营范围和方式、开户银行和账号。外国企业要在其中文译名之后用括号注明其外文名称。

如果当事人不具有民事诉讼行为能力,应写明法定代理人的基本情况,并写明其与当事人的关系。当事人有代理人的,要注明是法定代理人、委托代理人还是指定代理人。

代理人的身份事项,应写在各被代理的当事人的下方。

(二)正文

正文部分包括诉讼请求、事实和理由及证据。

1.诉讼请求

诉讼请求是原告希望通过诉讼达到的目的,在起诉状中表现为原告请求法院审理的具体事项,也是原告对被告提出的实体权利的请求。请求事项应各自独立分项列出。通常诉讼费用的负担也作为一项独立的诉讼请求在最后列出来,并且恒定为要求被告承担诉讼费。

诉讼请求应当明确、合法、具体,应根据事实和法律,严密又慎重地提出来,切忌含糊、笼统。写诉讼请求时,要确定被告应承担的全部民事责任,明确要求被告承担民事责任的具体范围,不可无视事实和法律依据提出非法无理的要求。

2.事实和理由

(1)事实,是指当事人双方争议的事实或被告侵权的事实。在民事起诉状中,具状人即原告要紧紧围绕诉讼请求,全面、客观、清楚地阐明双方争议的事实或被告侵权的事实,要写出事实的六大要素,即时间、地点、人物,以及事件的起因、经过与结果。其次,原告要写清当事人之间的法律关系,当事人之间争执的主要焦点和双方对民事权益争议的内容,与案件有直接关系的客观情况和实质性的分歧意见。叙述时要注意用语精确,表达恰当,与争议事实有因果关系的,详细叙述,反之,则简要概括。

(2)理由,是指依据民事权益争议的事实和证据,简明扼要地分析纠纷的性质、危害、结果和责任，同时提出诉讼请求所依据的法律条文，以论证请求事项的合法和合理。通常理由包括两个方面，一是认定案件事实的理由，二是提出法律根据的理由。案件事实的理由不是简单地重复案件事实，而是对前述案件事实的概况和升华。法律根据的理由是援引相关法律条文，说明原告所提诉讼请求的法律依据。引用法律条文要全面、具体，引用法律的名称应当写全称，不能用简称，并具体引述到条、款、项。

3. 证据

写明向人民法院提供的能够证明案情的证据名称、件数和证据的线索或来源。有证人的，还要写明证人的姓名和住址。《中华人民共和国民事诉讼法》第六十三条规定，证据包括："（一）当事人的陈述；（二）书证；（三）物证；（四）视听材料；（五）电子数据；（六）证人证言；（七）鉴定意见；（八）勘验笔录。"证据须查证属实，才能作为事实的根据。

（三）尾部

尾部包括致送人民法院、具状人签名、起诉日期和附项。

1. 致送人民法院

在正文之后，另起一行空两字位置写"此致"，接着往下一行顶行写"×××人民法院"，要写明法院的全称。

2. 具状人署名或盖章

具状人署名写在致送机关的右下方，若是法人或其他组织则应加盖公章；若起诉状是委托律师代书的，要在起诉日期下面写明代书律师的姓名及其所在律师事务所的名称。

3. 起诉日期

在具状人署名的下一行，写明年、月、日。

4. 附项

附上本起诉状副本，副本份数按被告（包括第三人）的人数提交。随起诉状一起提交的，要列明证据的名称与数量。

四、写作注意事项

（1）事实与理由的陈述与诉讼请求一致，不能相互矛盾。

（2）事实的叙述应具体清晰，交代清楚关键的情节，便于法院迅速调查与审理。

（3）实事求是地叙述事实，不任意歪曲事实。

（4）以事实为依据，以法律为准绳，不可胡编乱造，坚持以理服人。

（5）案情简单的，事实和理由可以合写，边陈述事实边阐述理由；案情复杂的，一般先写纠纷事实或被告人侵权的事实，然后再用专门的段落阐述理由。

（6）注意人称的一致性。陈述的人称要前后一致，如用第三人称时要称原告与被告。

（7）注意诉讼时效。诉讼时效是指权利人在法定期限内不行使权利就丧失了请求人民法院保护其诉讼权的法律制度。《中华人民共和国民法典》第一百八十八条规定："向人民法院请求保护民事权利的诉讼时效期为三年。法律另有规定的，依照其规定。"

思考与练习

1. 何谓民事起诉状？它有什么作用？

2. 如何写民事起诉状中当事人的基本情况?
3. 民事起诉状的正文部分包括哪些内容?
4. 如何写民事起诉状中的事实和理由?
5. 民事起诉状的尾部包括哪些内容?
6. 根据下面的材料,拟写一份民事起诉状。

张××董事长是××市××清洗有限公司的法定代表人,公司性质是有限责任公司,工商登记号为3100000×××××,经营范围是物理清洗、防腐保温及水处理等,地址是××市××区××路××大厦××层,邮编为××××××,联系电话为××××××××。王××董事长是××实业发展有限公司法定代表人,公司性质是有限责任公司,工商登记号为100000×××××,经营范围是室内保洁服务,地址是××市××区××路×号,邮编为××××××,联系电话为××××××××。

原告××市××清洗有限公司与被告××实业发展有限公司于202×年5月30日签订保洁合同,由被告委托原告对××电器市场进行保洁。合同约定:①保洁费每月10 000元,一年共120 000元;②合同有效期一年,自202×年6月1日至202×年5月31日止;③被告每月15日前付款,如被告违约或延期支付,赔偿保洁费的30%。在合同执行过程中,尽管原告严格履行合同规定的义务,按时按质完成保洁工作,但至202×年1月,被告在对原告的服务质量等未提出任何异议的情况下,无故拖欠保洁费29 000元(其中202×年9月、10月拖欠5 500元,11月拖欠3 500元,12月拖欠10 000元,202×年1月拖欠10 000元)。自202×年1月起,原告即与被告多次协商拖欠的保洁费一事,但未有结果。后经协商,被告同意原告于202×年2月1日从电器市场撤出保洁人员,原告同意终止保洁合同。但至今被告仍未支付拖欠的保洁费。由于被告违约,按照合同约定被告另应赔偿拖欠保洁费的30%(8 700元)给原告。

被告的行为已严重地违反了双方合同的约定和《中华人民共和国民法典》第四百七十八条之规定,为了维护原告的合法权益,原告向××市××区人民法院提起诉讼。原告要求:被告支付拖欠的保洁费29 000元及迟延付款的利息,被告支付违约金8 700元。

第三节　民事上诉状读写

民事上诉状是指民事案件当事人或其法定代理人因不服一审法院的判决或裁定,在法定上诉期限内,依法请求上一级法院重新审理本案,撤销或变更原判决或裁定所提出的诉讼文书。

《中华人民共和国民事诉讼法》第一百六十四条规定:"当事人不服地方人民法院第一审判决的,有权在判决书送达之日起十五日内向上一级人民法院提起上诉。当事人不服地方人民法院第一审裁定的,有权在裁定书送达之日起十日内向上一级人民法院提起上诉。"第一百六十五条规定:"上诉应当递交上诉状。"对于上诉的提起,该法第一百六十六条规定:"上诉状应当通过原审人民法院提出,并按照对方当事人或者代表人的人数提出副本。当事人直接向第二审人民法院上诉的,第二审人民法院应当在五日内将上诉状移交原审人民法院。"对于上诉的受理,第一百六十七条规定:"原审人民法院收到上诉状,应当在五日内将上诉状副本送达对方当事人,对方当事人在收到之日起十五日内提出答辩状。人民法院应当在收到答辩之日起五日内将副本送达上诉人。对方当事人不提出答辩状的,不影响人民法院审理。原审人民法院收到上诉状、答辩状,应当在五日内连同全部案卷和证据,报送第二审人民法院。"

民事上诉状的作用有:通过民事上诉状,当事人提出了上诉请求并阐明了理由,使二审人民法院了解上诉人对一审判决或裁定的看法、意见和要求,提高了法院办案的质量,也保护了当事人的合法权益;通过民事上诉状,二审人民法院可以对一审认定的纠纷事实、判断的是非曲直、审理的结果等进行评判,及时纠正与合理地处理案件,防止错案的产生。

一、例文导读

【例文6-4】

民事上诉状

上诉人(一审原告):×××,女,汉族,××××年××月××日出生,××××职工,住址:××市××区××路××号,电话:××××××××。

被上诉人(一审被告):×××,男,汉族,××××年××月××日出生,××××职工,住址:××市××区××路××号,电话:××××××××。

上诉人因欠条纠纷一案,不服×××区人民法院〔2019〕××民初字第×××号民事判决,现提出上诉。

上诉请求:

撤销×××区人民法院〔2019〕××民初字第×××号民事判决,依法确认欠条的法律效力,改判由被上诉人×××履行还款义务,承担本案的诉讼费用。

事实和理由:

一审法院判决驳回上诉人的请求,其事实认定不全面且不清楚,没有全面、客观地认定证据,没有公正地进行判决。

一、事实认定不清楚。一审认定:201×年开始上诉人与被上诉人出现矛盾,上诉人多次到被上诉人所在派出所"闹"。这与事实不符,实际情况是上诉人与被上诉人在201×年出现矛盾,上诉人多次到被上诉人所在派出所去找被上诉人要钱,被上诉人却避而不见,打电话也不接,万般无奈的情况下才找到派出所所长×××说明情况。所长×××出于同情才同意帮着解决,上诉人根本没有"闹",而是合情、合理、合法地去向被上诉人要钱。

二、欠条并非是受"胁迫"所为,相反,确实是被上诉人的真实意思表示。胁迫是指为达到非法的目的,采用某种方法造成他人精神上的压力或直接对他人身体施加暴力强制等的行为。

首先,所长×××主观上不存在胁迫的动机和意图,更没有非法的目的。×××所说"自行解决问题,否则,停止工作"的话,是履行职责的需要,没有针对性,更没有暗示被上诉人为上诉人打欠条。任何人因个人的事情影响工作、违反制度,都可以用"停止工作"加以管理,行使职权。根据《中华人民共和国民法典》对胁迫的解释,×××在主观

上应该有让被上诉人打欠条的意图，被上诉人做出迎合性的表示行为，才构成胁迫。所长×××所说的"自行解决问题"的证言根本不具有让被上诉人"打欠条"的意图与暗示，被上诉人完全可以用其他方式解决，如还清欠款或者先还一部分，或者协商等，而给上诉人打欠条完全是因为被上诉人存在欠款的事实。

其次，所长×××没有胁迫的因果关系。上诉人去派出所找被上诉人要欠款时才认识所长×××，没有必要去威胁、强迫被上诉人打欠条。

再次，被上诉人头脑清楚，是一个完全正常的人，在法律上是完全民事行为人，根本不可能因为领导的几句话而为上诉人打欠条，此时被上诉人应该清楚地知道其行为的后果。因此，被上诉人并非在胁迫下所为，而是基于实际欠款的事实而为，是被上诉人的真实意思表示，其所写欠条应当受法律保护。

三、证人与被上诉人关系密切，不能作证，或者其效力极其弱小。

综上所述，上诉人认为，一审法院认定事实错误，证据不充分，恳请贵院查清事实，做出公正判决。

此致
×××市人民法院

上诉人：×××
201×年×月×日

附：1. 上诉状副本×份。
　　2. 物证×份。

【导读】这是一份关于欠款纠纷的上诉状。由于一审判决欠条无效，被告无须偿还欠款，原告不服一审判决，故上诉。

本文首部由标题、当事人的基本情况组成。当事人的基本情况部分还特别注明了他们在一审中的诉讼地位。正文部分包括案由、上诉请求、上诉事实和理由。案由写明了上诉人因何案不服哪个法院的哪则判决，表明了上诉的态度；上诉请求的事项明确具体；事实和理由部分从事实认定、证据的合法性和证人的可靠性对一审判决的错误进行了辩驳；最后请求法院给予公正的判决。尾部具体写明致送法院名称、上诉人署名、上诉日期和附项。全文格式规范、结构严谨、逻辑严密，体现了上诉状的针对性和论辩性。

【阅读思考】

1. 本例文上诉请求的针对性体现在哪里？
2. 本例文事实和理由部分的行文有什么特点？试列举相关语句说明。

【例文6-5】

民事上诉状

上诉人（一审被告）：××市运输站，地址：××市××区××路××号，法定代表人：王××，站长，电话：×××××××。

被上诉人（一审原告）：史×，男，××××年××月××日出生，汉族，住址：××市××区××路××号，电话：××××××××。

法定代理人：史××，男，××××年××月××日出生，汉族，××市第一中学教师，住址：××市××区××路××号，电话：××××××××。

上诉人因车祸一案，不服××市××区人民法院〔201×〕××民初字第×××号民事判决，现提起上诉。

上诉请求：

1.撤销××市××区人民法院〔201×〕××民初字第×××号民事判决；

2.判令被上诉人承担本案的诉讼费用。

事实和理由：

原审判决认定：史××之子史×，8岁，因爬乘市运输站解放牌汽车，司机姜××明明知晓，却不停车予以制止，而是照开快车，致使史×摔断肋骨，判令被告人赔偿史×全部医疗费用。这与事实真相不符。

一、史×在××××年××月××日××时××分确曾爬乘被告人解放牌汽车。司机姜××发现后，曾停车劝其不要爬车，史×当场下车。后当车子开动时，史×又偷偷地在后车厢铁杆上吊爬汽车。司机姜××发现后准备刹车，严令其不要吊爬汽车。不料史×害怕受斥，急从车上跳下，摔在地上。此时，正逢一男青年骑车疾驰而过，来不及刹车，撞在史×身上，致使其肋骨折断。而该青年因害怕追究事故责任，骑车飞快逃逸。此事有现场目击者居民施××老太太可证明。出事时，施××老太太曾喊过："脚踏车撞人了！脚踏车撞人了！"

二、根据××市人民医院检查证明，史×的肋骨折断，是外物严重撞击所致，而非开快车从车上摔倒在地上所致。

三、为顾惜原告遭此不幸，在史×住院期间，被告人一方司机姜××曾携带贰佰元的营养品去医院慰问。被告人也派员至医院捐助人民币贰仟元，帮助原告减轻医药负担。但原告竟将此认定为被告做贼心虚，诉讼到××市××区人民法院，控告被告，请求法院判令被告赔偿全部医药费。上诉人认为原告的请求和一审法院的判决是无理的。

基于上述事实和理由，恳请贵院深入调查，弄清事实真相，做出公正合理的判决。

此致

××市中级人民法院

上诉人：×××
××××年××月××日

附：1.上诉状副本×份；

2.××市人民医院诊断书×份；

3.证人及证词材料×份；

4.其他证明文件×份。

【导读】这份民事上诉状是上诉人因车祸一案不服原审判决而提起上诉所写的。正文部分针对一审判决的错误，详细地陈述了事实发生的经过，列举了人证与物证，理由充足，说理透彻，充分地证明了原审法院判决的错误性，很好地体现出上诉状的针对性。全文格式规范、结构完整、行文流畅，是一份条理清晰、论辩有力的民事上诉状。

【阅读思考】

1. 本例文当事人基本情况中为什么出现了法定代理人？
2. 本例文事实和理由部分的行文有什么特点？试举例说明。

二、基础知识认知

（一）特点

1. 直接性

直接性是指提出民事纠纷上诉的必须是民事纠纷案件的当事人或诉讼权利的法定代表人和委托代理人，其他与民事纠纷案件无关的人都无权参与民事上诉。

2. 针对性

针对性体现在：首先，上诉必须是对一审法院的裁定或判决不服所提起的；其次，上诉的行文对象是一审法院的上一级法院。

3. 时限性

当事人不服一审法院判决的，须在判决书送达之日起十五日内向上一级法院提起上诉。当事人不服一审法院裁定的，须在裁定书送达之日起十日内向上一级法院提起上诉。

（二）民事上诉状与民事起诉状比较

民事上诉状与民事起诉状同为民事诉讼文书，都有明确的案件纠纷和诉讼对象，都须遵循诉讼法律文书的格式及写作规定。但是它们也有不同的地方，表现在下面几个方面。

1. 诉讼对象不同

民事起诉状是原告向法院诉讼被告，而民事上诉状是上诉人向一审的上一级法院诉讼不服一审法院的裁定或判决。

2. 诉讼目标不同

民事起诉状是原告诉讼被告侵权，而民事上诉状是上诉人诉讼一审法院裁判错误或不当。

3. 表达方式有差异

民事起诉状是针对被告的侵权事实进行阐述，写法上多用叙述和说明；而民事上诉状是针对一审法院裁判的错误或不当，重在据理辩驳，多用夹叙夹议，使之有理有据、合理合法。

三、民事上诉状的写法

《中华人民共和国民事诉讼法》第一百六十五条规定："上诉状的内容，应当包括当事人的姓名，法人的名称及其法定代表人的姓名或者其他组织的名称及其主要负责人的姓名；原审人民法院名称、案件的编号和案由；上诉的请求和理由。"这是民事上诉状写作内容上的法定要求。

依据上述规定，民事上诉状包括首部、正文、尾部三部分的内容。

（一）首部

首部包括标题、当事人基本情况和上诉案由。

1.标题

文书首页第三行居中写明"民事上诉状"。

2.当事人基本情况

先写上诉人，后写被上诉人。上诉人和被上诉人是公民个人的，应写明姓名、性别、年龄、民族、职业、工作单位、住所、联系方式，与起诉状中所列事项相同。上诉人和被上诉人是法人或者其他组织的，分项写明法人或其他组织的名称、住所，法定代表人或者主要负责人的姓名、职务、联系方式。若是企业，还要写明企业性质、工商登记核准号、经营范围和方式、开户银行和账号，与起诉状中的写法相同。

当事人如有法定代理人或委托代理人，要写明法定代理人基本情况，并注明其与当事人的关系。代理人的身份事项应写在各被代理当事人的下方。

需要注意的问题有：在上诉人和被上诉人后面应用括号注明其在一审中的诉讼地位。

3.上诉案由

写明上诉人提出上诉案件的名称、制作法院、制作时间及判决或裁定的编号，并表明上诉的态度。一般写法是"上诉人因×××一案，不服×××人民法院〔202×〕第×号的民事判决/裁定，现提出上诉"。

（二）正文

正文包括上诉请求和上诉理由。

1.上诉请求

上诉请求应写明上诉人对原审裁判是全部不服还是部分不服，接着针对原审裁判的不当，提出具体、明确、合法的上诉请求事项，如请求二审人民法院重新审理，撤销或部分撤销原裁判，或者变更原裁判中的某项或某几项。此外，诉讼费用的承担也可作为独立的上诉请求提出来。

2.上诉理由

这部分是针对一审裁判的不当或错误，以事实为基础，以法律为依据（包括一审中未提及的事实、理由和证据）进行反驳，阐明对一审裁判不服的原因。具体地说，可以从以下五个方面着手。

（1）对原审认定事实有误，或遗漏重要事实或缺乏相关证据进行反驳。

（2）对原审裁判定性不当进行反驳，具体指出其定性不当之处。

（3）对原审裁判适用法律不当进行反驳，具体指原审引用法律条文与案情事实不相适应或引用法律条文存在片面性，又或者曲解了相关法律条款。

（4）对原审裁判违反法定诉讼程序进行反驳，具体指出其违反了程序法的规定，造成案件的处理不当。

（5）对被上诉人的主张进行反驳，因为有的案件是人民法院采纳了对方当事人的错误主张而造成裁判不当的。因而在上诉理由中，可以通过列举客观事实（包括新的事实）、引用相关法律条文等提出充分具体的理由反驳被上诉人的主张，从而改变原审的裁判。

上诉人阐述完上诉理由之后，写结束语。结束语的一般写法为："综上所述，上诉人认为××人民法院（或原审）所作的判决（或裁定）不当，特向贵院上诉，请求撤销原判决（或裁定），给予依法改判（或重新处理）。"

（三）尾部

尾部包括致送人民法院、上诉人署名、上诉日期和附项四要素。

1.致送人民法院

在正文之后另起一行空两字位置写"此致"，转行顶行写"××人民法院"。

2.上诉人署名

上诉人署名写在致送人民法院右下方。上诉人是法人或其他组织的，还应加盖单位公章。

3.上诉日期

在上诉人署名的下一行写明上诉的具体日期。

4.附项

附项写"上诉状副本×份"，还有新发现的物证、书证的份（件）数等。

四、写作注意事项

1.有针对性

民事上诉状中的上诉请求是针对一审裁判的不当或错误提出的，反驳也是针对一审裁判的不服之处进行的，因而针对性强。

2.避免重复

无须重复争议事实的全部，只需要阐明与一审裁判不一致的事实，抓住重点，突出要害，旗帜鲜明地进行论证与驳斥。

3.有理有据

以确凿的事实为基础，以相关法律条文为依据，做到反驳有理有据、合法合理。

4.在法定期限内上诉

在判决书送达之日起十五日内向上一级人民法院提起上诉，在裁定书送达之日起十日内向上一级人民法院提起上诉，逾期就丧失了上诉的权利。

思考与练习

1. 何谓民事上诉状？它有什么作用？
2. 民事上诉状与民事起诉状有什么区别？
3. 如何写上诉请求和上诉理由？
4. 写民事上诉状有哪些注意事项？
5. 根据下面的材料，请拟写一份民事上诉状。

上诉人（原审被告）的名称为××××加工有限公司，所在地址是××市××县××路××号，邮编是××××××，其法定代表人为江××，职务为董事长，企业性质为有限责任公司，工商登记核准号为×××××××××××××，经营范围和方式为木器加工及批发，开户银行为中国工商银行××市分行，账号为×××××××××××××××××。被上诉人（原审原告）的名称为黑龙江省××林场，所在地址是黑龙江省××县××乡，邮编是××××××，其法定代表人是王××，职务为场长，企业性质为全民所有制，工商登记核准号为×××××××××××××，经营范围和方式为销售林场生产的木材、林产品和其他产品，开户银行为中国农业银行××市分行，账号为×××××××××××××××××。

上诉人因不服××人民法院〔202×〕民初字第××号的判决，向××中级人民法院提起上诉。其上诉的请求是：撤销××人民法院〔202×〕民初字第××号判决和驳回被上诉人的诉讼请求。根据是被上诉人所追索的货款，是被上诉人在202×年7月间同××经贸有限公司之间发生的业务，而上诉人××××加工有限公司当时还没有成立（202×年5月才成立），上诉人与争议的货款无任何关系，上诉人不应成为被告。被上诉人在一审中将上诉人列为被告并得到一审法院的支持是错误的。其次，江××没有付款义务，因为江××是受××经贸有限公司的委托作为代理人为其购买木材，货是直接发给××经贸公司，并不是江××自己购买。《中华人民共和国民法典》第一百六十二条规定："代理人在代理权限内，以被代理人名义实施的民事法律行为，对被代理人发生效力。"所以，一审法院认定江××有付款义务并把这种义务转嫁给上诉人是错误的。

第四节　民事答辩状读写

民事答辩状是指公民、法人或其他组织作为民事诉讼中的被告或被上诉人，收到原告的起诉状或上诉人的上诉状后，在法定期限内，针对原告或上诉人在诉状中提出的事实、理由及诉讼请求进行回答和辩驳的法律文书。

《中华人民共和国民事诉讼法》第一百二十五条规定："人民法院应当在立案之日起五日内将起诉状副本发送被告，被告应当在收到之日起十五日内提出答辩状。……被告不提出答辩状的，不影响人民法院审理。"第一百六十七条规定："原审人民法院收到上诉状，应当在五日内将上诉状副本送达对方当事人，对方当事人在收到之日起十五日内提出答辩状。人民法院应当在收到答辩状之日起五日内将副本送达上诉人。对方当事人不提出答辩状的，不影响人民法院审理。原审人民法院收到上诉状、答辩状，应当在五日内连同全部案卷和证据，报送第二审人民法院。"依上所述，无论是一审还是二审，被告或被上诉人均应当在收到起诉状副本或上诉状副本之日起十五日内提交答辩状。被告或被上诉人逾期未提出答辩状的，不影响人民法院对案件的审理。人民法院应当在收到答辩状之日起五日内将答辩状副本送达原告或上诉人。

民事答辩状在民事诉讼中的作用有：通过答辩状，被告或被上诉人可以对原告或上诉人在诉状中提出的事实、理由及请求事项进行针对性的回答和辩驳，维护自身的合法权益；通过答辩状，人民法院可以全面了解诉讼双方的意见、诉求，便于查明案件的事实和裁决案件；在法定期限内，被告或被上诉人有权提出答辩状，充分体现了民事诉讼双方当事人的平等地位。

一、例文导读

【例文6-6】

民事答辩状

答辩人：×××，男，××××年××月××日出生，汉族，××公司职员，住址：××××区××路××号，电话：××××××××。

答辩人因与被答辩人×××民间借贷纠纷一案，提出答辩如下：

一、答辩人不欠被答辩人借款本金90 000元及利息，法院应驳回被答辩人的诉讼请求。

答辩人借被答辩人款项属实，但不是借了100 000元，而是只借了10 000元，且已全部归还。××××年××月××日，答辩人由于资金周转困难，向被答辩人借款10 000元，约定月息三分，借期一个月，并向其出具借据一份。由于答辩人当时着急，双方又是朋友关系，故答辩人只在借条上写了小写的"10 000元"而未写大写"壹万元"。借款到期后，答辩人已经如期将借款本金及利息归还给被答辩人。答辩人索要借条时，被答辩人推脱借条找不到，说给答辩人出具一份收据即可，于是，被答辩人向答辩人出具了一份"今收到××归还借款本金壹万元及利息叁佰元"的收据。故答辩人已经将欠被答辩人的款项全部归还，请求法院依法驳回被答辩人的诉讼请求。

二、被答辩人所持的100 000元借据系其涂改的，不能作为定案依据。

答辩人只向被答辩人借款10 000元，而且出具的也是10 000元的借条，被答辩人所持的100 000元借条系其涂改后形成的，后面的"0"是被答辩人后加上的，不是答辩人的笔迹。根据法律规定，涂改后的证据不具备证据真实性的特性，故不能作为定案依据。

综上所述，请求法院查明事实，驳回被答辩人的诉讼请求，以维护答辩人的合法权益。

此致

××区人民法院

答辩人：×××
××××年××月××日

附：1.本答辩状副本×份；
　　2.证据材料×份。

【导读】这是一份针对起诉的答辩状。标题、当事人的基本情况、答辩案由、答辩理由、答辩意见、致送人民法院名称、答辩人签名、答辩日期、附项一应俱全。案由部分扼要地表明因何原因提出答辩，答辩理由分两点进行辩驳，通过列举充分确凿的证据，阐明事实真相，以推翻对方的不实之词。在此基础上总结概括答辩意见，论证层次分明，条理清晰。

【阅读思考】

1.本例文是如何处理答辩理由的？这样写有什么好处？

2.本例文语言上有什么特色？试列举文中语句说明。

【例文6-7】

民事上诉答辩状

答辩人：××市××房地产开发总公司，地址：××市××区××路×号，邮编：×××××××，企业性质：有限责任公司，工商登记核准号：××××××，经营范围和方式：××××××，开户银行：中国银行××市分行，法定代表人：何××，职务：董事长，电话：02×-×××××××。

因上诉人张××诉答辩人房屋拆迁一案，提出答辩如下：

答辩理由：

为了适应本市商业发展需要，我公司于201×年10月17日向市城建规划局提出申请，请求拓宽新建丝绸百货大楼前坪150平方米的场地工程。市城建规划局于11月25日以市城建字〔201×〕71号批文同意该项工程。同年在拓宽场地过程中，需要拆迁租住户张××一户约18平方米的住房，但张××提出的要求过于苛刻。几经协商，不能解决。答辩人不得已于201×年1月20日投诉于××市××区人民法院。××市××区人民法院于201×年2月以〔201×〕民字第19号判决书判处张××必须于201×年3月底前搬迁该屋，并由我公司向张××提供不少于原居住面积的租住房屋，但张××不顾法院判决，仍无理取闹。据此，答辩人认为张××的上诉理由是不能成立的。

一、张××说，我公司拓宽新建丝绸百货大楼前坪的场地是未经批准的，这是没有根据的。一审法院曾审查过我公司请求拓宽新建丝绸百货大楼前面坪场地的请批函和市城建规划局城建字〔201×〕71号的批文，并当庭陈述了我公司的请批函内容，还全文宣读了城建规划局的批文。这些均有案可查。张××不得因为要求查阅市城建规划局批文未获批准，而否认拓宽工程的合法性。

二、张××说，我公司未征得她本人同意，与房主李××订立房屋拆迁协议是非法的。这更无道理。张××租住此屋，只有租住权，并无所有权，所有权当归属房主李××。我公司拓宽场地，拆毁有碍交通和营业的房屋，理当找产权人处理，张××无权干涉和过问。

应当指出，对于张××搬迁房屋一事，我公司已做了很大的让步和照顾，答应为她提供离现居住房500米的××新建宿舍大楼底层朝南房间一间，计20平方米，租给她居住。而张××还纠缠不清，漫天要价，并扬言不达目的，决不搬迁。

综上所述，答辩人认为××市××区人民法院的原判决是正确的，既合法又合情合理，应予维持。

此致

××市中级人民法院

答辩人：××市××房地产开发总公司

法定代表人：何××

201×年4月20日

附：1.本答辩状副本×份；
　　2.证据材料×份。

【导读】这是一份民事上诉答辩状。该答辩状首先介绍上诉答辩人的基本情况，然后明确案由，并进行答辩。答辩先说明拓宽新建丝绸百货大楼前面场地的合法性——经市城建规划局批准，接着陈述上诉人提出的上诉理由不合法、不合理，从而为下文具体反驳作了铺垫。在辩驳部分，集中针对上诉人提出的"拓宽新建丝绸百货大楼前面的场地未经批准"和"未征得她本人同意，与房主订立房屋拆迁协议非法"两点上诉理由进行辩驳。观点鲜明，针对性强，辩驳有理有据，合理合法。最后作出概括归纳，提出答辩请求。总之，本民事上诉答辩状结构完整，行文规范，目的明确，表述清晰，值得借鉴。

【阅读思考】

1. 本例文是如何体现民事答辩状论辩性的？试具体说明。
2. 本例文语言上有什么特色？试举例说明。

二、基础知识认知

（一）特点

1. 被动性

民事答辩状是应诉文书，是对民事起诉状和民事上诉状的答复，属于被动行文的法律文书。

2. 特定性

民事答辩状只能由民事起诉状中的被告、民事上诉状中的被上诉人提交，在使用者方面具有特定性。

3. 论辩性

民事答辩状是被告或被上诉人针对民事起诉状或民事上诉状中涉及的事实和理由及提出的请求逐一阐明自己的主张和理由，目的在于反驳被答辩人，证明其请求的不合理性。

4. 期限性

被告或被上诉人均应在收到起诉状副本或上诉状副本之日起十五日内提交答辩状。但当事人逾期不提交答辩状的，不影响人民法院对案件的审理。

（二）分类

答辩状就是答复和辩驳的书状。从审判程序的角度来分，民事答辩状可以分为第一审民事答辩状和第二审民事答辩状。第一审民事答辩状是民事诉讼中，被告收到原告的起诉状后在法定期限内，针对原告提出的事实、理由及诉讼请求而进行回答和辩驳的法律文书，标题一般写为"民事答辩状"。第二审民事答辩状是民事诉讼中，被上诉人收到上诉人的上诉状后，在法定期限内，针对上诉人提出的事实、理由及诉讼请求，进行回答和辩驳的法律文书，标题一般写为"民事上诉答辩状"。

三、民事答辩状的写法

《中华人民共和国民事诉讼法》第一百二十五条规定："答辩状应当记明被告的姓名、性别、年龄、民族、职业、工作单位、住所、联系方式；法人或者其他组织的名称、住所和法定代表人或者主要负责人的姓名、职务、联系方式。"

按照上述规定，民事答辩状包括首部、正文、尾部三部分的内容。

（一）首部

首部包括标题、答辩人的基本情况和答辩案由。

1. 标题

文书首页第三行居中写明"民事答辩状"或"民事上诉答辩状"。

2. 答辩人基本情况

答辩人是公民的，写明姓名、性别、年龄、民族、职业、住址和联系方式；答辩人是法人或其他组织的，则写明其法人或组织全称、地址，以及法定代表人或主要负责人的姓名、职务和联系方式。如果有法定诉讼代理人，还应该写明法定诉讼代理人的姓名及与答辩人的关系。原告或上诉人的基本情况不需列出。

3. 答辩案由

写明答辩人因何案提出答辩，一般表述为"因×××一案，答辩如下"或"因×××诉答辩人×××一案，提出答辩如下"。

（二）正文

正文是答辩状的主体部分，包括答辩理由和答辩意见。要写好答辩状的正文，须事先仔细阅读对方的诉状，深入了解其内容，针对起诉状或上诉状的诉讼请求、事实和理由进行答复和辩解。

1. 答辩理由

首先针对事实答辩，对起诉状或上诉状中陈述的事实是否真实予以认定，然后提出自己认为符合客观真实的事实，主要是通过列举充分确凿的证据，阐明事实真相，以推翻对方的不实之词。其次，是针对理由和适用法律进行答辩，依据事实反驳起诉状或上诉状中的理由，并针对其适用法律的错误进行答辩。适用法律的错误有三种情况：一是事实的认定有出入，导致错误地适用法律；二是事实没有出入，而是对方错误援引法律；三是对方违反了程序法，比如对方已超过了诉讼时效，或者不具备起诉的条件等。

2. 答辩意见

答辩意见是答辩人在阐明答辩理由的基础上，根据有关法律规定，针对原告或上诉人的诉讼请求向人民法院提出的保护答辩人合法权益的主张。一审民事答辩状中的答辩意见一般有：请求人民法院驳回起诉，不予受理；请求人民法院否定原告的请求事项的全部或一部分；提出新的主张和要求。对上诉状的答辩意见主要有请求支持原判决或原裁定，反驳上诉人的要求等。

（三）尾部

尾部包括致送人民法院名称、答辩人署名、答辩日期和附项。

1. 致送人民法院名称

正文之后另起一行空两字位置写"此致"，接着回行顶行写"××人民法院"，要写明人民法院的全称。

2. 答辩人署名

答辩人署名写在致送法院的右下方。答辩人是法人或其他组织的，应写明全称，并加盖公章。

3.答辩日期

答辩日期写在答辩人署名下一行，用阿拉伯数字注明年、月、日。

4.附项

附项要列明：本状副本×份；证据材料×份。如用抄件或复制件，应注明"经查对，抄件与原件无异，正本在开庭时递交"等字样。

四、写作注意事项

（1）应紧紧抓住原告（或上诉人）在起诉状（或上诉状）中所陈述的错误事实，进行回答或辩解。

（2）以客观事实为答辩的依据，言之有据，实事求是，以理服人，不可强词夺理、捏造事实。

（3）辩驳应具体、周密，要有谨严的逻辑推理；主张要明确，意见要清晰；语言要犀利，富有气势，针对诉讼争执焦点、问题要害进行针锋相对的辩驳。

（4）对起诉状进行答辩时，注意是否具备提起反诉的条件，若具备反诉的条件，可以一并提起反诉；对上诉状进行答辩时，应以一审的判决或裁定认定的事实为依据。

思考与练习

1.何谓民事答辩状？它有什么作用？

2.被告或被上诉人在收到起诉状副本或上诉状副本之日起多少天之内提交答辩状？

3.如何写答辩状中答辩人的基本情况？

4.如何写答辩状中答辩的理由？

5.如何写答辩状中答辩的意见？

6.根据下面材料，请拟写一份答辩状。

原告广东×××投资有限公司因商品房预售合同纠纷案向广州市××区人民法院起诉被告×××。广东×××投资有限公司地址是广州市××区××路××号，其法定代表人是×××，董事长，联系方式是020—××××××××。被告×××个人资料如下：男，××××年10月30日出生，汉族，广州××公司销售部经理，住址是广州市××区××路××号×××房，联系电话是020—××××××××。

被告委托广东××律师事务所律师×××作为诉讼代理人进行答辩。被告及其律师认为：首先，原告诉称其尚未取得预售证是因受地铁×号线的影响与事实不符。×××楼盘的建设确有因地铁×号线修改施工方案，但原告施工修改方案送达后，得到了地铁保护办批准。在施工过程中，原告还多次邀请地铁公司相关人员到现场查看，至2005年年底，整个修改挖孔桩的工程已经施工完毕，也获得了地铁公司的认可。2006年上半年，该项目的建设一直顺利进行，按照原告目前对该项目的运作情况来看，取得商品房预售许可证是迟早的事情，届时答辩人与原告双方自然就可以洽商订立商品房买卖（预售）合同。其次，至起诉之日，原告未取得商品房预售许可证并不导致《楼宇认购书》无效。双方签订《楼宇认购书》时，该项目已立项但未取得商品房预售许可证，不具备商品房预售条件，因而不具备签订商品房预售合同的条件，作为开发商的原告为了融资的需要，吸引答辩人与其签订《楼宇认购书》，收取答辩人的订金。而到了今天房价暴涨的时候，原告又极力主张《楼宇认购书》无效，这是不道德、有违诚实信用原则的行为，不应该得到法律的支持。再次，《楼宇认购书》内容合法，应当认定有效。按照《中华人民共和国民法典》规定，只有违反法律、行政法规强制性规定的合同才确认为无效。《楼宇认购书》内容包括双方当事人基本情况、房屋基本情况（含位置、面积等）、价款计算、订金问题、签署正式合同的时限约定等内容，都是答辩人与原告双方的真实意思表示，其权利义务内容并不违反现行法律、法规，该《楼宇认购书》成立并且生效，应对双方均有约束力。

被告及其律师认为，《楼宇认购书》合法有效，应受法律保护。作为开发商的原告是在广州楼市价格节节攀升的背景下，为了谋取更大的经济利益，不惜毁约才酿成本诉。其诉讼请求既无事实根据，又无法律依据。故此，被告及其律师请求广州市××区人民法院依法驳回原告的诉讼请求，维护答辩人的合法权益。

第七章

常用科研文书读写

为贯彻落实《国家中长期教育改革和发展规划纲要（2010—2020年）》关于加强大学科学研究的指示精神，本教程特设置常用科研文书读写一章。大学生科研能力的培养是高校教育的目标之一。具有较高科研水平的大学毕业生对促进教育事业科学发展、全面提升国民素质、加快社会主义现代化进程具有重要意义。

大学生常用的科研文书主要有实验报告、实习报告、毕业论文和科研论文等，对其进行学习十分必要。但由于篇幅的限制，在此，我们只安排对实习报告和毕业论文的学习。

第一节 实习报告读写

实习是指尚未毕业的大学生到政府机关、企事业单位或社会团体参加社会实践的过程。实习结束时，用书面文字将实习过程、结果以及体会撰写出来的文章就是实习报告。

实习的目的是将所学的专业理论知识和专业技能融入社会实践，巩固、扩大和加深所学专业知识，以更好地提高专业素养。撰写实习报告是对实习内容的系统巩固、提高，也是进行业务思维训练的良好方式。

一、例文导读

【例文7-1】

> 广州中盛再生资源热电有限公司实习报告[1]
>
> 会计学是一门实践性很强的学科，经过三年半的专业学习，我已掌握了一定的会计

---

[1] 引自应届生毕业实习报告网，有删改。

基础知识。为了进一步巩固理论知识，将理论与实践较好地结合起来，按照学校《专业教学培养方案》的要求，我于2019年3月3日至4月11日在广州中盛再生资源热电有限公司进行了三个月的实习。在校企两方指导老师的悉心指导下，我力求将课堂所学到的会计知识应用到实际的会计事务中去，努力做到理论与实践相结合，从实践中总结经验，拓展自己的知识面和培养自己的团队精神、创新意识，以提高自身综合素质，为顺利走入社会做好准备。我较好地完成了本次实习任务，也获得了一些深刻体会，现将本次实习情况报告如下。

一、公司介绍

广州中盛再生资源热电有限公司前身为广州花都中盛电力有限责任公司，是花都中盛热电公司与韩国株式会社中盛制作共同出资设立，以资源综合利用为主，兼具热力调峰功能的中外合作热电公司。公司注册资本为5 100万元，其中国有股占42.35%。

二、实习情况

本次实习，我被分配到公司财务部原料结算科，主要从事会计凭证的整理和录入工作。实习单位指定了人员指导我的日常实习。

后来，指导老师又分派我独立完成材料单据的整理和会计凭证的制作、整理、录入工作。完成后，指导老师对任务完成情况进行检查，给出意见，我进行记录与总结。实习快结束时，我已赢得了指导老师的信任，指导老师把工作交给我独立完成，只是在某些地方我不明白或不能完成时，他才出面帮我完成。

三、实习收获

通过这次毕业实习，我不仅对广州中盛再生资源热电有限公司有了比较全面、深入的了解，而且收获了不少知识、技能与体会。

第一，我更深切地认识到了知识的重要性……

第二，我明白了知识与实践相结合的深刻道理……

第三，我学到了不少专业知识……

第四，除了专业技能外，还感受到了很多技能之外的东西……

第五，我发现了自己的许多不足……

总之，这次的毕业实习虽然时间短暂，接触到的工作也很有限，但是依然让我学到了许多知识、积累了不少经验。通过这次实习，我也更好地认识了自己、了解了社会。作为一名即将迈入社会的新人，我深切感受到，在以后的工作中，我不仅要有吃苦耐劳的决心与毅力、平和的心态和勤学好问的精神，还要有很强的责任心，并在工作中多看、多听、多观察，坚持不懈地学习。

会计系2016级2班：张××

2019年4月12日

【导读】这是一篇会计学专业学生的实习报告，正文按开头、主体和结尾三部分行文。开头概述实习基本情况，分别介绍了实习的意义、目的、时间、地点、成效、收获等；主体分小标题行文，分别写了实习公司介绍、实习具体情况和实习收获，行文合理、重点突出；结尾点明存在的不足和今后的努力方向。文章详写实习情况与收获体会，主次分明，主旨突出,行文层次清晰,内容比较完整,语言比较流畅,可作借鉴。

【阅读思考】

1. 怎样拟写实习报告的标题?
2. 写作实习报告的注意事项是什么?

【例文7-2】

实习报告模式一

××公司××××实习报告

(前言:实习时间、地点、任务、感受、结果)××××××××××××××××××××××××××××××××××××。

(实习过程:实习内容、环节、做法)××××××××××××××××××××××××××××××××××××。

(实习结果:实习体会、经验教训、今后努力方向)×××××××××××××××××××××××××××××××。

×××(署名)
××××年×月×日

实习报告模式二

×××××厂实习报告

×××××厂是××××××××××××××××××××。

近来,该厂存在的主要问题有:

××××××××××××××××××××××××××××××。

鉴于上述问题,本人认为×××××××××××××××××××××××××××××××××××。

下面对该厂××××××管理方面的改革提出一些初步的设想。

一、×××××××××××××××××××××××××××××。

二、×××××××××××××××××××××××××××××。

三、×××××××××××××××××××××××××××××。

总之,×××××××××××××××××××××。

×××(署名)
××××年×月×日

实习报告模式三

×××公司××××××实习报告
××学院××系××专业：×××

一、实习目的：×××××××××××××××××××××。
二、实习时间：×××××××。
三、实习地点：×××××××××××××××。
四、实习单位情况：××××××××××××××××××××××××××××××××。
五、实习主要过程：×××××××××××××××××××××××××××××××××××××。
六、实习收获体会：××××××××××××××××××××××××××××。
七、问题和建议：×××××××××××××××××××××××。

××××年×月×日

【导读】以上三种实习报告模式都可以在实际写作中采用，区别在于内容的侧重点及结构不同。模板一侧重写实习的内容和心得体会；模板二侧重反映实习单位存在的问题，同时分析问题并针对问题提出解决建议；模板三采用条款式结构模式，层次清晰，一目了然。在署名位置问题上，模式一和模式二均在文尾部分署名，模式三的署名及作者相关信息则放在标题下面。

【阅读思考】

1. 实习报告是否还有其他写作模式？
2. 比较上述三种实习报告写作模式在写作内容重点上的不同之处。

二、基础知识认识

（一）特点

1. 汇报性

学生写实习报告的目的是向教师汇报自己的实习情况，教师则通过阅读实习报告了解学生的实习情况，并针对其实习过程中存在的问题对其进行更深入、更具体的指导。

2. 真实性

学生在实习结束后，要如实地将实习情况反映在实习报告中，不能弄虚作假。虚假的实习报告不能起到指导实际工作或者为未来从业提供帮助的作用。

3. 专业性

在选择实习单位及实习内容时，学生要与自己所学的专业知识相结合，这样才能学以致用、学用相济。在撰写实习报告时，针对专业问题提出自己的见解或看法，并用专业知识进行分析，寻求解决问题的方法和途径。

4.体验性

实习报告的重点是反映学生参加实习时经历了什么、收获了什么、感受了什么，怎样用理论知识解决实际问题。

（二）分类

实习报告一般有以下几种分类方法。
（1）按照实习单位不同，可分为公司实习报告、银行实习报告、工厂实习报告等。
（2）按照实习时间不同，可分为学期实习报告、寒暑假实习报告、毕业实习报告等。
（3）按照实习内容不同，可分为课程实习报告，生产实习报告，营销实习报告等。

三、实习报告的写法

实习报告一般由标题、正文、文尾三部分组成。

（一）标题

实习报告的标题有单标题和双标题两种形式。

1.单标题

单标题有三种写法：①实习单位+文种，如"广州中盛再生资源热电有限公司实习报告"；②实习单位+实习时限+文种，如"中国××银行××中心支行三个月实习报告"；③实习内容+文种，如"资产评估实习报告"。

2.双标题

双标题是由正、副标题组合成的标题。正题明示实习者的实习体会，副题补充说明实习单位、文种等，如"质量是企业的命根子——海尔集团股份有限公司实习报告"。

（二）正文

实习报告的正文一般包括前言、主体和结尾三部分。

1.前言

实习报告的前言一般开门见山，简明扼要地介绍实习的目的、时间、地点、内容、主要收获等，也可介绍实习的意义和表现。

2.主体

主体部分是实习报告的核心内容，要全面反映实习的具体情况，可分为三个部分来写。
（1）实习内容。此部分要具体、详细地介绍自己实习过程中的工作任务、工作环节、具体做法等，着重阐述自己在指导老师及周边工作人员的指导或影响下，如何将所学的理论知识应用到实际工作中。
（2）实习收获。此部分内容包括完成了哪些实习任务，效果如何，包括思想认识、知识、技能等多方面的收获。
（3）实习体会。这部分是对实习内容与过程进行理性分析，总结出一些理性的认识。可从思想认识方面谈实习后对专业认识有了怎样的提高；可针对实习过程中存在的问题，提出自己的改进意见，表明今后的努力方向。

3.结尾

实习报告的结尾一般是对实习指导教师和实习单位的感谢,但也可在写完主体部分后自然收束全篇,不再另写结尾。

(三)文尾

文尾包括署名和报告完成的时间。

四、写作注意事项

(一)广泛收集资料

要写出高质量的实习报告,就得广泛收集材料,包括实习单位的基本情况、观察到的各种工作状况和自己实习工作的实际情况等。

(二)以事实为基础

实习报告是建立在充分收集自己的所见所闻材料基础之上的,要注重对材料的概括总结,体现综合性和真实性,内容须依托自己的实习经历,用事实说话,不可凭空杜撰。

(三)突出重点

实习报告不等于工作日记,不能事无巨细,遇事即录,必须对所做过的工作、所见所闻进行有目的的筛选和详略处理。围绕报告的主旨,突出重点地写作。

(四)语言简练

实习报告的语言要简明扼要,以概述和说明两种表达方式为主。

思考与练习

1.依据所给材料,整理出一篇实习报告。

(1)点、捆钞技能的锻炼。点钞是银行柜员的基本技能之一。坐姿、手势及钞票摆放角度,指法、手指间的作用力度和双手的协调能力等,都是要通过一番刻苦锻炼才能掌握的技能。捆钞中指法的运用是关键,一把钞票抓在手中,用拇指按于中间使其凸出弧状来,另一只手用捆钞带贴着外沿用力拉紧,绕两圈后反扣住原来的带子再缠两圈,最后将整捆钞票压平,这样就可以牢牢地捆住一把钞票了。

(2)代发财政工资业务。在实习期间,我还涉猎了邮政储蓄中间业务中的两项,一项是代发财政工资、养老保险,另一项是收缴电话费。前项跟一般的窗口服务差别不大,具体就是为机关、企事业单位员工代发劳动报酬等款项,依据所需代理单位的工资清单,为其员工开立活期结算账户。社会养老保险则根据其社会保障号开立账户,员工可凭存折直接到窗口支取。后一项则要到电信的营业处去收取,大概每日下午5点左右,带齐准备好的缴费单据,加盖日戳、私章。在营业处与电信方财务人员当面清点款项金额,对方确认、加盖印章,并撕下相应的收据联交于电信方保存。

(3)事后监督的操作。初到综合部,我实习的岗位是事后监督,主要是对基本业务的监督。先按每日营业扎账单，登记各类基本业务的交易总笔数、总金额，然后分别与原始凭证进行校对，确认无误后，按照原始凭证的任意顺序，逐笔输入凭证打印的交易流水号和客户填写的交易金额，系统自动核对两项内容，显示交易流水中的其他内容。

2. 根据你的实习经历，写一份实习报告。

第二节　毕业论文读写

毕业论文是高等学校应届毕业生在专业导师指导下对本专业领域的某些问题进行探讨和研究后写出的具有学术价值的议论性文章。它反映大学生在校期间的学习情况、知识水平，以及运用理论知识解决实际问题的能力。

撰写毕业论文，能够调动学生的主观能动性，引导学生积极地发现问题，寻找解决问题的方法，培养学生思维能力，同时，也能使学生对在校期间所学知识进行总结回顾，提高理论水平，培养学术倾向，实现培养目标和奠定发展基础。它在培养大学生探求真理、强化社会意识、进行科学研究、提升综合实践能力等方面都具有不可替代的作用。因此，毕业论文的质量既衡量教学水平，也衡量学生的学识水平与能力，是学生毕业和取得学位资格的重要依据。

一、例文导读

【例文7-3】

广州市区域物流网络发展状况研究[1]

市场学系，市场营销专业，陈明娟（指导老师：赵永斌讲师）

摘　要：广州市作为区域经济的中心，同时也是国际性港口城市，具有发展现代物流业的优越条件。但广州市物流业发展却远赶不上经济发展的步伐，解决物流业的落后状态与经济发展之间的矛盾刻不容缓。因此，需完善政策法规，提升相关行业员工素质，同时采用信息技术等来促进物流业快速发展。本文旨在对广州市应怎样构建一个高效的区域物流网络，以保障整个区域的物流活动，满足生产活动、消费生活的需要，提高区域经济运行质量，促进区域经济协调发展提出建设性的意见。

关键词：区域经济；区域物流网络；发展

Abstract：Guangzhou as a regional economic center is also an international port city with the development of modern logistics industry advantage. However, the development of logistics industry in Guangzhou can not keep up the pace of economic development, to solve the backward state of the logistics industry and the conflict between economic development imperative. Therefore, the government should introduce some policies, relevant industry personnel must improve their capacity to be mutually inter-industry support to help the logistics industry. This article aims to give some suggestions on how to build an efficient regional logistics network, in

---

[1] 广东培正学院教务处：《广东培正学院2010届本科优秀毕业论文集（上集）》，2010年，有改动。

order to protect the entire region of logistics activities to meet the production and consumption needs, and to enhance regional economic operation quality and promote coordinated regional economic development.

Keywords：Regional economy；Regional logistics network；Development

1 引言

现代物流业属于服务业性质，是区域经济发展的产物，对区域经济的发展有重要支撑作用，它连接区域经济的各个部分并使之成为一个统一有机的整体。区域物流的发展能为区域经济提供良好的实体移动平台，而区域经济的发展是区域物流的基础，可以促进区域物流的发展。如果没有区域经济，就没有区域物流，不同区域经济的水平、规模和产业形态，要求与之相适应的区域物流作为服务保障，才能使得区域经济持续、健康地发展。……我认为对广州市目前的区域物流网络的发展现状进行研究，找出问题所在，优化区域物流网络，使点、线有机结合，实现货畅其流，对广州市的发展有重大意义。查阅学界关于物流方面的相关研究后，我发现关于广州市区域物流网络的研究寥寥无几，这说明在经济发展较快的广州，物流没得到足够的重视。因此，本课题将对其展开研究。

2 广州市区域物流网络研究的意义

2.1 降低成本，加速区域经济的发展

现代物流业主要是由节点和线路组成的网络体系，将这些原本松散的要素组成区域物流网络后，它们之间的关系就变得稳定、紧密了。而稳定、高效运作的物流网络不但能降低用户使用网络资源和要素的成本，还可以放大各要素的功能，从而提高整个网络的收益，促进区域经济的发展。

2.2 加快第三产业的发展，并提高其发展水平

通过培育并集中物流企业，使其发挥整体优势和规模效益，促使区域物流形成并向专业化、合理化的方向发展，有利于整个第三产业的发展。而区域物流的发展可以促进当地经济的发展，在解决当地就业问题的同时还能增加税收，促进其他行业的发展。随着其他行业的发展，第三产业的发展水平也得以提高。

2.3 促进以广州市为中心的区域市场的发展

广州市作为经济中心，同时也是国际性的港口城市，其区域经济结构的合理布局和协调发展，有利于吸引外资、建立网络化的大区域市场体系、解决城市的交通问题、发展绿色物流等。

2.4 促进外商直接投资

广州市政府想要加快区域经济的发展，就得吸引外来投资。在经济条件和优惠政策不相上下的情况下，物流环境也成了吸引外来投资者眼球的一个亮点。而完善、高效的区域物流网络恰好有提升物流环境的优势，这能吸引外商直接投资。

3 广州市区域物流的优势、发展状况及区域物流网络发展状况

3.1 广州市区域物流的优势

目前，广州拥有全国最繁忙和最大的货物集散地，各类专业市场、交易（批发）市

场有470多个，日进外地货运车辆达到12万辆。新白云机场的旅客吞吐量和年货物吞吐量都分别达到了2 500万人次和100万t。在公路方面，全市3 000多家道路货运经营业户中，从事物流服务的企业有625家，物流仓储面积占地约300万 m^2。

广州的公路总里程约为5 568 km（含快速路），其中高速公路339 km。广州物流成本约占整个GDP的17%~20%，第三方物流约占物流市场的10%，预计未来5~10年将是广州物流业高速发展时期，第三方物流将保持快于国内生产总值的速度发展，特别是港口物流和空港物流将呈现快速的发展态势，估计机场货邮吞吐量年平均增长速度可达到10%以上，未来三年将奠定中国南方国际物流中心的基础地位。2010年，广州的航空物流可占中国总量的1/3。未来广州规划兴建18个铁路货运站，计划5年新建10~15个深水泊位，市场发展潜力十分巨大。

3.1.1 经济优势（略）

3.1.2 产业优势（略）

3.1.3 优越的交通运输条件和区位优势（略）

3.1.4 需求优势（略）

由上述可知：广州市发展区域物流具有一定的优势，而区域物流与区域物流网络之间的关系密切，所以，广州市区域物流所具有的优势也会成为区域物流网络的优势。

3.2 广州市区域物流网络的发展状况

物流业是一个高度分散、零散与随机的行业。区域物流的网络化离不开规模化，反过来，规模化也离不开网络化。区域物流网络包括物流信息网络、物流基础设施网络。

3.2.1 物流信息网络（略）

3.2.2 物流基础设施网络（略）

4 广州市区域物流网络存在的问题

虽然广州市区域物流网络本身具有很大的优势，发展也在不断地完善，但在目前的发展过程中仍存在着一些突出的问题。

4.1 政策贯彻不到位，缺乏统一的协调机制（略）

4.2 物流专业化程度不高（略）

4.3 物流企业间信息透明程度低（略）

4.4 物流网络运行效率偏低，物流基础设施落后（略）

4.5 缺乏现代物流理念，人才培养方面不完善（略）

5 广州市区域物流网络的发展策略（略）

5.1 制定政策法规，规范广州物流市场（略）

5.2 充分利用现代物流技术，建设物流设施和信息平台（略）

5.3 建立技术标准，促进物流信息系统的发展，推进一体化运作（略）

5.3.1 规范电子单证格式和认证标准（略）

5.3.2 规范企业信息系统的结构、功能（略）

5.3.3 规范信息系统的开发标准（略）

5.3.4 推进物流一体化运作（略）

5.4 加强物流基础设施建设，完善物流网络（略）

5.5 发挥中介组织和行业协会的作用（略）
5.6 加强人才培养，提高现代物流水平（略）
6 结束语
　　随着经济的迅猛发展，人们生活水平不断提高，对物流服务质量的要求也越来越高，广州在发展物流业方面具有很多优势，也先后出台了一些有利于物流发展的政策，发展前景非常广阔。但广州目前的区域物流网络还存在一些问题，只要积极采取措施解决所存在的问题，就可以降低物流成本，同时还能提高物流的服务质量，从而进一步促进广州市经济的发展。

参考文献
致谢（略）
………

【导读】这篇论文的研究对象是广州市区域物流网络发展状况，具有较强的针对性和现实意义。文章从论述区域物流对区域经济发展具有的重要作用入手，提出"怎样才能最大限度地降低物流成本"这一论题。围绕这个问题，作者详细地阐述了广州市区域物流网络研究的意义，深入分析了广州市区域物流的优势、发展状况及区域物流网络发展状况。在论述过程中，作者注意材料与观点相结合，运用大量事实与数据进行论证，写得有理有据、客观严谨。在此基础上，得出广州市区域物流网络存在的问题，并针对问题提出相应的发展策略。
　　该论文结构层次清晰严谨，论证充分，文字流畅，体现了作者扎实的理论功底和较好的科研素养，所选论题贴合实际，具有很强的现实参考价值。

【阅读思考】

1. 毕业论文的标题怎样拟定？
2. 毕业论文的摘要有什么作用？

【例文7-4】

浅析人民币升值对广州地区外贸的影响（提纲）[1]

经济学系，国际经济与贸易专业，李达飞（指导老师：莫岸华硕士）

摘要：汇率问题是和国民经济密切相关的一个重要国际金融问题，汇率升值或贬值都会对一国的对外贸易产生重大影响。2005年汇率制度改革以来，人民币升值成为影响我国经济发展和对外经济关系的一个重要话题。基于上述背景，本文以人民币升值对中国广州地区贸易进出口的影响为研究主线，加以广交会为例证来进行分析。近期由于我

---

[1] 广东培正学院教务处：《广东培正学院2010届本科优秀毕业论文集（上集）》，2010年，该提纲根据该生所写论文提取而来，有改动。

国经济快速发展和国际收支巨额顺差等因素影响,人民币不断升值。这一方面有助于广州地区的外贸增长方式转变、进口贸易规模的扩大、和主要贸易对象国的关系缓和等,但同时也对广州地区出口的进一步增长和就业安置等产生了不利影响。为消除这些不利影响,国家可给予相关外贸政策支持,推动产业结构升级,扩大内需以及积极开拓多元化的市场。

关键词:人民币升值;广州地区外贸发展;产业结构升级

目录:(略)

1　导论
1.1　研究的背景、目的和意义
1.2　研究内容与研究方法
2　人民币的一般概述及理论基础
2.1　人民币升值的概念
2.2　人民币升值的原因
2.2.1　我国经济快速增长构成了货币强势的经济基础
2.2.2　人民币币值长期被低估
2.2.3　持续的贸易顺差和外汇储备的不断攀升
2.2.4　贸易摩擦升级
2.2.5　国际政治影响
3　人民币升值对广州地区外贸发展的利弊
3.1　广州地区外贸发展现状
3.2　人民币升值对广州地区外贸出口发展的影响
3.2.1　简单的经济学分析
3.2.2　对广州地区外贸出口的消极影响
3.2.3　第105届广交会之升值下的压力
3.3　人民币升值对广州地区外贸进口发展的影响
3.3.1　简单的经济学分析
3.3.2　制约进口扩大的因素
3.3.3　对广州地区外贸进口的积极影响
4　人民币升值时期对广州地区外贸发展的应对措施
4.1　加强广州企业的风险意识
4.2　调整广州企业结构,解决就业困难
4.3　推动产业结构升级,塑造竞争优势
4.4　积极扩大广州内需,减少外贸出口依赖
5　结论(或总结)
6　注释(略)
7　参考文献
[1]毕海霞,牛薇薇.人民币升值对我国贸易收支的影响[J].特区经济,2006(7).

[2] 侯英. 人民币实际有效汇率的波动对我国贸易收支的影响［D］. 西北大学, 2008.
……
8 附录（略）
9 致谢（略）

【导读】这是一篇标题式提纲，每部分的内容梗概通过一级、二级和三级标题显示出来，结构层次和逻辑思路清晰明了。该提纲要素比较齐全，从标题、作者署名到参考文献、附录、致谢，完整地展示了作者的写作思路和论文的基本格局。

【阅读思考】

1.该毕业论文提纲的特点是什么？
2.毕业论文的提纲还可以采用什么形式拟定？

二、基础知识认识

（一）特点

1.学术性

毕业论文以学术问题作为论题，以学术成果作为表述对象，以学术见解作为文章的核心内容，来探讨事物的本质和规律。

2.科学性

毕业论文的内容必须真实、准确地反映事物的客观规律，因此具有很强的科学性。

3.创新性

毕业论文要表达自己的真知灼见，有个人的独到看法，不能简单地重复别人的研究成果。

4.专业性

毕业论文要求学生针对自己所学专业某一问题进行科学而深入的研究，因为它的读者是相关专业人士和特定的对象。

5.规范性

毕业论文有统一的格式要求，这些格式今天已经规范化、标准化。

（二）分类

根据不同的标准，毕业论文可分成不同的类型。

1.按属性分，可分为自然科学和社会科学两大类

凡由理、工、农、医、生物等内容构成的为自然科学论文，凡由政治、经济、历史、哲学、文学和管理等内容构成的为社会科学论文。

2.按申报学位分，可分为学士论文、硕士论文和博士论文

学士论文是指大学本科毕业生为获取学士学位和毕业资格撰写的论文，硕士论文是硕士研究生为获取硕士学位和毕业资格所撰写的论文，博士论文是博士研究生为获取博士学位和毕业资格所撰写的论文。

3. 按论文内容构成分，可分为专题性论文和综合性论文两大类

专题性论文是对所学学科中某一学术问题进行研究写出的毕业论文。综合性论文有两种形态：一种是综述型，是对某学科中某一学术问题已有研究成果加以综合介绍与分析评论以表明自己见解的毕业论文；另一种是综研型，是对某一学科课题进行多领域或多视角研究写成的毕业论文。

4. 按议论的主要方式分，可分为立论性论文和驳论性论文

立论性论文是正面阐述论证自己观点和主张的论文，驳论性论文是通过反驳别人的论点和主张来树立自己的观点和主张的论文。

（三）毕业论文与学术论文比较

毕业论文与学术论文既有相同之处，又有不同之处。相同之处在于二者的精神实质、文体要求、要素特点、材料取舍、论证方法、执笔成文、修改定稿、格式样式及规范等方面并无二致。不同之处主要在以下四个方面。

（1）目的和作用不同。毕业论文不是为了公开发表，其作用限于教学环节和教学范畴：一是对学生掌握专业知识、分析和解决学术问题能力的综合考核；二是培养、锻炼学生独立进行科研活动的能力。学术论文旨在公开发表，其作用在于：一是用以探讨、研究有学术价值的问题，是进行学术研究的手段；二是用以描述、反映、交流学术研究成果，是学术研究活动中不可或缺的工具。

（2）选题要求不同。毕业论文的选题限制在所学专业课范围内，而学术论文可以任意选题。

（3）质量要求不同。毕业论文可以不用达到公开发表水平，也不要求公开发表。但撰写学术论文，目的是希望能够公开发表，因而必须达到一定的学术水平。

（4）写作主体责任要求不同。毕业论文是在导师指导及他人帮助下完成的，因而要有"致谢"内容表达谢意；学术论文特别强调作者独立研究，因而不需"致谢"内容。在署名上，学术论文只署作者姓名，而毕业论文不仅要署作者姓名，还要署导师姓名与职称或学位。

三、毕业论文的写作步骤

毕业论文的写作过程是一个系统学习，专题研究，最终把研究导入更科学、更清晰、更有条理的完善境界的过程。其写作通常包括选题、搜集资料、编写提纲、撰写初稿、修改定稿等步骤。

（一）选题

选题即确定毕业论文的研究方向、目标和范围。选题本身是一种综合性创造，虽然它主要表现为作者的一种主观意向性，但它必须以作者长期的多维度知识积累和严肃的综合性思考为基础。论题选得好不好，直接关系到论文写作过程的顺利与否和论文质量高低。

1. 选题原则

（1）适度性原则。不同学历层次的毕业论文在深度、广度、创新开拓、规模字数等方面有不同的要求，因此选题要适度。本科生毕业论文适宜选择以小见大、以点带面之论题，切入点小，容易把握，比较省力，也容易展开论述，掘出深度。

（2）可行性原则。可行性表现在两个方面：一是作者对研究的题目有浓厚兴趣；二是作者有足够的可查资料，有驾驭论题的知识和能力，有足够的时间和精力，或在这方面积累了一定工作经验和阅历。不感兴趣、缺乏基础，是很难出成果并写出高质量的论文的。

（3）现实需求原则。即所选论题应与社会生活和科学文化事业的发展密切相关，这样才会既有理论价值，又有现实价值。

2.选题类型

（1）创新型，即"人无我有"，是开辟新领域的探索性研究，这类研究难度较大。

（2）延伸型，即"人有我新"，前人虽已做过，但仍存在某些不妥或不完善，还有进一步探讨的空间，它是对前人研究的发展性研究。

（3）综合归纳型，是对某一已经有许多人探讨过，但说法不一，甚至有争论的主题进行综合研究。对这类题目进行研究时，要在众说纷纭的基础上，拿出自己的观点，要有新的突破。

（二）搜集材料

确定研究方向、目标和范围后，就进入搜集材料阶段。搜集材料时，要围绕选题，做到有的放矢。要明确哪些材料是有用的、不可或缺的，哪些材料是必须首先了解的，哪些材料是急需的。一般而言，写毕业论文要搜集以下几类材料。

1.论题的核心材料

核心材料即所研究对象本身的材料，往往是参考文献所列的书目、篇目。

2.背景材料

背景材料是对核心材料起参照、比较、深化作用的材料，包括已有研究成果材料和与论题相关的参照材料。学术发展是一个长期逐渐积累的过程，后人往往是在前人已有成果的基础上继续前进。因此，要重视已有的成果材料。可以编制已有成果目录，从标题上掌握论题研究的线索，搜集具有代表性的各派观点材料，以便寻找新的角度，提出新的见解。有些材料还能用于行文中的理论探讨，以增强文章的理论性。

3.具有方法论意义的理论材料

专业论文不能停留在就事议事的层面，而要用科学的思维方法和学科理论来分析和阐述问题，因此，必须注意这方面的理论材料。

相关材料搜集到手后，初期要通阅全部材料，做到心中有数，同时筛选合适的材料，并适当做好笔记和标志，以便查阅或使用。

（三）编写提纲

提纲是作者的总体思路和文章的构架。草拟提纲可以规划基本内容，搭好基本框架，使写作思路明晰化、条理化，同时也可发现构思、结构、材料等方面的问题，使写作少走或不走弯路。论文提纲一般应包括文章的基本论点和主要论据，反映文章的结构体系。拟写提纲的方法主要有以下三种。

1.标题提纲法

标题提纲法即在总标题下分设若干小标题，然后按小标题搜集材料归纳整理成文字，写成文字。小标题可以是单词或短语，在逻辑上是并列或递进关系，这样能引起对论题的横向展开或纵向深入探讨。

2.句子提纲法

句子提纲法即中心句法，就是在论题下根据论据提炼出若干表达论文主要内容的句子，然后按照层次（论文展开的逻辑）列出句子使之成为论文提纲。中心句是一个完整的句子，它一般置于每段开头，成为该段观点（段旨）之所在。把支持中心句的各种意思充实到该段中，就成了文章的一个段落。实际上，中心句就是作者在论文中所要阐述的观点或主张。句子提纲法具体、明确，能够勾勒出论文的大体结构。

3.段落提纲法

段落提纲法即用一段话将某部分要写的内容简明概述出来的方法。段落提纲很像文章的缩写，是句子提纲法的扩充，常用来编写详细提纲，故又称详细提纲。当论文逻辑构成单位的内容不能用一个句子概括时，就写成一段话来表述。

上述三种方法，论文作者需根据内容和篇幅加以选择，也可以综合运用。

提纲要做到结构完整，层次分明，观点明确，材料定位。提纲写好后，要不断修改、推敲，使之符合要求：一是推敲题目是否恰当、是否合适；二是推敲提纲的结构是否能阐明中心论点或说明主要论题；三是检查划分的部分、层次、段落是否合乎逻辑；四是验证材料是否能充分说明问题。

（四）撰写初稿

撰写初稿时，作者最好一气呵成，不要顾前思后，也不要强求语句漂亮或者惊人，只要观点表达清楚即可。

（五）修改定稿

初稿写成后，撰写者需要反复审读，仔细斟酌初稿。大到谋篇布局、行文格式，小到一词一字一个标点符号，都要认真推敲。如果观点的表述过于烦琐，就要精简；材料不够充实或者欠缺，就要作进一步补充；需要用其他学者的论述佐证自己的观点，就需要查找、翻阅文献。在修改的基础上，力求使定稿尽善尽美。

四、毕业论文的写作

一篇规范的毕业论文一般包括标题、责任者、摘要、关键词、目录、正文、注释、参考文献、附录和致谢。

（一）标题

标题又称题目，是文章中心的高度概括，要求准确、简明、新颖。从形式上看，可用单标题，也可用正、副双标题，正题表明主旨，副题补充说明；从内容看，单标题有展示论题的，也有展示论点的，双标题则常是二者的结合。标题一般不超过20字。

（二）责任者

毕业论文的责任者，一是论文作者，二是指导老师。作者要写明系别、专业和姓名，导师要写明姓名、职称、学位等。

（三）摘要

摘要又称内容提要或概要，即用精当的语言反映论文主要观点、研究方法、研究结果及所具有的意义等，分为中文摘要和英文摘要。摘要可供计算机检索使用，缩短读者检索时间，还可为读者选择文章提供捷径，一般采用第三人称行文，字数不宜超过300字。拟写摘要的常见方法有以下几种。

1.概述性摘要

概述性摘要即概述论文基本观点、研究方法和研究结论结果以及意义的提要。如《网络用语乱象与秘书学专业学生写作规范培养》的摘要：

通过分析当代网络用语的特点及乱象，认为秘书学专业学生因未来职业特性需要，不得不随波逐流滥用网语给今后从业埋下隐患。提出目前应加强汉语理论知识学习，具备网语"优劣"识别能力；强化网语使用规范意识与写作规范训练；学校加强对学生职业意识与用语规范意识的培养，为秘书学专业学生今后的从业奠定良好的用语品质和坚实功底。

2.提示性摘要

提示性摘要即简要地叙述研究的成果（数据、看法、意见、结论等），对研究手段、方法、过程等均不涉及的摘要。如《政府在市场经济中如何定位》的摘要：

变部门"齐抓共管"企业为共同服务于企业，应成为部门工作的主要重点。

3.报道性摘要

报道性摘要即介绍主要研究方法与成果以及成果分析等的摘要。这种摘要对文章内容的提示较全面。如《价格促销对品牌权益的影响》的摘要：

价格促销作为营销组合中的重要一环，必然会对品牌权益产生深刻的影响。在查阅大量文献的基础上，本文就价格促销对品牌权益的影响进行了分析。同时，也总结了国内外学者对在不同调节因素影响下，价格促销对品牌权益影响的研究结论，并提出了今后研究的方向。

（四）关键词

关键词是能客观反映论文主要内容的名词性词语或术语，将其选出主要是供信息检索之用。一篇论文一般选3~8个关键词，置摘要之下，排列时要按照意义从大到小、从内容到形式的顺序排列，中间用空格或分号隔开。

（五）目录

目录可为读者提供阅读内容的页码范围，以及每章每节的内容提示。目录的生成，首先需要在正文设置一级、二级标题，或根据需要设置更低级标题，再经相关操作，由计算机自动生成。目录的设置主要是对篇幅较长的论文而言的，比较短的论文可以不设目录。

（六）正文

正文一般包括引论、本论和结论三部分。

1.引论

引论又称导论、绪论、前言、引言等，是论文的开头部分。这一部分可以介绍研究的目的、意义、方法和步骤，研究内容的学术背景，还可以提出问题，说明研究的创新之处，一般要求言简意赅，只摆观点，不求论证的过程。引论常见的写作方法有：揭示纲目、交代背景、开门见山、提出问题和作出定义等。

2. 本论

本论是论文的主体部分，是分析问题、论证观点的主要部分，也是显示作者的研究成果和学术水平的重要部分。在主论的撰写过程中，撰写者运用一定的研究方法，对问题进行详细分析，在引用材料的基础上提出自己的观点。本论的要求如下。

（1）论证充分，说服力强。论证就是运用论据来证明论点的正确性或证明敌对论点的错误性的过程和方法。从论证方式来看，论证可分为立论和驳论两种。立论是正面阐述自己观点，证明其正确性，是自己的论点确立起来的过程，可以采用例证法、引证法、分析法、推理法来立论或证明。驳论是通过反驳敌对论点，证明其错误性、荒谬性，从而证明自己观点的正确性的论证方法，可以驳论点、驳论据、驳论证，常用的驳论方法有直驳法、反证法、归谬法等。

（2）结构严谨，条理清晰。本论部分的结构形式可采用并列式、递进式和综合式三种类型。并列式结构，是围绕中心论点分设成几个分论点和层次，各个论点和层次平行排列，分别从不同角度、不同侧面论证中心论点，使文章呈现出一种多管齐下、齐头并进的格局；递进式结构，是对论证的问题采取一层深于一层的形式安排，使层次之间呈现一种层层展开、步步深入的逻辑关系，从而使中心论点得到深刻透彻的论证；综合式结构，结构层次比较复杂，既有并列结构，又有递进结构，显示出两种结构综合的形式。综合式结构又有两种形式：一是在并列的过程中，又在每一个并列面上展示递进；二是在递进的过程中，又在每一个递进层次上展开并列。

（3）观点和材料相统一。论文观点来自对真实可靠的材料的概括，且它们常常充当文章的标题、小标题和段旨句，构成全文的结构提纲或筋络；而材料又须反过来印证、支撑观点，成为证明观点的论据和丰满文章的"血肉"，即所谓观点与材料相统一。做不到这一点，就会文不对题。

3. 结论

结论是一篇论文的结束部分，是以研究成果和讨论为前提，经过严密的逻辑推理和高度归纳所得出的最后结论。毕业论文的结论部分大致包括以下内容：①提出论证结果，即作者对全文论证内容进行归纳，提出自己对问题论证的总体性看法和意见；②指出进一步研究的方向，结论部分，作者不仅要概括自己的研究成果，而且要指出课题研究中所存在的不足，为他人继续研究指明方向、提供线索。

（七）注释

注释是对文中有关内容的解释、说明或补充，分夹注、脚注和尾注三种形式。夹注是随文在需要作注处用圆括号作注；脚注是首先在文中需作注处上标注码，然后在页脚按序作注；尾注是首先在行文中依次标注注码，然后在正文后统一集中依次作注。脚注和尾注的注码均采用上角标，注码用"①""②"形式。

（八）参考文献

文后参考文献是为撰写或编辑论文和著作而引用的有关文献信息资源。对于一篇完整的论文,参考文献是不可缺少的组成部分,它有利于审稿人和编辑评价论文的水平,有利于与读者形成信息资源共享,还有助于精练论著的文字篇幅,体现科学文化的继承性和发展历史,是对他人著作权的尊重和保护。参考文献采用实引方式,即在文中用上角标(序号[1]、[2]……)标注,并与文末参考文献列示的参考文献的序号及出处等信息形成一一对应的关系。

1.参考文献类型标志

以纸张为载体的参考文献类型标志为:M-普通图书,C-会议录,N-报纸文章,J-期刊文章,D-学位论文,R-报告,S-标准,P-专利,G-汇编。

非纸张类型的电子文献标志为:DB-数据库,CP-计算机程序,EB-电子公告。

电子文献及载体类型标志为:M/CD-光盘图书,DB/MT-磁带数据库,CP/DK-磁盘软件,J/OL-网上期刊,DB/OL-联机网上数据库,EB/OL-网上电子公告,C/OL-网上会议录,N/OL-网上报纸。

2.参考文献著录项目与著录格式

(1)专著。专著的著录项目与著录格式为:

[序号]主要责任者.题名[文献类型标志].出版地:出版者,出版年:引文页码.

如有其他题名信息、其他责任者等需著录的信息,一般著录格式为:

[序号]主要责任者.题名:其他题名信息[文献类型标志].其他责任者.版本项.出版地:出版者,出版年:引文页码.

示例:

[1]江平.民法学[M].北京:中国政法大学出版社,2000.

[2]金子宏.日本税法原理[M].刘多田,等译.北京:中国财政经济出版社,1989.

[3]辛希孟.信息技术与信息服务国际研讨会论文集:A集[C].北京:中国社会科学出版社,1994.

[4]孙章法.理性经济人的制度规制[D].北京:北京大学出版社,2000.

(2)连续出版物。期刊、报纸等连续出版物的基本著录项目与著录格式为:

[序号]主要责任者.文献题名[文献类型标志].连续出版物题名,年,(期):页码.

如有其他题名信息、出版物卷次等需著录的信息,其一般著录格式为:

[序号]主要责任者.文献题名[文献类型标志].连续出版物题名:其他题名信息,年,卷(期):页码.

示例:

[1]李柄穆.理想的图书馆员和信息专家的素质与形象[J].图书情报工作,2000(2):58.

[2]李晓东,张庆红,叶瑾琳.气候学研究的若干理论问题[J].北京大学学报:自然科学版,1999,35(1):101-106.

[3]丁文祥.数字革命与国际竞争[N].中国青年报,2000-11-20(15).

(3)电子文献。电子文献的基本著录项目与著录格式为:

[序号]主要责任者.题名[文献类型标志/文献载体标志].[引用日期].获取和访问路径.

如有其他题名信息、出版项、更新或修改日期等需著录的信息,一般著录格式为:

[序号]主要责任者.题名:其他题名信息[文献类型标志/文献载体标志].出版地:出版者,出版年(更新或修改日期)[引用日期].获取和访问路径.

注：纯电子文献的出版地、出版者、出版年可省略。

电子文献转载其他非电子文献，应在源文献的著录格式后著录电子文献的引用日期和获取和访问路径，其文献类型标志使用复合标志，即［文献类型标志/文献载体标志］。

示例：

［1］Online Computer Library Center, Inc. History of OCLC［EB/OL］.［2000-01-08］. http://www.oclc.org/about/history/default.htm.

［2］萧钰. 出版业信息化迈入快车道［EB/OL］.（2001-12-19）［2002-04-15］. http://www.creader.com/news/200112190019.htm.

［3］江向东. 互联网环境下的信息处理与图书馆管理系统解决方案［J/OL］. 情报学报，1999，18（2）：4［2000-01-18］. http://www.chinainfo.gov.cn./periodical/qbxb/qbxb99/qbxb990203.

（4）析出文献。从专著、论文集等析出的文献的著录项目与著录格式为：

［序号］析出文献主要责任者. 析出文献题名［文献类型标志］//源文献主要责任者. 源文献题名. 出版地：出版者，出版年：析出文献的页码.

如有其他责任者、版本项等需著录的信息，其一般著录格式为：

［序号］析出文献主要责任者. 析出文献题名［文献类型标志］. 析出文献其他责任者//源文献主要责任者. 源文献题名. 版本项. 出版地：出版者，出版年：析出文献的页码.

示例：

［1］白书农. 植物开花研究［M］//李承森. 植物科学进展. 北京：高等教育出版，1998：146-163.

［2］韩吉人. 论职工教育的特点［G］//中国职工教育研究会. 职工教育研究文集. 北京：人民教育出版社，1985：90-99.

（九）附录

附录是附属于正文，对正文起补充说明作用的信息材料，可以是文字、表格、图形等形式。

（十）致谢

致谢在论文的末尾，可向在论文撰写过程中曾给予自己帮助的人表示谢意，要感情真挚，言语得体，但注意不要有过多溢美之词。

五、写作注意事项

（一）力求创新

一篇优秀的毕业论文应该有新意。撰写者在查阅学习他人著作文献的基础上，感悟到属于自己的东西，并在写作过程中力求出新。这里的"新"可以是观点的新颖，也可以是分析角度的新颖。论文如果千篇一律，人云亦云，就毫无学术价值可言。

（二）观点与材料相结合

毕业论文观点的提出，要有理有据，这需要一定材料来支持。如果只有作者主观空泛的论说，而无事实材料的支撑印证，即使观点新颖，也可能无法使读者信服。同时，要做到材料可靠，数据准确无误。

（三）先拟定提纲，然后动笔

拟定提纲对论文写作是极其必要的，提纲的质量对论文写作质量影响极大。提纲显示了论文的架构、写作的思路，好像引领船只的灯塔，让撰写者知道前进的方向，因此要在拟定提纲上多花时间和精力。

（四）保持良好的心态

毕业论文的撰写是一项艰辛的脑力劳动，撰写时要保持良好的心态。当思路阻塞时，可暂缓写作，等心态好转后再继续。

思考与练习

1. 一篇规范的毕业论文包括哪些部分？
2. 如何写好一篇毕业论文？
3. 根据自己所学专业，拟写一篇毕业论文提纲。

第八章

常用礼仪文书读写

礼仪是礼节和仪式的合称，是在人际交往中，以一定的约定俗成的程式来表现律己敬人的言行与过程，涉及穿着、交往、沟通等方面的内容。从个人修养角度来看，礼仪是一个人内在修养和素质的外在表现；从交际角度来看，礼仪是人际交往中的艺术，是人际交往中约定俗成的示人以尊重、友好的习惯做法；从传播角度来看，礼仪是人际交往中进行相互沟通的技巧。

礼仪是在人类历史发展中逐渐形成并积淀下来的一种文明成果，它以某种精神约束支配着每个社会成员。我国历史悠久，素有"文明古国""礼仪之邦"之美誉。在古代，"礼"被人们作为个人生存和立身社会、成就事业、治国安邦之本。孔子说"不学礼，无以立"，荀子说"人无礼则不生，事无礼则不成，国无礼则不宁"。这些先哲们的思想深入人心，教诲着人们以礼修身、以礼行事、以礼治国。在当代，礼仪不仅对个人品德修养、立身社会和安邦治国非常重要，对各种组织之间加强协作、增进情谊同样不可忽视。

礼仪文书，是指以组织、个人名义发出的以促进交往、增强情谊为目的的文书。这种文书用途很广，种类繁多，因限于篇幅，在此仅介绍请柬、邀请书（函）、祝词、贺词、贺信（电）、欢迎词、欢送词、答谢词、慰问信、感谢信、表扬信等常用文种。

第一节 请柬、邀请书（函）读写

请柬、邀请书（函）是单位、团体、个人在邀请客人参加庆祝会、纪念会、联欢会、招待会、订货会、宴会等喜庆活动时发出的礼仪文书，属于邀请类礼仪文书。

请柬，也叫请帖，是邀请文书中一种简易的礼仪文书；邀请书（函）则是一种比较复杂的请柬，它除了能起到邀请的作用外，还有向被邀者交代所需办理的相关事项的作用。

邀请书与邀请函都是一种文书，但在习惯使用上有所区别。一般直接送达的用邀请书，需要邮寄才能送达的则用邀请函。

第八章　常用礼仪文书读写

一、例文导读

【例文8-1】

纪念××大学建校100周年
（192×—202×年）
请　　柬

×××先生：

　　为庆祝我校建校100周年，特定于10月20日上午9时在我校礼堂举行隆重的庆祝大会，届时敬请光临。

　　此致

敬礼！

××大学校庆筹备委员会
202×年10月12日

【导读】这是一份邀请有关人士出席百年校庆的请柬，既庄重严肃，又显出喜庆和对被邀者的尊重。时间、地点和具体内容在简短的一句话中全部概述出来，简洁而明了。

【阅读思考】

1.该请柬的正文表达了几层意思？
2.邀请他人需讲究礼貌、礼节，你认为应体现在哪些方面？

【例文8-2】

第28届联合国粮食及农业组织亚太地区大会非政府组织磋商会议
邀　请　函

尊敬的××先生/女士：

　　您好！

　　我们很荣幸地邀请您参加将于5月15日、16日两日在广州白天鹅宾馆举办的第28届联合国粮食及农业组织亚太地区大会非政府组织磋商会议。本次会议的主题是：从议程到行动——继"非政府组织粮食主权论坛"之后。此次磋商会议由联合国粮农组织（FAO）和国际粮食主权计划委员会亚洲分会（IPC-Asia）主办，中国国际民间组织合作促进会协办。届时，来自亚太地区80多个民间组织的100余名代表将参加会议。本次会议宣言将在5月17—21日召开的第27届联合国粮食及农业组织亚太地区大会上宣读。

　　本次会议的主要议题包括：

　　1.亚太地区粮食和农业领域的非政府组织如何在地区和国家层面执行"全球行动议程/公民社会战略"。

　　2.亚太地区粮食和农业领域的非政府组织如何根据目前形势确定今后行动的参与者。

　　3.参会机构起草非政府组织建议书提交给第27届联合国粮食及农业组织亚太地区会

241

议，继续呼吁维护农民的利益。

真诚地期待着您的积极支持与参与！

附：参会回执

第 28 届联合国粮食及农业组织亚太地区
大会非政府组织磋商会议组委会
20××年 2 月 10 日

【导读】这篇邀请函称呼用了尊称，函中首先写明什么会议、什么地点、什么时间举办，然后点明会议主题、由什么机构主办、有哪些单位参与、本次会议的主要议题，最后真诚地发出邀请。本邀请函篇幅简短、内容明确、用语得体。

【阅读思考】

1. 试比较例文 8-1 和例文 8-2 在写法上的区别。
2. 试分析本文的语言特色。

二、基础知识认知

（一）特点

请柬与邀请书（函）是同一性质的礼仪文书，用途相同，写法也基本相同，二者的主要特点表现在以下几个方面。

1. 知照性

发请柬或邀请书（函）的主要目的是告知被邀者有关情况，让被邀请者能按请柬或邀请书（函）所述情况准确赴邀。因此，请柬或邀请书（函）务必将事情、时间、地点、要求等写得准确无误，切勿出错或遗漏。

2. 庄雅性

请柬、邀请书（函）是典型的礼仪文书，也是庄重的礼仪文书，内容所涉均为庄重、严肃、喜庆之事，在语言上则追求"雅"与"达"。"雅"是指语言优雅，"达"是指文通意明。要做到庄雅，除使用惯用语外，还应恰当地运用礼仪性文言词语表达。

3. 及时性

这是对请柬、邀请书（函）发送时间的要求。如果发送过早，可能易被被邀者遗忘；过迟，又可能让被邀者措手不及。所以，一定要根据实际情况在适当的时候及时发送给被邀者。

此外，请柬与邀请书（函）也有不同之处，二者的主要区别在于写作繁简有别、制作有别。对于请柬而言，在制作上须讲究精美、艺术性；发送时也要讲究郑重性，即使被邀者近在咫尺，也要提前亲自登门郑重送达，如是邮寄，最好再用电话郑重相邀，以示对被邀者的极度尊重和友善。邀请书（函）的信息量比请柬大，使用范围比请柬广。

（二）分类

邀请文书从不同的视角划分可得出不同的类型。

（1）按用途，可分为会议邀请文书和活动邀请文书。
（2）按内容性质，可分为喜庆邀请文书和日常应酬邀请文书（如社团聚会、学术交流等）。
（3）按文种，可分为请柬和邀请书（函）。

三、请柬和邀请书（函）的写法

请柬和邀请书（函）的写法基本相同，其文本一般由标题、称谓、正文和文尾构成。

（一）标题

请柬和邀请书（函）的标题有两种写法：一是直接以文种为题；二是采用"事由+文种"的结构，如"纪念××大学建校100周年（192×—202×）请柬""××招标邀请函""关于出席亚太经济发展会议的邀请书"等。

（二）称谓

请柬与邀请书（函）是有明确而特定邀请对象的，不能没有称谓一项。称谓要在标题下空一行顶行写明被邀单位或个人的称呼。单位写名称；个人写尊称或敬称，如"尊敬的××教授""×××先生/女士"等。

（三）正文

请柬与邀请书（函）的正文一般分成开头、主体和结尾三层或三段、三部分。

开头写邀请缘由，主体提出邀请，结尾提出要求或希望。内容上要求将邀请的事情、时间、地点、要求说得既明确又具体。

（四）文尾

文尾为邀请者署名和邀请发（寄）出日期。

四、写作注意事项

（1）应以尊重友好的态度邀请对方。
（2）语言应庄重典雅、简明扼要。
（3）内容要具体而明确。

思考与练习

1. 概述请柬与邀请书的异同。
2. 邀请书与邀请函在使用上有何不同？
3. 试分析下篇邀请函存在的问题，并进行修改。

邀 请 函

尊敬的×××教授：

为了纪念辛弃疾仕闽××周年，我会定于20××年×月×日至×日在风景秀丽的武夷山举行辛弃疾学术研讨会。您对辛弃疾素有研究，造诣颇深，我们恳请您莅临指导。现将有关事项通知于后。

一、研讨会内容：

1. 宣读学术论文
2. 交流研究经验

二、出席会议的代表原则上应向大会提交学术论文。

三、会议的住宿费、伙食费由大会负担，往返交通费由代表所在单位负担。

四、接到邀请通知后，请立即向大会筹备组寄回代表登记表（在会前三天不见寄回登记表，即视为不出席会议，不再安排食宿）。

五、报到时间：2004年×月×日。

六、报到地点：武夷山市××宾馆（××路××号）。

七、代表登记表请寄武夷山市××大学辛弃疾研究所××同志。邮编×××××。

辛弃疾学术研讨会筹备组
2004年×月×日

第二节　祝词、贺词、贺信（电）读写

祝词、贺词、贺信（电）属祝贺类礼仪文书。祝词，也可写为"祝辞"，是机关、团体、单位或个人在各种喜庆活动场合表达美好祝愿的礼仪性演说词，如开业祝词；贺词，也可写为"贺辞"，是机关、团体、单位或个人在他人或单位取得成就、获得成功的庆典活动中表示庆贺、道喜的礼仪性演说词。

祝词与贺词都是在活动现场当众演说。祝词与贺词的区别是，祝词是表达对他人或单位的一种美好愿望与期待，但这种愿望与期待尚未成为现实，需被祝者去努力实现；贺词是被贺者已经取得了某种成就或成功，这种成就或成功已是既成事实，祝贺者被对方的成就或成功鼓舞、感动，从而为其庆贺、道喜。因此，严格地说，祝词与贺词有事前与事后之分。

贺信（电）其实就是贺词，它与贺词不同的是祝贺者无须亲临现场当众演说，而是使用书信或电报形式寄达或发出表达祝贺。贺电与贺信比较，贺电比贺信要更简洁。

一、例文导读

【例文8-3】

在平湖市青少年生态环保活动启动仪式上的祝词[1]

团市委书记　顾秋莉

尊敬的各位领导、各位来宾、老师们、同学们：

在6月5日世界环境日即将来临之际，今天，团市委、市环保局、市教育局、市少工委在这里联合举行平湖市青少年生态环保系列活动启动仪式暨绿之韵少儿环保时装秀

---

[1] 刘美凤：《秘书常用文书写作大全》，蓝天出版社，2007，第412页。

大赛。在此，我首先代表团市委、市少工委向出席我们今天活动的各位领导表示热烈的欢迎和衷心的感谢！向给予我们这次活动大力支持的各有关单位，以及积极承办本次活动的新埭中心小学表示诚挚的谢意！

……青少年朋友们，保护生态环境，就是保护我们自己。

我们的行动只有起点，没有终点。我们将以此次系列活动的启动为契机，进一步教育引导青少年增加生态环保意识和可持续发展意识，以实际行动推动青少年生态环保工作，为我市创建"国家级生态市"贡献一分力量。

最后，预祝今年的青少年生态环保系列活动取得圆满成功！祝同学们健康快乐！祝各位来宾和教师们工作顺利，身体健康！

（编者注：因篇幅限制，有删减）

【导读】这是一份在活动启动仪式上祝愿活动取得成功的祝词。人们习惯上也将这种祝词归属为祝事业类。该祝词的文本由标题、致词者说明、称谓、正文和文尾构成。标题采用"讲话场所+文种"的结构，这是祝词标题的一种常用写法。致词者说明，说明了致词者的身份和姓名，这亦可看作文书结构模式里文尾中署名的前移。称谓用"尊敬的各位领导、各位来宾、老师们、同学们"，切实而得当。正文写成三层。首段为开头，交代活动背景、开展和具体内容，再明确致词者的身份，并表达对各有关方面的谢意。第二、三、四段为主体，先回顾前段活动的成绩，再明确此次活动的目的、具体内容和要求（即应取得的成效）。最后一段是结尾，表达美好祝愿。文尾写明祝贺日期。

【阅读思考】

1. 将本文的"祝词"改为"贺词"可不可以？为什么？
2. 祝词一定要切合致辞者的身份，联系本文谈谈致辞者是以怎样的身份致辞的，哪些地方表明和体现了她的身份？

【例文8-4】

2006年元宵节祝词[1]
——郑州越达自动化焊接设备有限公司董事长 张玉良
（2006年2月11日）

当我们满怀激情送走普天同庆的春节后，接着又迎来了中华民族的又一个传统节日——元宵节。在这美好的时刻，我们举办烟火晚会，共庆元宵佳节。在此，我代表郑州越达自动化焊接设备有限公司向全体员工致以节日的祝贺，向各位来宾表示热烈的欢迎，向一直关心和支持越达公司发展的各界人士表示衷心的感谢！

越达过去的成绩，得益于各界人士的共同努力和大力支持。越达未来的发展，更有赖于全体员工的团结奋斗和各界人士的关心和厚爱。新的一年，孕育着新的希望，昭示

---

[1] 刘美凤：《秘书常用文书写作大全》，蓝天出版社，2007，第406页。

着美好的未来，我坚信，有大家的支持，越达的明天会更加美好。

流光溢彩迎盛世，火树银花不夜天。这是越达公司春潮涌动、生机勃勃的生动写照，是越达公司继往开来、谋求发展的壮志豪情，是越达公司喜迎嘉宾、缔结友情的华彩礼赞！

最后，祝愿大家工作顺利！阖家欢乐！万事如意！

【导读】这是一份节日祝词。祝词充满激情，致辞者向全体职员和来宾送上了喜庆元宵节的美好祝愿，同时也借此表达了对企业未来的美好憧憬，体现出节日盛会的喜庆气氛。写法上基本与例文8-3相同，可见，祝词的行文基本上是一致的。

【阅读思考】

1. 试为本文划分层次，并概括各层内容。
2. 祝词不仅要表意，而且要表情，情意结合才能体现喜庆的特色，试谈谈本文是怎样将情意结合起来表达的。

【例文8-5】

寿 诞 祝 词

尊敬的各位来宾、各位亲朋好友：

春秋迭易，岁月轮回。当甲申新春迈着轻盈的脚步向我们款款走来的时候，我们欢聚在此，为×××先生的母亲——我们尊敬的××妈妈共祝八十大寿。

在这里，请允许我，首先代表所有老同学、所有亲朋好友向××妈妈送上最真诚、最温馨的祝福，祝××妈妈福如东海、寿比南山！

风风雨雨八十年，××妈妈阅尽人间沧桑，一生勤劳节俭、善良淳朴、宽厚待人、慈爱有加。这一切，陪伴着她老人家度过了以往的艰辛岁月，也为她老人家赢来了晚年的幸福生活。

而最让××妈妈欣慰的是，这些美好品德都被她的爱子××先生继承。多年来，他叱咤商海，以过人的胆识和诚信的商德获得了巨大的成功。然而，他没有忘记父母的养育之恩，没有忘记父老乡亲的提携之情，没有忘记同学朋友的相助之谊，为需要帮助的亲友慷慨解囊，为家乡建设贡献力量。可以说，他把孝心献给了父母，把爱心献给了家乡，把关心献给了亲人，把诚心献给了朋友。在此，我提议，让我们以最热烈的掌声，为×××先生再送去无穷无尽的信心！

嘉宾饮酒，笑指青山来献寿；百岁平安，人共梅花老岁寒。今天，这里高朋满座，让初春有了盛春般的温暖。

君颂南山是因南山春不老，我倾北海是冀北海量尤深。最后，让我们再次为××妈妈献上最衷心的祝愿，祝福老人家生活之树常绿、生命之水长流，寿诞快乐！

祝福在座的所有来宾身体健康、工作顺利、阖家欢乐、万事如意！

谢谢大家！

×××
202×年×月×日

第八章　常用礼仪文书读写

【导读】这是一份祝寿词。祝寿词的写法一般是首先以饱满的热情向寿者表示热烈的祝贺，然后礼赞寿者的人生成就和高尚品格，最后再对寿者表达美好祝福，并给参加庆寿的人们送去美好的祝愿。本文正是按照这种思路行文的。

【阅读思考】

1.祝寿词免不了要对寿者进行评价，你认为作这种评价时应注意什么？

2.在祝词中，常常在开头和结尾都会使用祝语，你认为这是不是重复？为什么？

【例文8-6】

习近平致"奋斗者"号全海深载人潜水器

成功完成万米海试并胜利返航的贺信[1]

值此"奋斗者"号全海深载人潜水器成功完成万米海试并胜利返航之际，谨向你们致以热烈的祝贺！向所有致力于深海装备研发、深渊科学研究的科研工作者致以诚挚的问候！

"奋斗者"号研制及海试的成功，标志着我国具有了进入世界海洋最深处开展科学探索和研究的能力，体现了我国在海洋高技术领域的综合实力。从"蛟龙"号、"深海勇士"号到今天的"奋斗者"号，你们以严谨科学的态度和自立自强的勇气，践行"严谨求实、团结协作、拼搏奉献、勇攀高峰"的中国载人深潜精神，为科技创新树立了典范。希望你们继续弘扬科学精神，勇攀深海科技高峰，为加快建设海洋强国、为实现中华民族伟大复兴的中国梦而努力奋斗，为人类认识、保护、开发海洋不断作出新的更大贡献！

习近平

2020年11月28日

【导读】这是一份领导者以个人名义发出的贺信。贺信由标题、正文和文尾三部分构成。标题由致信人、致信事由和文种构成。正文先述致信缘由，并借此向获得成就者表示祝贺和致以问候，再赞扬其所取得成就的科学价值和重大社会意义，最后向被贺者提出希望。文尾有致信者署名和致信时间。全文仅300余字，写得简明扼要又热情洋溢，给人以莫大鼓舞。

【阅读思考】

1.书信体按理说理应写称谓（受体），本贺信却没写，但我们仍能领悟到是写给谁的，试从文中找出受文对象。

2.以本例文为例，说说贺信文体的语言特色。

---

[1] 引自新华网，2020年11月28日。

【例文8-7】

中共中央 国务院 中央军委
对北斗三号全球卫星导航系统建成开通的贺电[1]

北斗三号全球卫星导航系统各参研参建单位和全体同志：

  北斗三号全球卫星导航系统启动建设以来，各参研参建单位和全体同志始终秉承航天报国、科技强国使命情怀，团结协作、顽强拼搏、勉力创新、攻坚克难，成功克服新冠肺炎疫情影响，提前完成系统建设，建成了我国独立自主、开放兼容的全球卫星导航系统，中共中央、国务院、中央军委向你们表示热烈祝贺和亲切慰问！

  北斗三号全球卫星导航系统的建成开通，是我国攀登科技高峰、迈向航天强国的重要里程碑，是我国为全球公共服务基础设施建设作出的重大贡献，是中国特色社会主义进入新时代取得的重大标志性战略成果，凝结着一代代航天人接续奋斗的心血，饱含着中华民族自强不息的本色，对推进我国社会主义现代化建设和推动构建人类命运共同体具有重大而深远的意义。这是我们在习近平新时代中国特色社会主义思想指引下，充分发挥新型举国体制优势、坚定不移走中国特色自主创新道路新征程上夺取的又一伟大胜利，必将激励全党全军全国各族人民进一步增强"四个意识"、坚定"四个自信"、做到"两个维护"，以奋发有为的精神状态、不负韶华的时代担当、实干兴邦的决心意志，奋力开创新时代中国特色社会主义事业新局面。祖国和人民将永远铭记你们的历史功勋！

  仰望星空、北斗璀璨，脚踏实地、行稳致远。北斗卫星导航系统已进入全球服务的新阶段，深化北斗系统应用面临广阔前景和全新挑战，建设更加完善的北斗综合定位导航授时体系等后续任务依然艰巨繁重。希望你们紧密团结在以习近平同志为核心的党中央周围，以习近平新时代中国特色社会主义思想为指导，全面贯彻党的十九大和十九届二中、三中、四中全会精神，紧紧围绕统筹推进"五位一体"总体布局和协调推进"四个全面"战略布局，大力弘扬"自主创新、开放融合、万众一心、追求卓越"的新时代北斗精神，不忘初心、牢记使命、不懈探索、砥砺前行，为实现"两个一百年"奋斗目标、实现中华民族伟大复兴的中国梦作出新的更大贡献！

中共中央
国务院
中央军委
2020年7月31日

【导读】这是中共中央、国务院和中央军委祝贺我国北斗三号全球卫星导航系统建成开通的贺电。贺电由标题、称谓、正文和文尾构成。标题采用"发电机关名称+发电事由+文种"的结构。称谓写给受电对象，即北斗三号全球卫星导航系统各参研参建单位和全体同志。正文写成三自然段，首段就北斗三号全球卫星导航系统从开启到建成开通所取得的成就，向各参研参建单位和全体同志表示热烈祝贺和亲切慰问；中段阐述北斗三号全球卫星

---

[1] 引自中国政府网。

导航系统建成开通的重大而深远的意义并礼赞其历史功勋；尾段说明建设更加完善的北斗综合定位导航授时体系等后续任务依然艰巨繁重，并以此向所有参研参建单位与人员提出殷切希望，期待其作出新的更大贡献。文尾署名和写明致电日期。

【阅读思考】

1. 试从本节所举例文中概括出祝贺文书标题的表达形式。
2. 试从本例文概括出贺信正文的一般结构层次。

【例文8-8】

贺 电

南京××生物科技有限公司：

  欣闻贵公司弱毒活疫苗车间、灭活疫苗车间、强毒组织灭活疫苗车间通过农业部检查验收，被推荐为兽药CMP静态验收合格车间。谨向贵公司表示热烈祝贺！

  公司顺利通过验收，将为优化产品研发、增强市场拓展能力提供有力保障，进一步提升公司在行业的领先地位。

  祝贵公司事业蒸蒸日上，再创佳绩！

上海××国际贸易有限公司
202×年6月2日

【导读】 这是一份道贺事业成功的贺电。贺电与贺词、贺信写法相同，但因电报是以字数计费的，因此，在行文上应尽量讲求语言的精简。

【阅读思考】

1. 试分析各段内容，概括段意。
2. 文中称对方为"贵公司"，具有怎样的表达作用？

二、基础知识认知

（一）特点

1. 友善性

祝贺文书对对方的喜庆之事表示祝贺，总以一种善意的表达，目的是增进情谊。因此，祝贺文书一定要是真情实感的流露，写得情真意切。

2. 喜庆性

祝贺文书是在喜庆的场合对祝贺对象真诚的祝颂祈福和良好心愿的表达，因此，在措辞用语上务必体现出一种喜悦、兴奋之情。

3. 严肃性

祝贺文书虽然在某种程度上可以调节气氛，制造喜庆氛围，但毕竟是在正规场合，一定要事先做好准备，使表达准确无误、自然得体。

（二）分类

祝贺礼仪文书按性质大体可分为三类：一是祝贺事业有成、兴旺发达的；二是祝福健康长寿、生活幸福美满的；三是喜庆祝酒，表达美好愿望、增进友情的。

三、祝词、贺词、贺信（电）的写法

祝贺文书一般都由标题、称谓、正文和文尾构成。

（一）标题

祝贺文书的标题大体有五种形式：一是以文种为题，如"祝词""贺词""贺电"等；二是以"场所/时节＋文种"为题，如"在平湖市青少年生态环保活动启动仪式上的祝词""202×年元宵节祝词"；三是以"祝贺者给（致）被贺者＋文种"为题，如"徐匡迪致刘先林的贺信"；四是正副标题，正题表明贺词主旨，副题补充说明祝贺的场所/时节与文种，这种贺词一般发表在媒体上，如"共同谱写和平、发展、合作的新篇章——2007年新年贺词"；五是以"致贺机关＋致贺事由＋文种"为题，如"中共中央　国务院　中央军委对长征五号B运载火箭首次飞行任务圆满成功的贺电"。可见，祝贺文书的标题灵活性较大。

（二）称谓

祝贺文书的称谓是明确受贺者，应根据实际写。也有不写称谓，而将祝贺受体在正文开头明确的，如例文8-6。

（三）正文

正文包括开头、主体和结尾三个层次。开头大都是说明祝贺的缘由，表明致词者的身份，并表示敬意、祝贺或谢意；主体则根据不同祝贺文书类别，阐述成就或成功及其重要意义，或予以礼赞颂扬；结尾为美好祝愿，或表示衷心的祝福，或表达诚挚的期望。

（四）文尾

文尾写明致贺者的姓名或单位、致贺时间。

四、写作注意事项

祝贺文书写作，首先要有针对性，包括祝贺事由、对象、场合和致贺形式等。祝贺事由是指因什么事祝贺，是祝事业开始还是贺事业已获成功，或者是庆典庆贺还是节日祝福，要切合事理；对象是指向谁祝贺，你与他是什么关系，是上下级关系还是平级关系，或者是长幼关系还是尊卑关系，要切合身份；场合是指祝贺的场地，是亲临现场讲话还是在异地寄信发电，要切合语境；祝贺形式是指用什么文种，是用祝词、贺词还是贺信、贺电，要写得得体。

其次要写出真情实感，既要实实在在、平实得体，又要热情洋溢，充满喜悦、鼓励、关怀、期望、褒扬之情，富于感染性、鼓动性和启发性，使对方感到温暖、愉快，受到激励和鼓舞。切忌使用辩驳、指责、批评的词语和语气。颂扬、道贺要恰如其分，溢美之词会使对方不安,也会使感情的真实性大打折扣。

最后是祝贺文书不宜过长,尤其是贺电,语言要简洁精练,行文不仅要层次清晰,而且要简明扼要。

思考与实训

1. 祝词和贺词在用法上有何区别?
2. 贺信和贺电在写作上有何异同?
3. 试根据下面这封贺信,以××体育学院名义给韩××同学发一封贺电。

贺　信

××体育学院:

欣闻2月24日凌晨我国运动员、贵院学生韩××在第2×届冬奥会自由式滑雪男子空中技巧决赛中,以250.77分的优异成绩为中国体育代表团再添一枚宝贵的金牌,取得了中国雪上项目的历史性突破,为祖国和人民争得了巨大的荣誉,也为贵院及兄弟体院争了光,谨向贵院和韩××表示热烈的祝贺和崇高的敬意!

这枚宝贵金牌是贵院秉承"厚德博学、弘毅致强"精神,并长期坚持"亦读亦训,科学训练"办学方针的硕果,将有力地鼓舞兄弟院校士气,振奋体育教育工作者的精神。

衷心祝愿贵院各项事业蒸蒸日上,再创辉煌!

××体育大学
20××年2月24日

第三节　欢迎词、欢送词读写

自古以来,我国素倡"礼尚往来",并认为"来而不往非礼也",于是在这种迎来送往的礼仪活动中便产生了欢迎词与欢送词。

欢迎词、欢送词属迎送类礼仪文书。欢迎词是在迎接宾客的仪式、集会、宴会上主人对宾客的光临表示欢迎的致词;欢送词是指在送别宾客的仪式上或会议结束时,主人或会议主办方对宾客或与会代表的离去表示欢送的致词。

一、例文导读

【例文8-9】

> 欢迎词[1]
>
> 各位领导、各位同人:
>
> 　　在这生机盎然、欣欣向荣的金色季节,全省大中型客运企业运务暨结算会议在泰州

---

[1] 引自文秘网。

召开。今天，我们很荣幸地迎来省运管局彭科长和李科长、省内专业运输单位的尊贵客人，在此，我代表泰州市长运公司全体员工向远道而来的各位领导、各位同人、朋友们表示欢迎，并对会议的召开表示祝贺！

……

市场总是机遇与挑战并存，我们相信只要大家齐心合力，共同携手，就没有走不过的坎，就一定能到达胜利的彼岸。"雄关漫道真如铁，而今迈步从头越"，让我们携起手来，以朝气蓬勃的精神状态、踏实稳健的前进步伐，在市场经济大道上披荆斩棘，搏战风云，昂首阔步奔向新世纪的美好明天！相信，我们在金猪年相约，我们也将在金猪年创造新佳绩！

明天我们将安排大家去溱潼风景区观光，虽然泰州城市小、景点少，观光的地方不多，但泰州人非常好客。祝各位领导、各位同人、朋友们在泰州过得愉快、过得舒心！

如在安排招待上有不周之处，请大家多多包涵。谢谢大家！

（编者注：因篇幅限制，有删减）

【导读】这是一篇会议欢迎词。它首先对与会代表表示欢迎、对会议召开表示祝贺，接着阐述公司和行业所面临的机遇与挑战以及此次会议围绕挑战（难题）所要进行的议题与所要达到的目的，最后先发号召鼓舞士气，后交代有关安排，并表达祝愿和客气之情，体现出主人的真情厚意。

【阅读思考】

1.欢迎词要体现出主人对客人的喜迎与客气，试以本例文为例，说说哪些地方体现了这种情感。

2.本例文在语言上有何特色？

【例文8-10】

欢 送 词

尊敬的女士们、先生们：

首先，我代表×××，对大家访问的圆满成功表示热烈的祝贺。

明天，你们就要离开××了，在即将分别的时刻，我们依依不舍。大家相处的时间虽然短暂，但我们之间的友好情谊却是长久的。我国有句古语："来日方长，后会有期。"我们欢迎各位女士、先生在方便的时候再次来××做客，相信我们的友好合作会日益加强。

祝大家一路顺风，万事如意！

×××
202×年×月×日

【导读】这篇欢送词写得短小精悍，简明扼要，情真意切。

【阅读思考】

1. 欢送词要体现依依惜别之情，试以本例文为例，说说哪些地方体现了这种情感。
2. 具体分析本文的写作特色。

【例文8-11】

胡锦涛致首飞航天员出征欢送词

杨利伟同志、翟志刚同志、聂海胜同志：

你们好！见到你们很高兴！我代表党中央、国务院、中央军委，也代表江泽民主席，来为你们壮行！

党和国家高度重视我国载人航天工程，各有关方面为确保这一次飞行成功，做了精心的准备，现在"神舟五号"很快就要发射了。你们三位同志都是我国第一批航天员，都具有良好的素质、坚强的意志和过硬的本领。一会儿，杨利伟同志就将作为我国第一位探索太空的勇士出征，就要带着祖国和人民的重托去实现中华民族遨游太空的梦想，这是一个十分光荣的使命，也是一个十分伟大的壮举！此时此刻，全国各族人民，包括你的家人、你的战友都在关注着你、期待着你。我们相信，你一定会沉着冷静、坚毅果敢，圆满地完成这一光荣而又崇高的使命！

我们预祝这一次飞行取得圆满成功！我们等待着你胜利归来！

【导读】这是2003年10月15日，胡锦涛同志代表党中央、国务院、中央军委和江泽民主席为"神舟五号"首航出征航天员所致的欢送词。

欢送词首先向航天员们问好，并表明此时的心情和代表党中央、国务院、中央军委和江泽民主席来送行的目的；紧接着围绕"壮行"二字，阐明这次飞行的准备工作，充分肯定航天员各方面的素质，说明杨利伟同志作为我国第一位探索太空的勇士出征所肩负的使命与意义，以及全国各族人民、家人、战友的期待，并相信其一定能够圆满完成这一崇高的使命，给即将出征的航天员以极大的鼓舞，起到了很好的"壮行"作用；最后表达美好的祝愿。它既是出征前的欢送词，更是动员令。

【阅读思考】

1. 例文8-10所表达的是惜别之情，例文8-11表达的是怎样的感情？
2. 本例文第二段中的五句话，各叙述了什么内容？同时又包含了怎样的深意？

二、基础知识认知

（一）特点

1. 喜迎与惜别

致欢迎词与欢送词都是一种对宾客表示礼貌的行为。迎客时要体现主人愉快的心情，故欢迎词的用语一定要真诚而富有热情，以营造友好愉悦的氛围，给客人以宾至如归的感受，从而为往后各种活动的圆满举行打下良好的基础。同样，送客人时也要盛情相送，不过因是离别、出征，故表现出的是难舍难分的惜别之情，但又因送别者与被送别者的关系不同，这种惜别之情也有区别，有盼早归的、有盼再访的、有叮咛嘱咐的、有鼓励壮行的，等等。

2. 口语化

欢迎词与欢送词都属现场当面口头表达的文书，所以，口语化是其在表达上的必然要求，遣词用句要运用生活化的语言，既简洁又不乏生活情趣。口语化会拉近主人同宾客的亲密关系。

3. 简短精悍

简短精悍是迎送礼仪文书在文稿篇幅上的特点。致欢迎词与欢送词是一种礼节性的仪式，旨在在客人到来或离开时表达主人的情意，创设盛情、友善与礼待的氛围，拉近主客之间的情感距离和友好关系，因此，它不需长篇大论，只需在短时间内将场面推向热烈氛围便可。

（二）分类

迎送类礼仪文书，按用途可分为欢迎词和欢送词。欢迎词又可分为会议欢迎词和庆典欢迎词。欢送词则可分为会议欢送词、庆典欢送词和出征欢送词，其中，出征欢送词是欢送去执行某种特殊任务，如航天飞行、抗震救灾、出国援助等的欢送词。

三、欢迎词、欢送词的写法

迎送类礼仪文书一般由标题、称谓、正文和文尾四部分构成。

（一）标题

迎送类礼仪文书最常用的标题是以文种为题，如"欢迎词""欢送词"；其次是以"致词场所/事由＋文种"为题，如"第22次APEC中小企业工作组会议欢迎词""欢迎香港驻军文艺演出队慰问演出活动的讲话"（此处文种用"讲话"，是将"欢迎词""欢送词"等的种类归属为它们的上位类，一切当场致词都可归为"讲话"）；最后是由"致词者＋致词场合/事由＋文种"构成，如"温家宝总理在世界旅游组织第15届全体大会上的欢迎词"。

（二）称谓

称谓要求顶行写，对宾客的称呼要用敬词并写全称，以示尊重，如"尊敬的×××总统阁下""尊敬的各位来宾、朋友们"等。称谓要符合实际情况，且后加冒号。

（三）正文

迎送类礼仪文书的正文一般都可用开头、主体和结尾三个层次行文，但欢迎词与欢送词各层的具体内容有所区别。

欢迎词开头总是先对来宾表示欢迎、感谢或问候，主体接着从具体场合出发，写宾客来访的目的、意义、作用，继而概括已取得的成就以及变化和发展，表示继续加强合作的意愿、希望，或回顾双方交往的历史与友情，放眼全局，展望未来，结尾用简短的语句，向宾客表示感谢或良好祝愿，祝宾客愉快、祝宾客成功或祝宾客健康等。

欢送词开头总是先对客人表示热烈祝贺和欢送，主体接着回顾宾客来访期间双方的愉快相处、达成的协议共识，对客人提出的意见建议、双方建立的友谊与共同愿望给予高度评价和赞颂，或者对出征（或出访）者出征（或出访）的目的、使命（任务）给予高度评价、赞扬和鼓励，结尾一般是提出倡议，表达祝愿和希望。

（四）文尾

文尾写明致词者职务、姓名和日期。若在标题之下已写明了这些内容，则文尾不再重复。

四、写作注意事项

（1）称呼要用尊称，感情要真挚，要能得体地表达自己的原则立场。

（2）注意场合和礼仪，措辞要慎重而贴切，同时要注意尊重对方的风俗习惯，应避开对方的忌讳，以免发生误会。

（3）语言要精确、热情、友好、礼貌。

（4）篇幅力求短小精悍，切忌长篇大论。

思考与练习

1. 欢迎词和欢送词各有哪些种类？

2. 礼仪文书的写作必须把握好文种的情感基调，请分别指出欢迎词、欢送词和致谢词的感情基调。

3. 下面这份欢迎词存在哪些不足？

欢 迎 词

尊敬的各位领导、各位同人、女士们、先生们：

金秋十月，秋风送爽，我们迎来了一个令人欢欣鼓舞的日子，这就是我们广州市××科技有限公司成立30周年的纪念日。大家跋山涉水来到这里参加我们的庆典，辛苦了。

正如大家所知，我们公司在社会上有着良好的声誉和一定的影响。但是，我们依旧不断进取，毫不懈怠，所以，才能30年屹立不倒。今天，见到朋友不顾旅途遥远专程前来贺喜并洽谈双方有关贸易合作事宜，使我颇感欣慰。

朋友们，为增进双方的友好关系作出努力的行动，定然有助于使本公司更上一层楼。

最后，对各位朋友们的光临表示热烈欢迎。

祝大家万事如意，心想事成。为我们的合作，为我们的生意兴隆，干杯。

广州市××科技有限公司董事长××

202×年10月18日

4. 请以在校学生代表的名义，在本届毕业典礼上为毕业生致欢送词。

第四节　答谢词、感谢信读写

　　答谢词、感谢信是致谢类礼仪公文。我国素有知恩图报的传统美德。受人恩惠和帮助后，应对人表示感谢，这是起码的道德，也是起码的礼节。

　　答谢词是指在特定的礼仪场合，主人致欢迎词或欢送词后，客人对主人热情周到的接待和关照表示谢意的致词；感谢信是对他人或单位的支援帮助、关怀爱护、祝贺鼓励等表示感谢的信件。

一、例文导读

【例文 8—12】

在接受救灾粮仪式上的答谢词[1]

亲爱的××领导、远道而来的客人们：

　　今天，我们怀着无比激动、无比振奋的心情，在这里迎接××红十字会给我们县师生捐赠救灾粮的亲人。

　　今年7月以来，我国遭受了百年未遇的大旱灾。7月、8月、9月，炎阳连天，滴雨不下，池塘干涸，溪河断流，田地龟裂，禾苗枯死，真是赤地千里！虽经我们奋力抗灾，但自然灾害的肆虐，仍使10多万人饮水困难，30多万亩农田颗粒无收。我们县的中小学生，就有1万多名因受灾辍学，还有几万名靠同学、教师、亲属的接济度日。然而，党和政府没有忘记我们，兄弟县市的乡亲没有忘记我们。省市领导多次亲临视察灾情，组织救援；市县干部职工争相解囊，捐粮捐钱。今天，我们又接到了你们无私捐助的大批救灾粮食。"一方有难，八方支援"，团结互助，无私奉献，只有在今天优越的社会主义制度下，只有在我们伟大的社会主义中国才能办到！

　　谢谢你们，远方的亲人！我们全县中小学生、全县人民，一定会从你们的援助中获取力量，奋发图强，重建家园；努力学习，奋勇登攀，以崭新的面貌、优异的成绩来报答党和人民的关怀，报答你们的深情厚谊！

××县教育局
20××年10月18日

　　【导读】这篇答谢词表达了××县教育局对爱心红十字会领导和同志们远道而来给县师生捐赠救灾粮食的感激之情。答谢词首先以亲切的称呼、热情洋溢的语词表达了迎接爱心红十字会的心情，然后阐述获得帮助的原因和盛赞给予帮助的精神及其意义，最后表示感谢并表明感恩的决心。

---

[1] 资料来源：君子健的博客。

【阅读思考】

1. 试析本例文标题的构成。
2. 致谢类礼仪公文应表达怎样的情感？试以本文为例具体谈谈。

【例文8-13】

感 谢 信[1]

北京中邦兴业科技有限公司：

　　一方有难，八方支援。在我省抗击新冠肺炎疫情的关键时刻，你们认真贯彻落实习近平总书记的重要指示精神和党中央决策部署，慷慨解囊，捐款捐物，奉献爱心，体现了"岂曰无衣，与子同袍"的大爱情怀，为我们战胜疫情提供了有力支持和帮助，增添了巨大信心和力量。在此，谨代表省新冠肺炎疫情防控指挥部和6 100万湖北人民，向你们致以崇高敬意和衷心感谢！我们将及时把你们所捐善款善物拨付到疫情防控一线，并做好公开公示工作，接受你们及社会监督。

　　万众一心，众志成城。当前，我省疫情防控形势虽有好转，但任务依然艰巨。省新冠肺炎疫情防控指挥部坚决贯彻落实习近平总书记重要指示精神和党中央决策部署，按照坚定信心、同舟共济、科学防治、精准施策的总要求，正在以更坚定的信心、更顽强的意志、更果断的措施组织开展疫情防控的人民战争。我们坚信，有以习近平同志为核心的党中央的坚强领导，有中国特色的社会主义制度优势，有广大医务工作者的精心救治，有众多像你们一样的爱心机构、组织、企业、人士的鼎力相助，我省一定能够打赢新冠肺炎疫情防控的总体战、阻击战，夺取疫情防控的全面胜利！

　　再次向你们表示诚挚感谢！

湖北省慈善总会
2020年4月30日

【导读】这是一封感谢爱心援助的感谢信。其正文首先高度礼赞施善者在湖北省抗击新冠肺炎疫情的关键时刻，"认真贯彻落实习近平总书记的重要指示精神和党中央决策部署，慷慨解囊，捐款捐物，奉献爱心"的善举，并揭示其深刻意义，这实际上是间接交代写信感谢的缘由；随后顺势向施善者致以崇高敬意和衷心感谢，并表明对捐善款善物的处置方式，以让捐献者解除不必要的顾虑；中段首先明确当前疫情防控形势，并顺势表明坚定的抗疫决心与信心，给捐献者以慰藉与鼓舞；末段结尾再次致以感谢。文章文理通畅，逻辑性强，情感真挚，气势磅礴，给人以极大鼓舞。

---

[1] 资料来源：北京中邦兴业的博客。

【阅读思考】

1. 答谢词与感谢信在使用上有何不同？
2. 本文第一、二段都以精辟的警语引领开头，具有怎样的表达效果？

【例文8-14】

致　谢

　　行文至此，致谢的开始也就意味着我们四年的大学生活即将结束。"素年锦时指尖落，蓦然回首韶华过"，四年的大学时光如白驹过隙，来去匆匆，转眼间我们就要毕业了。曾对学校饭堂、宿舍等都不适应的我，此刻竟也有许多不舍。桃李不言，下自成蹊。在这里，我有幸结识了秘书学专业的所有老师，正是他们用渊博的学识以及严谨高质的教学，使我牢牢掌握了秘书学专业的许多知识与技能，提升了自己。

　　首先，我要感谢我的论文导师——彭××老师，在这次毕业论文撰写过程中，从最初的选题到开题报告撰写、从后来初稿的完成再到多次修改后的定稿，所给予我的莫大帮助和耐心指导。每当我有疑惑时，他总是不厌其烦地予以指导，对我的论文从格式到内容都严格把关，提出许多宝贵意见，使我在论文写作过程中不至于迷惘。彭老师严谨的教学态度以及对自己和学生们的严格要求，深深地影响着我，将使我无论在现在的学习还是将来的工作中都会以更加严苛的标准要求自己，以实现自我的不断升华。

　　其次，我要感谢我的三位舍友。一定是某种特殊的缘分让我们相聚在一起，两年多的朝夕相处足以使她们成为我四年大学青葱年华中最重要的人。感谢她们两年多来的帮助和陪伴，在生活和学习上给予我的鼓励和帮助。正是因为有她们，才使我在悲伤难过时不至于孤独，我会永远铭记330寝室留给我的美好回忆，愿有前程可奔赴，亦有岁月可回首。

　　最后，我要感谢我的家人和朋友们，十二年的寒窗苦读到现今的大学毕业，是他们一直以来在我身后默默付出和鼓励，给予我物质与精神上的支持；是他们一路的陪伴和关爱使我顺利成长，完成一次次的自我蜕变，成为更好的自己！

　　我相信大学四年生活的结束并不是终点，而是我们人生中一个新的起点，愿我们能够保持对生活的热爱，奔赴下一个山海！

×级秘书学专业1班：×××
202×年×月×日

【导读】这是一篇毕业论文致谢词。毕业论文致谢词是毕业论文不可缺少的内容。它体现论文撰写者对整个大学学习和论文写作过程中相关老师、同学、家人、朋友及其他曾经帮助过自己的人的感恩和谢意。该感谢词首段写致谢的背景、缘起和对象，起笔自然，直入主题；中间三段分别写具体致谢对象——论文导师、大学舍友、家人和朋友，行文主次分明，文理相宜。末段展望未来，回应开头。总之，本文结构完整，层次分明；行文思路清晰，情感质朴；语言通畅而具个人特色，是一篇写得较好的毕业论文致谢词。

【阅读思考】

1. 本例文是怎样安排主次关系的？为什么要这样安排？
2. 谈谈本例文是怎样把握自己的情感分寸的。

二、基础知识认知

（一）特点

1. 感激性

致谢文书是受人（或单位、组织）礼遇、帮助、关怀、祝贺，表示内心感激的表达形式。它是情感催发的产物，因此其字里行间必然饱含真情，洋溢感激。而这种情感的表达又是通过叙述、议论、抒情相结合的手法来实现的。

2. 短小精悍

这是所有礼仪文书在篇幅上的特点，致谢文书也不例外。它要求内容具体而概括，语言准确而简明，情感真挚而热烈。

（二）分类

致谢类礼仪文书，按使用功能划分有答谢词和感谢信。答谢词是现场演说的文稿，分迎、送两种；感谢信是事后的致信，可寄达也可送至对方公众场所张贴。

按内容性质分有谢遇与谢恩两种。谢遇是用以答谢他人礼待的答谢词，谢恩则是用以答谢他人帮助的答谢词。

三、答谢词、感谢信的写法

答谢词、感谢信一般由标题、称谓、正文、文尾构成。

（一）标题

致谢类礼仪文书的标题形式大体有两种：一是以文种为题，如"答谢词（辞）""感谢信"；二是"致词场合/事由+文种"形式，如"在接受救灾粮仪式上的答谢词""致××的感谢信"。

（二）称谓

称谓用敬称或尊称，根据实际情况，既可以是泛指对象，也可以是具体对象。

（三）正文

无论是答谢词还是感谢信，其正文都可写作开头、主体和结尾三个层次。开头写致谢缘由，往往是回顾主人的盛情接待、周到关照，或他人无私帮助与鼓励的事实，并加以高度评价和赞许；主体明确表达感谢之意；结尾或揭示帮助的意义，表明自己的决心，或提出新的请求与希望，或表达美好的祝愿。正文可根据实际情形灵活行文。

（四）文尾

文尾写明致词者或写信者职务、姓名和日期。致词若在标题之下已写明这些内容，文尾则不再重复；感谢信不可将文尾的署名和日期移至标题之下，而是要严格遵循书信的惯用格式。

四、写作注意事项

（一）符合惯用格式

答谢词是一种现场演说词，按理应遵循文书"四大块模式"（标题、称谓/主送、正文和文尾），但因致辞的即时性比较强，因而文尾可能会作某种处理，如移至标题下或省写等。但是，感谢信不能作灵活处理，更不能缺项，否则将会给对方以轻率、无礼的感觉。

（二）感情真挚、坦诚而热烈

致谢本就是一种言情方式。既然要致谢，就应真挚、坦诚，吐真言，动真情，虚情假意、言不由衷或矫揉造作，只能引起对方的反感。

（三）评价适度，恰如其分

一般说来，谢遇致谢，对对方的行为不宜评论；而谢恩致谢则应对其精神或品格进行评价，给予礼赞，但也要适度、恰如其分，不可任意拔高、无限升华，给人"虚情假意"之嫌。

（四）篇幅简短，语言精练

这是所有礼仪文书的共同特点和要求。要想篇幅简短，内容必须高度概括，语言必须精练，应使用概述并尽可能将可有可无的字、句、段删掉，努力做到"文约旨丰"，言简意赅。

思考与练习

1. 答谢词和感谢信在使用上有何区别？
2. 答谢词和感谢信应把握怎样的情感基调？
3. 在你毕业之际，给恩师写一封感谢信。

第五节　慰问信、表扬信读写

慰问信和表扬信属激励类礼仪文书。慰问信是用以向对方表示关怀、慰问的信函；表扬信是用以表彰、赞扬某个机关、单位、团体或个人先进思想、先进事迹、高尚风格，以弘扬正气、激励更大进步的信函。

第八章　常用礼仪文书读写

一、例文导读

【例文8-15】

给汶川地震灾区人民的慰问信

亲爱的地震灾区人民：

　　5月12日突发的强烈地震，使你们遭受了莫大的灾难，承受了无法想象的痛苦，对此，我们备感心痛！对你们所遭受的不幸深表关切和同情，在此谨向你们致以深切的祝福！

　　地震发生后，我们虽不能亲临你们身边救助，但我们的心却无时不在眷念着你们！

　　在这场突如其来的灾难中，你们有的失去了亲人，有的家园遭受了极大的破坏，但你们的坚强使我们深受感动，你们的信心使我们看到了希望！这一切，都使我们感到莫大的欣慰！

　　作为这场灾难的受害者，你们是不幸的，全国乃至世界无数善良的人们都为你们流淌了无数悲伤的泪水。但灾难降临后，党和政府反应积极迅速，仅在短短的几天时间里，就将全国各地的各种救助力量聚集到了你们身边，使伤者得到及时救治、灾情得到有效控制，避免了更大的不幸。从这一点讲，你们又是幸运的，因为你们有强大而和谐的祖国，有党和政府，有全国各族人民做你们的坚强后盾，党和政府、全国人民时时刻刻都在关怀和关心着你们、帮助着你们。相信在党和政府、全国各方力量的关心和帮助下，你们一定能战胜目前的艰难，重新站立起来，重建美好的家园。

　　为了逝去的亲人，为了活着的人们，你们一定要站立起来，你们一定会站立起来！因为你们需要面对未来，需要从痛苦的深渊走向新的生活。你们一定会在痛苦中磨炼坚强！

　　愿你们早日医治好心灵的创伤，祝你们早日重建自己美好的新家园！

××学院学生会
2008年5月20日

【导读】这是一封慰问地震灾民的慰问信。该信语言亲切，感情真挚，表达了对遭受巨大创痛的灾区人民的痛惜、关切、同情、安慰、鼓励与祝福之情。

【阅读思考】

1. 简述本例文的行文线索。
2. 试析本例文的写作特色。

【例文8-16】

致企业离退休人员的春节慰问信

尊敬的企业离退休老同志：

　　新春伊始，万象更新。值此201×年新春佳节即将到来之际，县劳动和社会保障局谨向你们致以节日的祝福和亲切的慰问！

过去的一年，是我县全面实施"十三五"规划、经济社会加快发展的一年。在县委县政府的正确领导下，我局深入贯彻落实党的十九大精神，以习近平新时代中国特色社会主义思想为指导，大力推进社会保障和劳动就业工作，着力打造"公开、公正、高效、规范"的服务体系，各项工作都有了突飞猛进的发展。在养老保障工作中，我们始终把确保参保企业退休人员养老金、未参保集体企业退休人员基本生活保障费的发放作为工作的中心环节，并为此作出了不懈努力，实现了预期目标。这些成绩的取得，是县委县政府高度重视的结果，也与广大离退休干部热情关心、大力支持、积极参与分不开。在此，谨向你们表示衷心的感谢和崇高的敬意！

　　在新的一年里，我县劳动和社会保障工作将面临新的、更加艰巨的任务。机遇与挑战同在，困难与希望同在，我们决心在十九大精神的指引下，高举新时代中国特色社会主义伟大旗帜，以新的信心和勇气、新的风貌和气概、新的思路和举措，攻坚克难，团结奋斗，取得新的更大成绩。也殷切希望你们在自觉自愿、量力而行的前提下，在全面建设小康社会和实现中华民族伟大复兴的中国梦的历史进程中，继续发挥促进国民经济又好又快发展的推动作用、弘扬党的优良传统的示范作用和加强党的建设的促进作用；同时，加强政治学习，积极参加有益于身心健康的活动，真正做到老有所为、老有所学、老有所乐，安度晚年。

　　祝全县企业离退休老同志节日愉快，身体健康，阖家欢乐！

××县劳动和社会保障局
201×年1月16日

　　【**导读**】这封春节慰问信深切表达了主管部门对企业离退休老职工的尊重、关切、勉励和祝福之情。该慰问信由标题、称谓、正文和文尾四部分构成。标题由"慰问对象+慰问时节+文种"构成。称谓用尊称，体现出对老同志的尊敬。正文首先阐明慰问原因，并表示慰问；接着汇报过去一年所取得的成绩和新一年的打算并对老同志提出殷切希望，既体现了对老同志的尊重、安慰，也体现了对老同志的关切；最后表示美好的祝愿。文尾署明慰问单位和慰问日期。本文结构规范，内容针对性强，用语得体，是一封值得借鉴的节日慰问信范例。

【**阅读思考**】

　　1.本文与上文慰问的具体对象不同，涉及的具体事件不同，表达的情感也不同，从而使得这两封慰问信所发挥的作用不尽相同，试具体谈谈它们的区别。

　　2.节日慰问信年年都需要，但每年都必须写出新意，你认为要做到这一点需从哪些方面着手？

【例文8-17】

表 扬 信

××乡人民政府：

　　在202×年绿化工作中，你乡出色地完成了宜林荒山绿化的指标，既严格控制了乱砍滥伐现象,又杜绝了森林火灾的发生。这与你乡领导对环保工作的重视、各部门积极配合、工作方法对路、措施得力是分不开的。你们在贯彻环境保护这项基本国策中做出了可喜的成绩,为我县各乡镇树立了榜样。特来信予以表扬。希望你们继续努力、发扬光大,在环境保护工作上取得更大的成绩。

××县人民政府绿化工作委员会
202×年12月25日

【导读】这是一封主管部门表扬有关单位工作出色的表扬信。该信首先叙述被表扬者在202×年绿化工作中的可喜成绩并予以充分肯定,这是来信表扬的缘由;然后明确来信表扬,这是具体的事项;结尾提出希望。

【阅读思考】

1.试为该表扬信的正文划分层次。
2.以该表扬信为例,说说公务信函与个人书信在格式和写法上的区别。

二、基础知识认知

(一)特点

1.激励性

无论是慰问信还是表扬信,都会对对方产生激励作用。慰问信或以对有突出贡献者表示颂扬慰勉,或以对遭遇困难者表示同情安慰,或以对某一群体表示节日问候,都可给对方以鼓舞和力量;表扬信多用于对为社会作出贡献的单位或个人作直接表扬、赞颂、感谢并予以激励。

2.公开性

慰问信和表扬信虽都可直接寄给单位或本人,但更多时候是以张贴、登报和在电台、电视上播放的形式出现。

(二)分类

慰问信按使用的情形,大体可分为三种。

(1)对作出贡献的集体或个人的慰勉。这类慰问主要针对那些承担艰巨任务、作出巨大贡献甚至牺牲、取得突出成绩的先进集体或个人。
(2)对由于某种原因遭到暂时困难和严重损害的集体或个人表示同情、安慰。
(3)在节日之际对有贡献的群体或个人表示慰问。

表扬信按行文情况,主要有两种。一是以领导机关或群众团体名义表彰其所属单位、集体、个人。这种表扬信可在授奖大会上由负责人宣读,也可登报、广播。二是群众之间的互相表扬,这种表扬信不仅赞颂对方的美好品德、高尚风格,而且往往带有感谢之意。

三、慰问信和表扬信的写法

慰问信和表扬信都属专用书信,它们的结构相同,一般都由标题、称谓、正文和文尾构成。

（一）标题

慰问信和表扬信都可采用两种写法：一种是只写文种，如"慰问信""表扬信"；另一种是在文种前加定语，说明是写给什么人的，如"致企业离退休人员春节慰问信""致××工厂负责人的表扬信"。

（二）称谓

称谓写收信单位名称或个人姓名。个人姓名之前可加"尊敬的""亲爱的"等字样，之后可加"同志""先生"等，以示尊重或亲切。

（三）正文

慰问信和表扬信的正文写法稍有区别。慰问信首先写慰问的原因并直接表达慰问之意；接着陈述被慰问者所取得的成绩，或所遭遇的困难，或所欢度的节日等，并具体表明对被慰问对象的希望、问候、鼓励以及关切等情意；最后以鼓励或祝愿作结。表扬信首先概述被表扬者的先进事迹、高尚品德，给予正确评价和高度赞颂；接着表明来信事由——表扬或感谢；最后提希望或鼓励，或表决心向其学习等。

（四）文尾

文尾为署名和发信日期两项内容。

四、写作注意事项

（1）慰问信要根据不同对象和事件，把握好感情色调，表达无比亲切、关怀、慰藉的感情，使对方产生温暖如春的感觉，要较全面地概括对方的可贵精神，勉励其继续努力，艰苦奋斗，取得胜利。

（2）表扬信叙事、评价、颂扬要准确。叙事既不夸大，也不缩小；写事迹要见人、见事、见精神，充分反映出可贵品质；评价、颂扬要实事求是，恰如其分。

（3）慰问信和表扬信要用事实说理，情感要热情而真切，语气要热情、诚恳，文字要朴素、精练，篇幅要短小精悍。

（4）格式都要严守信函体。

思考与练习

1. 谈谈慰问信、表扬信的使用情形。
2. 谈谈怎样写慰问信和表扬信。
3. 试根据以下材料，写一封节日慰问信。

五一国际劳动节到来之际，公司工会向全体干部职工致以诚挚的慰问。

一年来，公司的各项工作都取得了可喜的成绩。全体干部职工拼搏奋进、自立自强、开拓进取、锐意创新、奋斗奉献，在各自的岗位上充分施展了聪明才智，用知识和智慧武装自己，丰富自己，充分展示了艰苦创业的精神风貌。在平凡的工作岗位上，爱岗敬业，兢兢业业，无私奉献，肩负工作和家庭的双重压力，将满腔热情投入公司三个文明建设的事业之中，为公司的建设和发展作出了巨大贡献。公司工会向全体干部职工表示崇高的敬意和衷心的感谢。希望大家继续努力奋斗，自强不息，锐意开拓，为公司的改革、发展和稳定再立新功。

4.根据以下材料，写一份感谢信。

××电缆有限公司于202x年3月5日在广州举行隆重开业典礼。此间收到全国各地许多同行、用户以及外国公司的贺电、贺函和贺礼。上级机关及全国各地单位的领导、世界各地的贵宾、国内最著名的电缆线路专家等亲临参加庆典。公司谨此一并致谢，并愿一如既往与各方加强联系，进行更广泛、更友好的合作。

5.在教师节来临之际，请向辛勤工作在教育战线的广大教师和教育工作者写一封慰问信。

附　录

附录一　出版物数字用法的规定

（GB/T 15835—2011代替GB/T 15835—1995）

前　言

本标准按照GB/T 1.1—2009给出的规则起草。

本标准代替GB/T 15835—1995《出版物上数字用法的规定》，与GB/T 15835—1995《出版物上数字用法的规定》相比，主要变化如下：

——原标准在汉字数字与阿拉伯数字中，明显倾向于使用阿拉伯数字。本标准不再强调这种倾向性。

——在继承原标准中关于数字用法应遵循"得体原则"和"局部体例一致原则"的基础上，通过措辞上的适当调整，以及更为具体的规定和示例，进一步明确了具体操作规范。

——将原标准的平级罗列式行文结构改为层级分类式行文结构。

——删除了原标准的基本术语"物理量"与"非物理量"，增补了"计量""编号""概数"作为基本术语。

本标准由教育部语言文字信息管理司提出并归口。

本标准主要起草单位：北京大学

本标准主要起草人：詹卫东、覃士娟、曾石铭。

本标准所代替标准的历次版本发布情况为：

——GB/T 15835—1995。

出版物上数字用法

1. 范围

本标准规定了出版物上汉字数字和阿拉伯数字的用法。

本标准适用于各类出版物（文艺类出版物和重排古籍除外）。政府和企事业单位公文，以及教育、媒体和公共服务领域的数字用法，也可参照本标准执行。

2. 规范性引用文件

下列文件对于本文件的应用是必不可少的,凡是注日期的引用文件,仅注日期的版本适用于本文件。凡是不注日期的引用文件,其最新版本(包括所有的修改单)适用于本文件。

GB/T 7408—2005 数据元和交换格式　信息交换　日期和时间表示法

3. 术语和定义

下列术语和定义适用于本文件。

3.1　计量　measuring

将数字用于加、减、乘、除等数学运算。

3.2　编号　numbering

将数字用于为事务命名或排序,但不用于数学运算。

3.3　概数　approximate number

用于模糊计量的数字。

4. 数字形式的选用

4.1　选用阿拉伯数字

4.1.1　用于统计的数字

在使用数字进行统计的场合,为达到醒目、易于辨识的效果,应采用阿拉伯数字。

示例1:-125.03　　34.05%　　63%~68%　　1:500　　79/108

当数值伴随有计量单位时,如:长度、容积、面积、体积、质量、温度、经纬度、音量、频率等等,特别是当计量单位以字母表达时,应采用阿拉伯数字。

示例2:523.56 km(523.56千米)　　346.87 L(346.87升)

5.34 m^2(5.34平方米)　　567 mm^3(567立方毫米)　　605 g(605克)

100~150 kg(100~150千克)　　34~39 ℃(34~39摄氏度)　　北纬40°(40度)

120 dB(120分贝)

4.1.2　用于编号的数字

在使用数字进行标号的场合,为达到醒目、易于辨识的效果,应采用阿拉伯数字。

示例:电话号码:9888

邮政编码:100871

通信地址:北京市海淀区复兴路11号

电子邮件地址:x186@186.net

网页地址:http://127.0.0.1

汽车牌号:京A00001

公交车号:302路公交车

道路编号:G101(101国道)

公文编号:国办发〔1987〕9号

图书编号:ISBN 978-7-80184-224-4

刊物编号:CN11-1399

章节编号:4.1.2

产品型号:PH—3000型计算机

产品序列号:C84XB—JYVFD—P7HC4—6XKRJ—7M6XH

单位注册号：02050214

行政许可登记编号：0684D10004—828

4.1.3 已定型的含阿拉伯数字的词语

现代社会生活中出现的事物、现象、事件，其名称的书写形式中含阿拉伯数字，已经广泛使用而稳定下来，应采用阿拉伯数字。

示例：3G手机　MP3播放器　G8峰会　维生素B_{12}　97号汽油　"5.12"事件　"12.5"枪击案

4.2 选用汉字数字

4.2.1 非公历纪年

干支纪年、农历月日、历史朝代纪年及其他传统上采用汉字形式的非公历纪年等等，应采用汉字数字。

示例：丙寅年十月十五日　庚辰年八月五日　　腊月二十三　　正月初五
　　　八月十五中秋　　秦文公四十四年　　太平天国庚申十年九月二十四日
　　　清咸丰十年九月二十日　藏历阳木龙年八月二十六日　　日本庆应三年

4.2.2 概数

数字连用表示的概数、含"几"的概数，应采用汉字数字。

示例：三四个月　　一二十个　　四十五六岁　　五六万套　　五六十年前
　　　几千　　　二十几　　　一百几十　　　几万分之一

4.2.3 已定型的含汉字数字的词语

汉语中长期使用已经稳定下来的包含汉字数字形式的词语，应采用汉字数字。

示例：万一　一律　一旦　三叶虫　四书五经　星期五　四氧化三铁　八国联军
　　　七上八下　一心一意　不管三七二十一　一方面　二百五　半斤八两
　　　五省一市　五讲四美　相差十万八千里　八九不离十　白发三千丈
　　　不二法门　二八年华　五四运动　"一·二八"事变　"一二·九"运动

4.3 选用阿拉伯数字与汉字数字均可

如果表达计量或编号所需要用到的数字个数不多，选择汉字数字还是阿拉伯数字在书写的简洁性和辨识的清晰性两方面没有明显差异时，两种形式均可使用。

示例1：17号楼（十七号楼）　　　3倍（三倍）　　　　第5个工作日（第五个工作日）
　　　100多件（一百多件）　　　20余次（二十余次）　约300人（约三百人）
　　　40左右（四十左右）　　　50上下（五十上下）　50多人（五十多人）
　　　第25页（第二十五页）　　第8天（第八天）　　第4季度（第四季度）
　　　第45份（第四十五份）　　共235位同学（共二百三十五位同学）
　　　0.5（零点五）　　　　　76岁（七十六岁）　　120周年（一百二十周年）
　　　1/3（三分之一）　　公元前8世纪（公元前八世纪）
　　　20世纪80年代（二十世纪八十年代）
　　　公元253年（公元二五三年）　　1997年7月1日（一九九七年七月一日）
　　　下午4点40分（下午四点四十分）4个月（四个月）　　12天（十二天）

如果要突出简洁醒目的表达效果，应使用阿拉伯数字；如果要突出庄重典雅的表达效果，应使用汉字数字。

示例2：北京时间2008年5月12日14时28分
十一届全国人大一次会议（不写为"11届全国人大1次会议"）
六方会谈（不写为"6方会谈"）

在同一场合出现的数字，应遵循"同类别同形式"原则来选择数字的书写形式。如果两数字的表达功能类别相同（比如都是表达年月日时间的数字），或者两数字在上下文中所处的层级相同（比如文章目录中同级标题的编号），应选用相同的形式。反之，如果两数字的表达功能不同，或所处层级不同，可以选用不同的形式。

示例3：2008年8月8日　二〇〇八年八月八日（不写为"二〇〇八年8月8日"）
第一章　第二章……第十二章（不写为"第一章　第二章……第12章"）
第二章的下一级标题可以用阿拉伯数字编号：2.1，2.2，……

应避免相邻的两个阿拉伯数字造成歧义的情况。

示例4：高三3个班　　高三三个班（不写为"高33个班"）
高三2班　　高三（2）班（不写为"高32班"）

有法律效力的文件、公告文件或财务文件中可同时采用汉字数字和阿拉伯数字。

示例5：2008年4月保险账户结算日利率万分之一点五七五零（0.015 750%）
35.5元（35元5角　三十五点五元　叁拾伍元伍角）

5.数字形式的使用

5.1　阿拉伯数字的使用

5.1.1　多位数

为便于阅读，四位以上的整数或小数，可采用以下两种方式分节：

——第一种方式：千分撇

整数部分每三位一组，以","分节。小数部分不分节。四位以内的整数可以不分节。

示例1：624,000　92,300,000　19,351,235.235 767　1256

——第二种方式：千分空

从小数点起，向左和向右每三位数字一组，组间空四分之一个汉字，即二分之一个阿拉伯数字的位置。四位以内的整数可以不加千分空。

示例2：55 235 367.346 23　98 235 358.238 368

注：各科学技术领域的多位数分节方式参照GB 3101—1993的规定执行。

5.1.2　纯小数

必须写出小数点前定位的"0"，小数点是齐阿拉伯数字底线的实心点"."。

5.1.3　数值范围

在表示数值的范围时，可采用波纹式连接号"~"或一字线连接号"—"。前后两个数值的附加符号或计量单位相同时，在不造成歧义的情况下，前一个数值的附加符号或计量单位可以省略。如果省略数值的附加符号或计量单位会造成歧义，则不应省略。

示例：−36~−8 ℃　　400~429页　　100~150 kg　　12 500~20 000元
9亿~16亿（不写为9~16亿）　　13万元~17万元（不写为"13~17万元"）
15%~30%（不写为15~30%）　　$4.3×10^4$~$5.7×10^4$（不写为"4.3~$5.7×10^4$"）

5.1.4　年月日

年月日的表达应按照口语中年月日的自然顺序书写。

示例1：2008年8月8日　　1997年7月1日

"年""月"可按照GB/T 7408—2005的5.3.1.1和5.3.1.2中的扩展格式，用"-"替代，但年月日不完整时不能替代。

示例2：2008-8-8　　1997-7-1　　8月8日（不写为"8-8"）　　2008年8月（不写为"2008-8"）

四位数字表示的年份不能写成两位数字。

示例3："1990年"不写为"90年"

月和日是一位数时，可在数字前补"0"。

示例4：2008-08-08　　1997-07-01

5.1.5　时分秒

计时方式既可采用12小时制，也可以采用24小时制。

示例1：11时40分（上午11时40分）　　21时12分36秒（晚上9时12分36秒）

时分秒的表达顺序应按照口语中时、分、秒的自然顺序书写。

示例2：15时40分　　　　14时12分36秒

"时""分"也可按照GB/T 7408—2005的5.3.1.1和5.3.1.2中的扩展格式，用"："替代。

示例3：15：40　　14：12：36

5.1.6　含有月日的专名

含有月日的专名采用阿拉伯数字表示时，应采用间隔号"·"将月、日分开，并在数字前后加引号。

示例："3·15"消费者权益日

5.1.7　书写格式

5.1.7.1　字体。

出版物中的阿拉伯数字，一般应使用整体二分字身，即占半个汉字位置。

示例：234　　　57.236

5.1.7.2　换行。

一个用阿拉伯数字书写的数值应在同一行中，避免被断开。

5.1.7.3　竖排文字中的的数字方向。

竖排文字中的阿拉伯数字按顺时针方向转90度，旋转后要保证同一个词语单位的文字方向相同。

示例：

示例一：雪花牌BCD188型家用冰箱容量是一百八十八升，功率为一百八十五瓦，市场售价两千零五十元，返修率仅为百分之零点一五。

示例二：海军J12号打捞救生船在太平洋上航行了十三天，于一九九〇年八月六日零时三十分返回基地。

5.2　汉字数字的使用
5.2.1　概数
　　两个数字连用表示概数时，两数之间不用顿号"、"隔开。
　　示例：二三米　　一两个小时　　三五天　　一二十个　　四十五六岁
5.2.2　年份
　　年份简写后的数字可以理解为概数时，一般不简写。
　　示例："一九七八年"不写为"七八年"
5.2.3　含有月日的专名
　　含有月日的专名采用汉字数字表示时，如果涉及一月、十一月、十二月，应用间隔号"·"将表示月和日的数字隔开，涉及其他月份时，不用间隔号。
　　示例"一·二八"事变　　"一二·九"运动　　　五一国际劳动节
5.2.4　大写汉字数字
　　——大写汉字数字的书写形式
　　零、壹、贰、叁、肆、伍、陆、柒、捌、玖、拾、佰、仟、万、亿
　　——大写汉字数字的适用场合
　　法律文书和财务票据上，采用大写汉字数字形式记数。
　　示例：3 504元（叁仟伍佰零肆圆）　39 148元（叁万玖仟壹佰肆拾捌圆）
5.2.5　"零"和"〇"
　　阿拉伯数字"0"有"零"和"〇"两种汉字书写形式，一个数字用作计量时，其中的"0"的汉字书写形式为"零"，用作编号时，"0"的汉字书写形式为"〇"。
　　示例："3 052（个）"的汉字数字形式为"三千零五十二"（不写为"三千〇五十二"）
　　　　　"95.06"的汉字数字形式为"九十五点零六"（不写为"九十五点〇六"）
　　　　　"公元2012（年）"的汉字数字形式为"二〇一二"（不写为"二零一二"）
5.3　阿拉伯数字与汉字数字同时使用
　　如果一个数值很大，数值中的"万""亿"单位可以采用汉字数字，其余部分用采用阿拉伯数字。
　　示例1：我国1982年人口普查人数为10亿零817万5 288人
　　除上面情况之外的一般数值，不能同时采用阿拉伯数字与汉字数字。
　　示例2：108可以写作"一零八"，但不应写作"1百零8"或"一百08"
　　　　　4 000可以写作"四千"，但不应写作"4千"

附录二　标点符号用法

General rules for punctuation

（中华人民共和国标准GB/T 15834—2011代替GB/T 15834—1995）

前　言

本标准按照GB/T 1.1—2009给出的规则起草。

本标准代替GB/T 15834—1995，与GB/T 15834—1995相比，主要变化如下：

——根据我国国家标准编写规则（GB/T 1.1—2009），对本标准的编排和表述做了全面修改；

——更换了大部分示例，使之更简短、通俗、规范；

——增加了对术语"标点符号"和"语段"的定义（2.1/2.5）；

——对术语"复句"和"分句"的定义做了修改（2.3/2.4）；

——对句末点号（句号、问号、叹号）的定义做了修改，更强调句末点号与句子语气之间的关系（4.1.1/4.2.1/4.3.1）；

——对逗号的基本用法做了补充（4.4.3）；

——增加了不同形式括号用法的示例（4.9.3）；

——省略号的形式统一为六连点"……"，但在特定情况下允许连用（4.11）；

——取消了连接号中原有的二字线，将连接号形式规范为短横线"-"、一字线"—"和浪纹线"~"，并对三者的功能做了归并与划分（4.13）；

——明确了书名号的使用范围（4.15/A.13）；

——增加了分隔号的用法说明（4.17）；

——"标点符号的位置"一章的标题改为"标点符号的位置和书写形式"，并增加了使用中文输入软件处理标点符号时的相关规范（第5章）；

——增加了"附录"：附录A为规范性附录，主要说明标点符号不能怎样使用和对标点符号用法加以补充说明，以解决目前使用混乱或争议较大的问题。附录B为资料性附录，对功能有交叉的标点符号的用法做了区分，并对标点符号误用高发环境下的规范用法做了说明。

本标准由教育部语言文字信息管理司提出并归口。

本标准主要起草单位：北京大学。

本标准主要起草人：沈阳、刘妍、于泳波、翁姗姗。

本标准所代替标准的历次版本发布情况为：——GB/T 15834—1995。

标点符号用法

1. 范围
本标准规定了现代汉语标点符号的用法。

本标准适用于汉语的书面语(包括汉语和外语混合排版时的汉语部分)。

2. 术语和定义
下列术语和定义适用于本文件。

2.1 标点符号 punctuation

辅助文字记录语言的符号,是书面语的有机组成部分,用来表示语句的停顿、语气以及标示某些成分(主要是词语)的特定性质和作用。

注:数学符号、货币符号、校勘符号、辞书符号、注音符号等特殊领域的专门符号不属于标点符号。

2.2 句子 sentence

前后都有较大停顿、带有一定的语气和语调、表达相对完整意义的语言单位。

2.3 复句 complex sentence

由两个或多个在意义上有密切关系的分句组成的语言单位,包括简单复句(内部只有一层语义关系)和多重复句(内部包含多层语义关系)。

2.4 分句 clause

复句内两个或多个前后有停顿、表达相对完整意义、不带有句末语气和语调、有的前面可添加关联词语的语言单位。

2.5 语段 expression

指语言片段,是对各种语言单位(如词、短语、句子、复句等)不做特别区分时的统称。

3. 标点符号的种类

3.1 点号

点号的作用是点断,主要表示停顿和语气。分为句末点号和句内点号。

3.1.1 句末点号

用于句末的点号,表示句末停顿和句子的语气。包括句号、问号、叹号。

3.1.2 句内点号

用于句内的点号,表示句内各种不同性质的停顿。包括逗号、顿号、分号、冒号。

3.2 标号

标号的作用是标明,主要标示某些成分(主要是词语)的特定性质和作用。包括引号、括号、破折号、省略号、着重号、连接号、间隔号、书名号、专名号、分隔号。

4. 标点符号的定义、形式和用法

4.1 句号

4.1.1 定义

句末点号的一种,主要表示句子的陈述语气。

4.1.2 形式

句号的形式是"。"

4.1.3 基本用法

4.1.3.1 用于句子末尾，表示陈述语气。使用句号主要根据语段前后有较大的停顿、带有陈述语气和语调，并不取决于句子的长短。

示例1：北京是中华人民共和国的首都。

示例2：（甲：咱们走着去吧？）乙：好。

4.1.3.2 有时也可表示较缓和的祈使语气和感叹语气。

示例1：请您稍等一下。

示例2：我不由地感到，这些普通劳动者也同样是很值得尊敬的。

4.2 问号

4.2.1 定义

句末点号的一种，主要表示句子的疑问语气。

4.2.2 形式

问号的形式是"？"。

4.2.3 基本用法

4.2.3.1 用于句子末尾，表示疑问语气（包括反问、设问等疑问类型）。使用问号主要根据语段前后有较大停顿、带有疑问语气和语调，并不取决于句子的长短。

示例1：你怎么还不回家去呢？

示例2：难道这些普通的战士不值得歌颂吗？

示例3：（一个外国人，不远万里来到中国，帮助中国的抗日战争。）这是什么精神？这是国际主义的精神。

4.2.3.2 选择问句中，通常只在最后一个选项的末尾用问号，各个选项之间一般用逗号隔开。当选项较短且选项之间几乎没有停顿时，选项之间可不用逗号。当选项较多或较长，或有意突出每个选项的独立性时，也可每个选项之后都用问号。

示例1：诗中记述的这场战争究竟是真实的历史描述，还是诗人的虚构？

示例2：这是巧合还是有意安排？

示例3：要一个什么样的结尾：现实主义的？传统的？大团圆的？荒诞的？民族形式的？有象征意义的？

示例4：（他看着我的作品称赞了我。）但到底是称赞我什么：是有几处画得好？还是什么都敢画？抑或只是一种对于失败者的无可奈何的安慰？我不得而知。

示例5：这一切都是由客观的条件造成的？还是由行为的惯性造成的？

4.2.3.3 在多个问句连用或表达疑问语气加重时，可叠用问号。通常应先单用，再叠用，最多叠用三个问号。在没有异常强烈的情感表达需要时不宜叠用问号。

示例：这就是你的做法吗？你这个总经理是怎么当的？？你怎么竟敢这样欺骗消费者？？？

4.2.3.4 问号也有标号的用法，即用于句内，表示存疑或不详。

示例1：马致远（1250？—1321），大都人，元代戏曲家、散曲家。

示例2：钟嵘（？—518），颍川长社人，南朝梁代文学批评家。

示例3：出现这样的文字错误，说明作者（编者？校者？）很不认真。

4.3 叹号

4.3.1　定义

句末点号的一种，主要表示句子的感叹语气。

4.3.2　形式

叹号的形式是"！"。

4.3.3　基本用法

4.3.3.1　用于句子末尾，主要表示感叹语气，有时也可表示强烈的祈使语气、反问语气等。使用叹号主要根据语段前后有较大停顿、带有感叹语气和语调或带有强烈的祈使、反问语气和语调，并不取决于句子的长短。

示例1：才一年不见，这孩子都长这么高啦！

示例2：你给我住嘴！

示例3：谁知道他今天是怎么搞的！

4.3.3.2　用于拟声词后，表示声音短促或突然。

示例1：咔嚓！一道闪电划破了夜空。

示例2：咚！咚咚！突然传来一阵急促的敲门声。

4.3.3.3　表示声音巨大或声音不断加大时，可叠用叹号；表达强烈语气时，也可叠用叹号，最多叠用三个叹号。在没有异常强烈的情感表达需要时不宜叠用叹号。

示例1：轰！！在这天崩地塌的声音中，女娲猛然醒来。

示例2：我要揭露！我要控诉！！我要以死抗争！！！

4.3.3.4　当句子包含疑问、感叹两种语气且都比较强烈时（如带有强烈感情的反问句和带有惊愕语气的疑问句），可在问号后再加叹号（问号、叹号各一）。

示例1：这么点困难就能把我们吓倒吗？！

示例2：他连这些最起码的常识都不懂，还敢说自己是高科技人才？！

4.4　逗号

4.4.1　定义

句内点号的一种，表示句子或语段内部的一般性停顿。

4.4.2　形式

逗号的形式是"，"。

4.4.3　基本用法

4.4.3.1　复句内各分句之间的停顿，除了有时用分号（见4.6.3.1），一般都用逗号。

示例1：不是人们的意识决定人们的存在，而是人们的社会存在决定人们的意识。

示例2：学历史使人更明智，学文学使人更聪慧，学数学使人更精细，学考古使人更深沉。

示例3：要是不相信我们的理论能反映现实，要是不相信我们的世界有内在和谐，那就不可能有科学。

4.4.3.2　用于下列各种语法位置：

a）较长的主语之后。

示例1：苏州园林建筑各种门窗自的精美设计和雕镂功夫，都令人叹为观止。

b）句首的状语之后。

示例2：在苍茫的大海上，狂风卷集着乌云。

c）较长的宾语之前。

示例3：有的考古工作者认为，南方古猿生存于上新世至更新世的初期和中期。

d）带句内语气词的主语（或其他成分）之后，或带句内语气词的并列成分之间。

示例4：他呢，倒是很乐意地、全神贯注地干起来了。

示例5：（那是个没有月亮的夜晚。）可是整个村子——白房顶啦，白树木啦，雪堆啦，全看得见。

e）较长的主语中间、谓语中间、或宾语中间。

示例6：母亲沉痛的诉说，以及亲眼见到的事实，都启发了我幼年时期追求真理的思想。

示例7：那姑娘头戴一顶草帽，身穿一条绿色的裙子，腰间还系着一根橙色的腰带。

示例8：必须懂得，对于文化传统，既不能不分青红皂地统统抛弃，也不能不管精华糟粕全盘继承。

f）前置的谓语之后或后置的状语、定语之前。

示例9：真美啊，这条蜿蜒的林间小道。

示例10：她吃力地站了起来，慢慢地。

示例11：我只是一个人，孤孤单单的。

4.4.3.3 用于下列各种停顿处：

a）复指成分或插说成分前后。

示例1：老张，就是原来的办公室主任，上星期已经调走了。

示例2：车，不用说，当然是头等。

b）语气缓和的感叹语、称谓语或呼唤语之后。

示例3：哎哟，这儿，快给我揉揉。

示例4：大娘，您到哪儿去啊？

示例5：喂，你是哪个单位的？

c）某些序次语（"第"字头、"其"字头及"首先"类序次语）之后。

示例6：为什么许多人都有长不大的感觉呢？原因有三：第一，父母总认为自己比孩子成熟；第二，父母总要以自己的标准来衡量孩子；第三，父母出于爱心而总不想让孩子在成长的过程中走弯路。

示例7：《玄秘塔碑》所以成为书法的范本，不外乎以下几方面的因素：其一，具有楷书点画、构体的典范性；其二，承上启下，成为唐楷的极致；其三，字如其人，爱人及字，柳公权高尚的书品、人品为后人所崇仰。

示例8：下面从三个方面讲讲语言的污染问题。首先，是特殊语言环境中的语言污染问题；其次，是滥用缩略语引起的语言污染问题；再次，是空话和废话引起的语言污染问题。

4.5 顿号

4.5.1 定义

句内点号的一种，表示语段中并列词语之间或某些序次语之后的停顿。

4.5.2 形式

顿号的形式是"、"。

4.5.3 基本用法

4.5.3.1　用于并列词语之间。

示例1：这里有自由、民主、平等、开放的风气和氛围。

示例2：造型科学、技艺精湛、气韵生动，是盛唐石雕的特色。

4.5.3.2　用于需要停顿的重复词语之间。

示例：他几次三番、几次三番地辩解着。

4.5.3.3　用于某些序次语（不带括号的汉字数字或"天干地支"类序次语）之后。

示例1：我准备讲两个问题：一、逻辑学是什么？二、怎样学好逻辑学？

示例2：风格的具体内容主要有以下四点：甲、题材；乙、用字；丙、表达；丁、色彩。

4.5.3.4　相邻或相近两数字连用表示概数通常不用顿号。若相邻两数字连用为缩略形式，宜用顿号。

示例1：飞机在6 000米高空水平飞行时，只能看到两侧八九公里和前方一二十公里范围内的地面。

示例2：这种凶猛的动物常常三五成群地外出觅食和活动。

示例3：农业是国民经济的基础，也是二、三产业的基础。

4.5.3.5　标有引号的并列成分之间、标有书名号的并列成分之间通常不用顿号。若有其他成分插在并列的引号之间或并列的书名号之间（如引语或书名号之后还有括注），宜用顿号。

示例1："日""月"构成"明"字。

示例2：店里挂着"顾客就是上帝""质量就是生命"等横幅。

示例3：《红楼梦》《三国演义》《西游记》《水浒传》，是我国长篇小说的四大名著。

示例4：李白的"白发三千丈"（《秋浦歌》）、"朝如青丝暮成雪"（《将进酒》）都是脍炙人口的诗句。

示例5：办公室里订有《人民日报》（海外版）、《光明日报》和《时代周刊》等报刊。

4.6　分号

4.6.1　定义

句内点号的一种，表示复句内部并列关系分句之间的停顿，以及非并列关系的多重复句中第一层分句之间的停顿。

4.6.2　形式

分号的形式是"；"。

4.6.3　基本用法

4.6.3.1　表示复句内部并列关系的分句（尤其当分句内部还有逗号时）之间的停顿。

示例1：语言文字的学习，就理解方面说，是得到一种知识；就运用方面说，是养成一种习惯。

示例2：内容有分量，尽管文章短小，也是有分量的贯内容没有分量，即使写得再长也没有用。

4.6.3.2　表示非并列关系的多重复句中第一层分句（主要是选择、转折等关系）之间的停顿。

示例1：人还没看见，已经先听见歌声了；或者人已经转过山头望不见了，歌声还余音袅袅。

示例2：尽管人民革命的力量在开始时总是弱小的，所以总是受压的；但是由于革命的力量代表历史发展的方向，因此本质上又是不可战胜的。

示例3：不管一个人如何伟大，也总是生活在一定的环境和条件下；因此，个人的见解总难免带有某种局限性。

示例4：昨天夜里下了一场雨，以为可以凉快些；谁知没有凉快下来，反而更热了。

4.6.3.3 用于分项列举的各项之间。

示例：特聘教授的岗位职责为：一、讲授本学科的主干基础课程；二、主持本学科的重大科研项目；三、领导本学科的学术队伍建设；四、带领本学科赶超或保持世界先进水平。

4.7 冒号

4.7.1 定义

句内点号的一种，表示语段中提示下文或总结上文的停顿。

4.7.2 形式

冒号的形式是"："。

4.7.3 基本用法

4.7.3.1 用于总说性或提示性词语（如"说""例如""证明"等）之后，表示提示下文。

示例1：北京紫禁城有四座城门：午门、神武门、东华门和西华门。

示例2：她高兴地说："咱们去好好庆祝一下吧！"

示例3：小王笑着点了点头："我就是这么想的。"

示例4：这一事实证明：人能创造环境，环境同样也能创造人。

4.7.3.2 表示总结上文。

示例：张华上了大学，李萍进了技校，我当了工人：我们都有美好的前途。

4.7.3.3 用在需要说明的词语之后，表示注释和说明。

示例1：（本市将举办首届大型书市。）主办单位：市文化局；承办单位：市图书进出口公司；时间：8月15—20日；地点：市体育馆观众休息厅。

示例2：（做阅读理解题有两个办法。）办法之一：先读题干，再读原文，带着问题有针对性地读课文。办法之二：直接读原文，读完再做题，减少先入为主的干扰。

4.7.3.4 用于书信、讲话稿中称谓语或称呼语之后。

示例1：广平先生：……

示例2：同志们、朋友们：……

4.7.3.5 一个句子内部一般不应套用冒号。在列举式或条文式表述中，如不得不套用冒号时，宜另起段落来显示各个层次。

示例：第十条　遗产按照下列顺序继承：

第一顺序：配偶、子女、父母。

第二顺序：兄弟姐妹、祖父母、外祖父母。

4.8 引号

4.8.1 定义

标号的一种，标示语段中直接引用的内容或需要特别指出的成分。

4.8.2 形式

引号的形式有双引号和单引号两种。左侧的为前引号，右侧的为后引号。

4.8.3 基本用法

4.8.3.1　标示语段中直接引用的内容。

示例：李白诗中就有"白发三千丈"这样极尽夸张的语句。

4.8.3.2　标示需要着重论述或强调的内容。

示例：这里所谓的"文"，并不是指文字，而是指文采。

4.8.3.3　标示语段中具有特殊含义而需要特别指出的成分，如别称、简称、反语等。

示例1：电视被称作"第九艺术"。

示例2：人类学上常把古人化石统称为尼安德特人，简称"尼人"。

示例3：有几个"慈祥"的老板把捡来的菜叶用盐浸浸就算作工友的菜肴。

4.8.3.4　当引号中还需要使用引号时，外面一层用双引号，里面一层用单引号。

示例：他问："老师，'七月流火'是什么意思？"

4.8.3.5　独立成段的引文如果只有一段，段首和段尾都用引号；不止一段时，每段开头仅用前引号，只在最后一段末尾用后引号。

示例：我曾在报纸上看到有人这样谈幸福：

"幸福是知道自己喜欢什么和不喜欢什么。……

"幸福是知道自己擅长什么和不擅长什么。……

"幸福是在正确的时间做了正确的选择。……"

4.8.3.6　在书写带月、日的事件、节日或其他特定意义的短语（含简称）时，通常只标引其中的月和日；需要突出和强调该事件或节日本身时，也可连同事件或节日一起标引。

示例1："5·12"汶川大地震。

示例2："五四"以来的话剧，是我国戏剧中的新形式。

示例3：纪念"五四运动"90周年。

4.9　括号

4.9.1　定义

标号的一种，标示语段中的注释内容、补充说明或其他特定意义的语句。

4.9.2　形式

括号的主要形式是圆括号"（）"，其他形式还有方括号"［］"、六角括号"〔〕"和方头括号"【】"等。

4.9.3　基本用法

4.9.3.1　标示下列各种情况，均用圆括号：

a）标示注释内容或补充说明。

示例1：我校拥有特级教师（含已退休的）17人。

示例2：我们不但善于破坏一个旧世界，我们还将善于建设一个新世界！（热烈鼓掌）

b）标示订正或补加的文字。

示例3：信纸上用稚嫩的字体写着："阿夷（姨），你好！"。

示例4：该建筑公司负责的建设工程全部达到优良工程（的标准）。

d）标示序次语。

示例5：语言有三个要素：（1）声音；（2）结构；（3）意义。

示例6：思想有三个条件：（一）事理；（二）心理；（三）伦理。

e）标示引语的出处。

示例7：他说得好："未画之前，不立一格；既画之后，不留一格。"（《板桥集·题画》）

f）标示汉语拼音注音。

示例8："的（de）"这个字在现代汉语中最常用。

4.9.3.2　标示作者国籍或所属朝代时，可用方括号或六角括号。

示例1：［英］赫胥黎《进化论与伦理学》

示例2：（唐）杜甫著

4.9.3.3　报刊标示电讯、报道的开头，可用方头括号。

示例：【新华社南京消息】

4.9.3.4　标示公文发文字号中的发文年份时，可用六角括号。

示例：国发〔2011〕3号文件

4.9.3.5　标示被注释的词语时，可用六角括号或方头括号。

示例1：〔奇观〕奇伟的景象。

示例2：【爱因斯坦】物理学家。生于德国，1933年因受纳粹政权迫害，移居美国。

4.9.3.6　除科技书刊中的数学、逻辑公式外，所有括号（特别是同一形式的括号）应尽量避免套用。必须套用括号时，宜采用不同的括号形式配合使用。

示例：〔茸（róng）毛〕很细很细的毛。

4.10　破折号

4.10.1　定义

标号的一种，标示语段中某些成分的注释、补充说明或语音、意义的变化。

4.10.2　形式

破折号的形式是"——"。

4.10.3　基本用法

4.10.3.1　标示注释内容或补充说明（也可用括号，见4.9.3.1；二者的区别另见B.1.7）。

示例1：一个矮小而结实的日本中年人——内山老板走了过来。

示例2：我一直坚持读书，想借此唤起弟妹对生活的希望——无论环境多么困难。

4.10.3.2　标示插入语（也可用逗号，见4.4.3.3）。

示例：这简直就是——说得不客气点——无耻的勾当！

4.10.3.3　标示总结上文或提示下文（也可用冒号，见4.7.3.1、4.7.3.2）。

示例1：坚强，纯洁，严于律己，客观公正——这一切都难得地集中在一个人身上。

示例2：画家开始娓娓道来——

数年前的一个寒冬，……

4.10.3.4　标示话题的转换。

示例："好香的干菜，——听到风声了吗？"赵七爷低声说道。

4.10.3.5　标示声音的延长。

示例："嘎——"传过来一声水禽被惊动的鸣叫。

4.10.3.6　标示话语的中断或间隔。

示例1："班长他牺——"小马话没说完就大哭起来。

示例2："亲爱的妈妈，你不知道我多爱您。——还有你，我的孩子！"

4.10.3.7　标示引出对话。

示例：——你长大后想成为科学家吗？
　　　——当然想了！

4.10.3.8　标示事项列举分承。

示例：根据研究对象的不同，环境物理学分为以下五个分支学科：

　　　——环境声学；

　　　——环境光学；

　　　——环境热学；

　　　——环境电磁学；

　　　——环境空气动力学。

4.10.3.9　用于副标题之前。

示例：飞向太平洋
　　　——我国新型号运载火箭发射目击记

4.10.3.10　用于引文、注文后，标示作者、出处或注释者。

示例1：先天下之忧而忧，后天下之乐而乐。
　　　——范仲淹

示例2：乐浪海中有倭人，分为百余国。
　　　——《汉书》

示例3：很多人写好信后把信笺折成方胜形，我看大可不必。（方胜，指古代妇女戴的方形首饰，用彩绸等制作，由两个斜方部分叠合而成。——编者注）

4.11　省略号

4.11.1　定义

标号的一种，标示语段中某些内容的省略及意义的断续等。

4.11.2　形式

省略号的形式是"……"。

4.11.3　基本用法

4.11.3.1　标示引文的省略。

示例：我们齐声朗诵起来："……俱往矣，数风流人物，还看今朝。"

4.11.3.2　标示列举或重复词语的省略。

示例1：对政治的敏感，对生活的敏感，对性格的敏感，……这都是作家必须有的素质。

示例2：他气得连声说："好，好……算我没说。"

4.11.3.3　标示语意未尽。

示例1：在人迹罕至的深山密林里，假如突然看见一缕炊烟，……

示例2：你这样干，未免太……！

4.11.3.4　标示说话时断断续续。

示例：她磕磕巴巴地说："可是……太太……我不知道……你一定是认错了。"

4.11.3.5　标示对话中的沉默不语。

示例："还没结婚吧？"
　　　"……"他飞红了脸，更加忸怩起来。

4.11.3.6　标示特定的成分虚缺。

示例：只要……就……

4.11.3.7 在标示诗行、段落的省略时，可连用两个省略号（即相当于十二连点）。

示例1：从隔壁房间传来缓缓而抑扬顿挫的吟咏声——

床前明月光，疑是地上霜。

……………

示例2：该刊根据工作质量、上稿数量、参与程度等方面的表现，评选出了高校十佳记者站。还根据发稿数量、提供新闻线索情况以及对刊物的关注度等，评选出了十佳通信员。

……………

4.12 着重号

4.12.1 定义

标号的一种，标示语段中某些重要的或需要指明的文字。

4.12.2 形式

着重号的形式是"．"标注在相应文字的下方。

4.12.3 基本用法

4.12.3.1 标示语段中重要的文字。

示例1：诗人需要表现，而不是证明。

示例2：下面对文本的理解，不正确的一项是：……

4.12.3.2 标示语段中需要指明的文字。

示例：下边加点的字，除了在词中的读法之外，还有哪些读法？

着急　子弹　强调

4.13 连接号

4.13.1 定义

标号的一种，表示某些相关联成分之间的连接。

4.13.2 形式

连接号的形式有短横线"-"、一字线"—"和波纹线"~"三种。

4.13.3 基本用法

4.13.3.1 标示下列各种情况，均用短横线：

a）化合物的名称或表格、插图的编号。

示例1：3-戊酮为无色液体，对眼及皮肤有害。

示例2：参见下页表2-8、表2-9。

b）连接号码，包括门牌号码、电话号码，以及用阿拉伯数字表示年月日等。

示例3：安宁里东路26号3-2-11室

示例4：联系电话：010-88842603

示例5：2011-02-15

c）在复合名词中起连接作用。

示例6：吐鲁番-哈密盆地

d）某些产品的名称和型号。

示例7：WZ-10直升机具有复杂天气和夜间作战的能力。

e）汉语拼音、外来语内部的分合。

示例8：shuōshuō-xiàoxiào（说说笑笑）

示例9：盎格鲁‒撒克逊人

示例10：让‒雅克·卢梭（"让‒雅克"为双名）

示例11：皮埃尔·孟戴斯‒弗朗斯（"孟戴斯‒弗朗斯"为复姓）

4.13.3.2 标示下列各种情况，一般用一字线，有时也可用浪纹线：

a）标示相关项目（如时间、地域等）的起止。

示例1：沈括（1031—1095），宋朝人。

示例2：2011年2月3—10日

示例3：北京—上海特别旅客快车

b）标示数值范围（由阿拉伯数字或汉字数字构成）的起止。

示例4：25~30 g

示例5：第5~8课

4.14 间隔号

4.14.1 定义

标号的一种，表示某些相关成分之间的分界。

4.14.2 形式

间隔号的形式是"·"。

4.14.3 基本用法

4.14.3.1 表示外国人名或少数民族人名内部的分界。

示例1：克里丝蒂娜·罗塞蒂

示例2：阿依古丽·买买提

4.14.3.2 表示书名与篇（章、卷）名之间的分界。

示例：《淮南子·本经训》

4.14.3.3 词牌、曲牌、诗体名等和题目之间的分界。

示例1：《沁园春·雪》

示例2：《天净沙·秋思》

示例3：《七律·冬云》

4.10.3.4 用在构成标题或栏目名称的并列词语之间。

示例：《天·地·人》

4.14.3.5 以月、日为标志的事件或节日，用汉字数字表示时，只在一、十一和十二月后用间隔号；当直接用阿拉伯数字表示时，月、日之间均用间隔号（半角字符）。

示例1："九一八"事变　　　　"五四"运动

示例2："一·二八"事变　　　　"一二·九"运动

示例3："3·15"消费者权益日　　"9·11"恐怖袭击事件

4.15 书名号

4.15.1 定义

标号的一种，标示语段中出现的各种作品的名称。

4.15.2 形式

书名号的形式有双书名号"《》"和单书名号"〈〉"两种。

4.15.3 基本用法

4.15.3.1 标示书名、卷名、篇名、刊物名、报纸名、文件名等。

示例1：《红楼梦》（书名）

示例2：《史记·项羽本纪》（卷名）

示例3：《论雷峰塔的倒掉》（篇名）

示例4：《每周关注》（刊物名）

示例5：《人民日报》（报纸名）

示例6：《全国农村工作会议纪要》（文件名）

4.15.3.2 标示电影、电视、音乐、诗歌、雕塑等各类用文字、声音、图像等表现的作品的名称。

示例1：《渔光曲》（电影名）

示例2：《追梦录》（电视剧名）

示例3：《勿忘我》（歌曲名）

示例4：《沁园春·雪》（诗词名）

示例5：《东方欲晓》（雕塑名）

示例6：《光与影》（电视节目名）

示例7：《社会广角镜》（栏目名）

示例8：《庄子研究文献数据库》（光盘名）

示例9：《植物生理学系列挂图》（图片名）

4.15.3.3 标示全中文或中文在名称中占主导地位的软件名。

示例：科研人员正在研制《电脑卫士》杀毒软件。

4.15.3.4 标示作品名的简称。

示例：我读了《念青唐古拉山脉纪行》一文（以下简称《念》），收获很大。

4.15.3.5 当书名号中还需要书名号时，里面一层用单书名号，外面一层用双书名号。

示例：《教育部关于提请审议〈高等教育自学考试试行办法〉的报告》

4.16 专名号

4.16.1 定义

标号的一种，标示古籍和某些文史类著作中出现的特定类专有名词。

4.16.2 形式

专名号的形式是一条直线，标注在相应文字的下方。

4.16.3 基本用法

4.16.3.1 标示古籍、古籍引文或某些文史类著作中出现的专有名词，主要包括人名、地名、国名、民族名、朝代名、年号、宗教名、官署名、组织名等。

示例1：<u>孙坚</u>人马被<u>刘表</u>率军围得水泄不通。（人名）

示例2：于是聚集<u>冀</u>、<u>青</u>、<u>幽</u>、<u>并</u>四州兵马七十多万准备决一死战。

示例3：当时<u>乌孙</u>及<u>西域</u>各国都向<u>汉</u>派遣了使节。（国名、朝代名）

示例4：从<u>咸宁</u>二年到<u>太康</u>十年，<u>匈奴</u>、<u>鲜卑</u>、<u>乌桓</u>等族人徙居塞内。（年号、民族名）

4.16.3.2 现代汉语文本中的上述专有名词，以及古籍和现代文本中的单位名、官职名、事件名、会议名、书名等不应使用专名号。必须使用标号标示时，宜使用其他相应标号（如引号、书名号等）。

4.17 分隔号

4.17.1 定义

标号的一种，标示诗行、节拍及某些相关文字的分隔。

4.17.2 形式

分隔号的形式是"/"。

4.17.3 基本用法

4.17.3.1 诗歌接排时分隔诗行（也可使用逗号和分号，见4.4.3.1/4.6.3.1）。

示例：春眠不觉晓/处处闻啼鸟/夜来风雨声/花落知多少。

4.17.3.2 标示诗文中的音节节拍。

示例：横眉/冷对/千夫指，俯首/甘为/孺子牛。

4.17.3.3 分隔供选择或可转换的两项，表示"或"。

示例：动词短语中除了作为主体成分的述语动词之外，还包括述语动词所带的宾语和/或补语。

4.17.3.4 分隔组成一对的两项，表示"和"。

示例1：13/14次特别快车

示例2：羽毛球女双决赛中国组合杜婧/于洋两局完胜韩国名将李孝贞/李敬元。

4.17.3.5 分隔层级或类别。

示例：我国的行政区划分为：省（直辖市、自治区）/省辖市（地级市）/县（县级市、区、自治州）/乡（镇）/村（居委会）。

5. 标点符号的位置和书写形式

5.1 横排文稿标点符号的位置和书写形式

5.1.1 句号、逗号、顿号、分号、冒号均置于相应文字之后，占一个字位置，居左下，不出现在一行之首。

5.1.2 问号、叹号均置于相应文字之后，占一个字位置，居左，不出现在一行之首。两个问号（或叹号）叠用时，占一个字位置；三个问号（或叹号）叠用时，占两个字位置；问号和叹号连用时，占一个字位置。

5.1.3 引号、括号、书名号中的两部分标在相应项目的两端，各占一个字位置。其中前一半不出现在一行之末，后一半不出现在一行之首。

5.1.4 破折号标在相应项目之间，占两个字位置，上下居中，不能中间断开分处上行之末和下行之首。

5.1.5 省略号占两个字位置，两个省略号连用时占四个字位置并须单独占一行。省略号不能中间断开分处上行之末和下行之首。

5.1.6 连接号中的短横线比汉字"一"略短，占半个字位置；一字线比汉字"一"略长，占一个字位置；浪纹线占一个字位置。连接号上下居中，不出现在一行之首。

5.1.7 间隔号标在需要隔开的项目之间，占半个字位置，上下居中，不出现在一行之首。

5.1.8 着重号和专名号标在相应文字的下边。

5.1.9 分隔号占半个字位置，不出现在一行之首或一行之末。

5.1.10　标点符号排在一行末尾时，若为全角字符则应占半角字符的宽度（即半个字位置），以使视觉效果更美观。

5.1.11　在实际编辑出版工作中，为排版美观、方便阅读等需要，或为避免某一小节最后一个汉字转行或出现在另外一页开头等情况（浪费版面及视觉效果差），可适当压缩标点符号所占用的空间。

5.2　竖排文稿标点符号的位置和书写形式

5.2.1　句号、问号、叹号、逗号、顿号、分号和冒号均置于相应文字之下偏右。

5.2.2　破折号、省略号、连接号、间隔号和分隔号置于相应文字之下居中，上下方向排列。

5.2.3　引号改用双引号"﹃""﹄"和单引号"﹁""﹂"，括号改用"︵""︶"，标在相应项目的上下。

5.2.4　竖排文稿中使用浪线式书名号"＿"，标在相应文字的左侧。

5.2.5　着重号标在相应文字的右侧，专名号标在相应文字的左侧。

5.2.6　横排文稿中关于某些标点不能居行首或行末的要求，同样适用于竖排文稿。

附录A（规范性附录）

标点符号用法的补充规则

A.1　句号用法补充规则

图或表的短语式说明文字，中间可用逗号，但末尾不用句号。即使有时说明文字较长，前面的语段已出现句号，最后结尾处仍不用句号。

示例1：行进中的学生方队

示例2：经过治理，本市市容市貌焕然一新。这是某区街道一景

A.2　问号用法补充规则

使用问号应以句子表示疑问语气为依据，而并不根据句子中包含有疑问词。当含有疑问词的语段充当某种句子成分，而句子并不表示疑问语气时，句末不用问号。

示例1：他们的行为举止、审美趣味，甚至读什么书，坐什么车，都在媒体掌握之中。

示例2：谁也不见，什么也不吃，哪儿也不去。

示例3：我也不知道他究竟躲到什么地方去了。

A.3　逗号用法补充规则

用顿号表示较长、较多或较复杂的并列成分之间的停顿时，最后一个成分前可用"以及（及）"进行连接，"以及（及）"之前应用逗号。

示例：压力过大、工作时间过长、作息不规律，以及忽视营养均衡等，均会导致健康状况的下降。

A.4　顿号用法补充规则

A.4.1　表示含有顺序关系的并列各项间的停顿，用顿号，不用逗号。下例解释"对于"一词用法，"人""事物""行为"之间有顺序关系（即人和人、人和事物、人和行为、事物和事物、事物和行为、行为和行为等六种对待关系），各项之间应用顿号。

示例：（对于）表示人，事物，行为之间的相互对待关系。（误）
　　　（对于）表示人、事物、行为之间的相互对待关系。（正）

A.4.2　用阿拉伯数字表示年月日的简写形式时，用短横线连接号，不用顿号。

示例：2010、03、02（误）
　　　2010-03-02（正）

A.5　分号用法补充规则

分项列举的各项有一项或多项已包含句号时，各项的末尾不能再用分号。

示例：本市先后建立起三大农业生产体系：一是建立甘蔗生产服务体系。成立糖业服务公司，主要给农民提供机耕等服务；二是建立蚕桑生产服务体系。……；三是建立热作服务体系。……。（误）

本市先后建立起三大农业生产体系：一是建立甘蔗生产服务体系。成立糖业服务公司，主要给农民提供机耕等服务。二是建立蚕桑生产服务体系。……。三是建立热作服务体系。……。（正）

A.6　冒号用法补充规则

A.6.1　冒号用在提示性话语之后引起下文。表面上类似但实际不是提示性话语的，其后用逗号。

示例1：郦道元《水经注》记载："沼西际山枕水，有唐叔虞祠。"（提示性话语）

示例2：据《苏州府志》载，苏州城内大小园林约有150多座，可算名副其实的园林之城。（非提示性话语）

A.6.2　冒号提示范围无论大小（一句话、几句话甚至几段话），都应与提示性话语保持一致（即在该范围的末尾要用句号点断）。应避免冒号涵盖范围过窄或过宽。

示例：艾滋病有三个传播途径：血液传播，性传播和母婴传播，日常接触是不会传播艾滋病的。（误）

艾滋病有三个传播途径：血液传播，性传播和母婴传播。日常接触是不会传播艾滋病的。（正）

A.6.3　冒号应用在有停顿处，无停顿处不应用冒号。

示例1：他头也不抬，冷冷地问："你叫什么名字？"（有停顿）

示例2：这事你得拿主意，光说"不知道"怎么行？（无停顿）

A.7　引号用法补充规则

"丛刊""文库""系列""书系"等作为系列著作的选题名，宜用引号标引。当"丛刊"等为选题名的一部分时，放在引号之内，反之则放在引号之外。

示例1："汉译世界学术名著丛书"

示例2："中国哲学典籍文库"

示例3："20世纪心理学通览"丛书

A.8　括号用法补充规则

括号可分为句内括号和句外括号。句内括号用于注释句子里的某些词语，即本身就是句子的一部分，应紧跟在被注释的词语之后。句外括号则用于注释句子、句群或段落，即本身结构独立，不属于前面的句子、句群或段落，应位于所注释语段的句末点号之后。

示例：标点符号是辅助文字记录语言的符号，是书面语的有机组成部分，用来表示语句的停顿、语气以及标示某些成分（主要是词语）的特定性质和作用。（数学符号、货币符号、校勘符号等特殊领域的专门符号不属于标点符号。）

A.9　省略号用法补充规则

A.9.1　不能用多于两个省略号（多于12点）连在一起表示省略。省略号须与多点连续的连珠号相区别（后者主要是用于表示目录中标题和页码对应和连接的专门符号）。

A.9.2　省略号和"等""等等""什么的"等词语不能同时使用。在需要读出来的地方用"等""等等""什么的"等词语，不用省略号。

　　示例：含有铁质的食物有猪肝、大豆、油菜、菠菜……等。（误）
　　　　　含有铁质的食物有猪肝、大豆、油菜、菠菜等。（正）

A.10　着重号用法补充规则

不应使用文字下加直线或波浪线等形式表示着重。文字下加直线为专名号形式（4.16）；文字下加GB/T 15834—2011浪纹线是特殊书名号（A.13.6）。着重号的形式统一为相应项目下加小圆点。

　　示例：下面对本文的理解，<u>不正确</u>的一项是（误）
　　　　　下面对本文的理解，不正确的一项是（正）

A.11　连接号用法补充规则

浪纹线连接号用于标示数值范围时，在不引起歧义的情况下，前一数值附加符号或计量单位可省略。

　　示例：5千克~100千克（误）
　　　　　5~100千克（正）

A.12　间隔号用法补规则

当并列短语构成的标题中已有间隔号隔开时，不要再用"和"类连词。

　　示例：《水星·火星和金星》（误）
　　　　　《水星·火星·金星》（正）

A.13　书名号用法补充规定

A.13.1　不能视为作品的课程、课题、奖品奖状、商标、证照、组织机构、会议、活动等名称，不应用书名号。下面均为书名号误用的示例：

　　示例1：下学期本中心将开设《现代企业财务管理》《市场营销》两门课程。
　　示例2：明天下午将召开《关于"两保两挂"的多视觉理论思考》课题立项会。
　　示例3：本诗将向70岁以上（含70岁）老年人颁发《敬老证》。
　　示例4：本校共获得《最佳印象》《自我审美》《卡拉OK》等六个奖杯。
　　示例5：《闪光》牌电池经久耐用。
　　示例6：《文史杂志社》编辑力量比较雄厚。
　　示例7：本市将召开《全国食用天然色素应用研讨会》。
　　示例8：本报将于今年暑假举行《墨宝杯》书法大赛。

A.13.2　有的名称应根据指称意义的不同确定是否用书名号。如文艺晚会指一项活动时，不用书名号；而特指一种节目名称时，可用书名号。再如展览作为一种文化传播的组织形式时，不用书名号；特定情况下将某项展览作为一种创作的作品时，可用书名号。

　　示例1：2008年重阳联欢晚会受到观众的称赞和好评。

示例2：本台将重播《2008年重阳联欢晚会》。

示例3："雪域明珠——中国西藏文化展"今天隆重开幕。

示例4：《大地飞歌艺术展》是一部大型现代艺术作品。

A.13.3　书名后面表示该作品所属类别的普通名词不标在书名号内。

示例：《我们》杂志

A.13.4　书名有时带有括注。如果括注是书名、篇名等的一部分，应放在书名号之内，反之则应放在书名号之外。

示例1：《琵琶行（并序）》

示例2：《中华人民共和国民事诉讼法（试行）》

示例3：《新政治协商会议筹备会组织条例（草案）》

示例4：《百科知识》（彩图本）

示例5：《人民日报》（海外版）

A.13.5　书名、篇名末尾如有叹号或问号，应放在书名号之内。

示例1：《日记何罪！》

示例2：《如何做到同工又同酬？》

A.13.6　在古籍或某些文史类著作中，为与专名号配合，书名号也可改用浪线式"＿"，标注在书名下方。这可以看作是特殊的专名号或特殊的书名号。

A.14　分隔号用法补充规则

分隔号又称正斜线号，须与反斜线号"\"相区别（后者主要是用于编写计算机程序的专门符号）。使用分隔号时，紧贴着分隔号的前后通常不用点号。

附录 B（资料性附录）

标点符号若干用法的说明

B.1　易混标点符号用法比较

B.1.1　逗号、顿号表示并列词语之间停顿的区别

逗号和顿号都表示停顿，但逗号表示的停顿长，顿号表示的停顿短。并列词语之间的停顿一般用顿号，但当并列词语较长或其后有语气词时，为了表示稍长一点的停顿，也可用逗号。

示例1：我喜欢吃的水果有苹果、桃子、香蕉和菠萝。

示例2：我们需要了解全局和局部的统一，必然和偶然的统一，本质和现象的统一。

示例3：看游记最难弄清位置和方向，前啊，后啊，左啊，右啊，看了半天，还是不明白。

B.1.2　逗号、顿号在表列举省略的"等""等等"之类词语前的使用

并列成分之间用顿号，末尾的并列成分之间用"等""等等"之类词语时，"等"类词语前不用顿号或其他标点；并列成分之间用逗号，末尾的并列成分之后用"等"类词时，"等"类词前应用逗号。

示例1：现代生物学、物理学、化学、数学等基础科学的发展，带动了医学科学的进步。

示例2：写文章前要想好：文章主题是什么，用哪些材料，哪些详写，哪些略写，等等。

B.1.3　逗号、分号表示分句之间停顿的区别

当复句的表述不复杂、层次不多，相连的分句语气比较紧凑、分句内部也没有使用逗号表示停顿时，分句间的停顿多用逗号。当用逗号不易分清多重复句内部的层次（如分句内部已有逗号），而用句号又可能割裂前后关系的地方，应用分号表示停顿。

示例1：她拿起钥匙，开了箱上的锁，又开了首饰盒上的锁，往老地方放钱。

示例2：纵比，即以一个事物的各个发展阶段作比；横比，则以此事物与彼事物相比。

B.1.4　顿号、逗号、分号在表示层次关系时的区别

句内点号中，顿号表示的停顿最短、层次最低，通常只能表示并列词语之间的停顿；分号表示的停顿最长、层次最高，可以用来表示复句的第一层分句之间停顿；逗号介于两者之间，既可表示并列词语之间的停顿，也可表示复句中分句之间的停顿。若分句内部已用逗号，分句之间就应用分号（见B.1.3示例2）。用分号隔开的几个并列分句不能由逗号统领或总结。

示例1：有的学会烤烟，自己做挺讲究的纸烟和雪茄；有的学会蔬菜加工，做的番茄酱能吃到冬天；有的学会蔬菜腌渍、窖藏，使秋菜接上春菜。

示例2：动物吃植物的方式多种多样，有的是把整个植物吃掉，如原生动物；有的是把植物的大部分吃掉，如鼠类；有的是吃掉植物的要害部位，如鸟类吃掉植物的嫩芽。（误）

　　　　动物吃植物的方式多种多样：有的是把整个植物吃掉，如原生动物；有的是把植物的大部分吃掉，如鼠类；有的是吃掉植物的要害部位，如鸟类吃掉植物的嫩芽。（正）

B.1.5　冒号、逗号用于"说""道"之类词语后的区别位于引文之前的"说""道"后用冒号。位于引文之后的"说""道"分两种情况：处于句末时，其后用句号；"说""道"后还有其他成分时，其后用逗号。插在话语中间的"说""道"类词语后只能用逗号表示停顿。

示例1：他说："晚上就来家里吃饭吧。"

示例2："我真的很期待。"他说。

示例3："我有件事忘了说……"他说，表情有点为难。

示例4："现在请皇上脱下衣服，"两个骗子说，"好让我们为您换上新衣。"

B.1.6　不同点号表示停顿长短的排序

各种点号都表示说话时的停顿。句号、问号、叹号都表示句子完结，停顿最长。分号用于复句的分句之间，停顿长度介于句末点号和逗号之间，而短于冒号。逗号表示一句话中间的停顿，又短于分号。顿号用于并列词语之间，停顿最短。通常情况下，各种点号表示的停顿由长到短为：句号=问号=叹号>冒号（指涵盖范围为一句话的冒号）>分号>逗号>顿号。

B.1.7　破折号与括号表示注释或补充说明时的区别

破折号用于表示比较重要的解释说明，这种补充是正文的一部分，可与前后文连读；而括号表示比较一般的解释说明，只是注释而非正文，可不与前后文连读。

示例1：在今年——农历虎年，必须取得比去年更大的成绩。

示例2：哈雷在牛顿思想的启发下，终于认出了他所关注的彗星（该星后人称为哈雷彗星）。

B.1.8　书名号、引号在"题为……""以……为题"格式中的使用

· 290 ·

"题为……""以……为题"中的"题",如果是诗文、图书、报告或其他作品可作为篇名、书名看待时,可用书名号;如果是写作、科研、辩论、谈话的主题,非特定作品的标题,应用引号。即"题为……""以……为题"中的"题"应根据其类别分别按书名号和引号的用法处理。

示例1:有篇题为《柳宗元的诗》的文章,全文才2 000字,引文不实却达11处之多。

示例2:今天一个以"地球·人口·资源·环境"为题的大型宣传活动在此间举行。

示例3:《我的老师》写于1956年9月,是作者应《教师报》之约而写的。

示例4:"我的老师"这类题目,同学们也许都写过。

B.2 两个标点符号连用的说明

B.2.1 行文中表示引用的引号内外的标点用法

当引文完整且独立使用,或虽不独立使用但带有问号或叹号时,引号内句末点号应保留。除此之外,引号内不用句末点号。当引文处于句子停顿处(包括句子末尾)且引号内未使用点号时,引号外应使用点号;当引文位于非停顿处或者引号内已使用句末点号时,引号外不用点号。

示例1:"沉舟侧畔千帆过,病树前头万木春。"他最喜欢这两句诗。

示例2:书价上涨令许多读者难以接受,有些人甚至发出"还买得起书吗?"的疑问。

示例3:他以"条件还不成熟,准备还不充分"为由,否决了我们的提议。

示例4:你这样"明日复明日"地要拖到什么时候?

示例5:司马迁为了完成《史记》的写作,使之"藏之名山",忍受了人间最大的侮辱。

示例6:在施工中要始终坚持"把质量当生命"。

示例7:"言之无文,行而不远"这句话,说明了文采的重要。

示例8:俗话说:"墙头一根草,风吹两边倒。"用这句话来形容此辈再恰当不过。

B.2.2 行文中括号内外的标点用法

括号内行文末尾需要时可用问号、叹号和省略号。除此之外,句内括号行文末尾通常不用标点符号。句外括号行文末尾是否用句号由括号内的语段结构决定:若语段较长、内容复杂,应用句号。句内括号外是否用点号取决于括号所处位置:若句内括号处于句子停顿处,应用点号。句外括号外通常不用点号。

示例1:如果不采取(但应如何采取呢?)十分具体的控制措施,事态将进一步扩大。

示例2:3分钟过去了(仅仅才3分钟!),从眼前穿梭而过的出租车竟达32辆!

示例3:她介绍时用了一连串比喻(有的状如树枝,有的貌似星海……),非常形象。

示例4:科技协作合同(包括科研、试制、成果推广等)根据上级主管部门或有关部门的计划签订。

示例5:应把夏朝看作原始公社向奴隶制国家过渡时期。(龙山文化遗址里,也有俯身葬。俯身者很可能就是奴隶。)

示例6:问:你对你不喜欢的上司是什么态度?
　　　答:感情上疏远,组织上服从。(掌声,笑声)

示例7:古汉语(特别是上古汉语),对于我来说,有着常人无法想象的吸引力。

示例8:由于这种推断尚未经过实践的考验,我们只能把它作为假设(或假说)提出来。

示例9:人际交往过程就是使用语词传达意义的过程。(严格说,这里的"语词"应为语词指号。）

B.2.3 破折号前后的标点用法

　　破折号之前通常不用点号；但根据句子结构和行文需要，有时也可分别使用句内点号或句末点号。破折号之后通常不会紧跟着使用其他点号；但当破折号表示语音的停顿或延长时，根据语气表达的需要，其后可紧接问号或叹号。

　　示例1：小妹说："我现在工作得挺好，老板对我不错，工资也挺高。——我能抽支烟吗？"（表示话题的转折）

　　示例2：我不是自然主义者，我主张文学高于现实，能够稍稍居高临下地去看现实，因为文学的任务不仅在于反映现实。光描写现存的事物还不够，还必须记住我们所希望的和可能产生的事物。必须使现象典型化。应该把微小而有代表性的事物写成重大的和典型的事物。——这就是文学的任务。（表示对前几句话的总结）

　　示例3："是他——？"石一川简直不敢相信自己的耳朵。

　　示例4："我终于考上大学啦！我终于考上啦——！"金石开兴奋得快要晕过去了。

B.2.4 省略号前后的标点用法

　　省略号之前通常不用点号。以下两种情况例外：省略号前的句子表示强烈语气、句末使用问号或叹号时；省略号前不用点号就无法标示停顿或表明结构关系时。省略号之后通常也不用点号，但当句末表达强烈的语气或感情时，可在省略号后用问号或叹号；当省略号后还有别的话、省略的文字和后面的话不连续且有停顿时，应在省略号后用点号；当表示特定格式的成分虚缺时，省略号后可用点号。

　　示例1：想起这些，我就觉得一辈子都对不起你。你对梁家的好，我感激不尽！……

　　示例2：他进来了，……一身军装，一张朴实的脸，站在我们面前显得很高大，很年轻。

　　示例3：这，这是……？

　　示例4：动物界的规矩比人类还多，野骆驼、野猪、黄羊……，直至塔里木兔、跳鼠，都是各行其路，决不混淆。

　　示例5：大火被渐渐扑灭，但一片片油污又旋即出现在遇难船旁……。清污船迅速赶来，并施放围栏以控制油污。

　　示例6：如果……，那么……。

B.3　序次语之后的标点用法

B.3.1　"第""其"字头序次语，或"首先""其次""最后"等做序次语时，后用逗号（见4.4.3.3）。

B.3.2　不带括号的汉字数字或"天干地支"做序次语时，后用顿号（见4.5.3.2）。

B.3.3　不带括号的阿拉伯数字、拉丁字母或罗马数字做序次语时，后面用下脚点（该符号属于外文的标点符号）。

　　示例1：总之，语言的社会功能有三点：1.传递信息，交流思想；2.确定关系，调节关系；3.组织生活，组织生产。

　　示例2：本课一共讲解三个要点：A.生理停顿；B.逻辑停顿；C.语法停顿。

B.3.4　加括号的序次语后面不用任何点号。

　　示例1：受教育者应履行以下义务：（一）遵守法律、法规；（二）努力学习，完成规定的学习任务；（三）遵守所在学校或其他教育机构的制度。

示例2：科学家很重视下面几种才能：（1）想象力；（2）直觉的理解力；（3）数学能力。

B.3.5　阿拉伯数字与下脚点结合表示章节关系的序次语末尾不用任何点号。

示例：3 停顿
　　　3.1　生理停顿
　　　3.2　逻辑停顿

B.3.6　用于章节、条款的序次语后宜用空格表示停顿。

示例：第一课　春天来了

B.3.7　序次简单、叙述性较强的序次语后不用标点符号。

示例：语言的社会功能共有三点：一是传递信息；二是确定关系；三是组织生活。

B.3.8　同类数字形式的序次语，带括号的通常位于不带括号的下一层。通常第一层是带有顿号的汉字数字；第二层是带括号的汉字数字；第三层是带下脚点的阿拉伯数字；第四层是带括号的阿拉伯数字；再往下可以是带圈的阿拉伯数字或小写拉丁字母。一般可根据文章特点选择从某一层序次语开始行文，选定之后应顺着序次语的层次向下行文，但使用层次较低的序次语之后不宜反过来再使用层次更高的序次语。

示例：一、……
　　　　（一）……
　　　　　　1.……
　　　　　　　（1）……
　　　　　　　　①/a.……

B.4　文章标题的标点用法

文章标题的末尾通常不用标点符号，但有时根据需要可用问号、叹号或省略号。

示例1：看看电脑会有多聪明，让它下盘围棋吧

示例2：猛龙过江：本店特色名菜

示例3：严防"电脑黄毒"危害少年

示例4：回家的感觉真好
　　　　——访大赛归来的本市运动员

示例5：里海是湖，还是海？

示例6：人体也是污染源！

示例7：和平协议签署之后……

参考文献

［1］彭漪涟，马钦荣. 逻辑学大辞典［M］. 上海：上海辞书出版社，2001.
［2］马正平. 高等写作学引论［M］. 北京：中国人民大学出版社，2002.
［3］彭海河. 现行行政公文写作［M］. 武汉：华中科技大学出版社，2005.
［4］张耀辉. 应用写作简明教程［M］. 北京：高等教育出版社，2006.
［5］刘美凤. 秘书常用文书写作大全［M］. 北京：蓝天出版社，2007
［6］耿煜. 新编办公室标准文秘写作现查现用［M］. 北京：企业管理出版社，2007.
［7］李春，樊建科. 财经应用文写作［M］. 北京：中国科学技术出版社，2008.
［8］陈子典. 当代经济写作［M］. 广州：中山大学出版社，2008.
［9］潘庆云. 法律文书［M］3版. 北京：中国政法大学出版社，2012.
［10］郭英立. 经济应用文写作［M］. 北京：清华大学出版社，2012.
［11］刘春丹. 财经应用文写作［M］. 北京：北京大学出版社，2012.
［13］王育杰. 最新党政公文写作方法与规范［M］. 北京：中国广播电视出版社，2013.
［14］中国法制出版社. 中华人民共和国民事诉讼法典［M］. 北京：中国法制出版社，2013.
［15］彭海河，潭春林. 当代行政公文读写理论与实训［M］. 2版. 广州：暨南大学出版社，2013.
［16］孙莉. 财经实用写作［M］. 北京：高等教育出版社，2014.
［17］畅晋华. 21世纪常用财经应用文写作基础教程［M］. 上海：东华大学出版社，2014.
［18］付家柏. 财经应用文写作［M］. 北京：清华大学出版社，2014.
［19］曾昭乐. 现代公文写作［M］. 广州：中山大学出版社，2014.
［20］莫神星. 诉讼法律文书教程［M］. 上海：华东理工大学出版社，2014.
［21］畅晋华. 21世纪常用财经应用文写作基础教程［M］. 上海：东华大学出版社，2014.
［22］蒋意春. 经济应用文写作［M］. 2版. 北京：北京理工大学出版社，2016.
［23］孙秀秋，吴锡山. 应用文写作教程［M］. 4版. 北京：中国人民大学出版社，2016.
［24］高玲，段轩如. 应用文写作教程［M］. 3版. 北京：中国人民大学出版社，2017.
［25］赵志强，方明星，李婷婷. 财经应用文［M］. 成都：西南财经大学出版社，2019.